秦淮区历史文化资源图录

The Catalogue of Historical and Cultural Resources in Qinhuai District

秦淮区历史文化资源图录编委会 编

中国·南京

东南大学出版社
SOUTHEAST UNIVERSITY PRESS

序 | Preface

我看见美在延续
See the Beauty is Continuing

曹路宝

我从1993年来到秦淮这片土地上工作，到2000—2009年之间担任副区长直接参与和负责经济工作，再到2015年担任区委书记，承担起地区发展的重大责任，是秦淮历史文化保护近20年的见证者和参与者，其间的种种过程，至今历历在目，细细想来，觉得有必要把自己亲身参与、具体实践秦淮老城保护的历程，包括思考历程与实践历程进行系统的回顾，总结经验，分享得失。值此《秦淮区历史文化资源图录》（简称《图录》）一书出版之际，本书编委会邀我作序，我便下决心不作草草数言谈些观点，而是努力汇总平时的一些思考，作一篇长文，算是将相关工作进行一些总结。这个工作断断续续，前后历时两月有余，认真进行了梳理，谨以此文作为对秦淮这块土地的敬仰与热爱，也一并作为本书的序言。

本文意在从介绍编纂这本《图录》的源起、内容和特点入笔，系统回顾改革开放以来秦淮区历史文化名城保护工作，按照时间轴线，将30多年的历史文化保护历程划分为四个阶段，对每个阶段所做的工作、取得的成就、遇到的问题和老城保护的特点，进行归纳和总结。把我们在实践中的反思，从“拆”与“保”、“新”与“旧”、“形”与“魂”、“迁”与“留”、“快”与“慢”这五个方面进行梳理，分析30多年来在推动历史文化名城保护过程中认识的提升、理念的转变，以及一路走来的探索历程与经验得失。最后，着眼未来，提出历史文化名城保护正当其时，在阐述当前和今后一段时期基于大校场机场搬迁给秦淮发展带来重大机遇的基础上，对下一步保护工作的总体思路、谋划方向和重点举措作了介绍，努力推动秦淮历史文化保护传承迈向复兴。

整篇文章是基于地方主政者对历史文化保护思维的角度进行的思考，虽然也能从经济、社会、人文、规划、历史等专业的角度进行思考与分析，但毕竟脱不了所处的岗位及职责，或有偏颇，欢迎大家共同探讨，一同为秦淮的历史文化名城保护出谋划策，以彰显秦淮独特的人文魅力，为我们生生不息繁衍与传承的美好城市之永生而努力。

一、前　言

秦淮区因秦淮河贯穿全境而得名，自古就是人文荟萃、商贾云集之地，史称“江南锦绣之邦、金陵风雅之薮”。从南京城建设之始，2000多年来一直是南京乃至全国最繁华的地方，如今更是经济繁荣发达、文化特质彰显，被誉为“特而精”“最南京”。五六千年前，城市先民就在今天大明路的窨子山地区生活，留下了许多遗迹。公元前472年，范蠡在古长干里修筑越城，南京建城史由此开启。横贯全境的秦淮河，孕育了南京的古老文明，被称为“南京的母亲河”。区内名胜古迹众多，现有区级以上文物保护单位130处，其中国家级11处、省级34处。这里有六朝御道、南唐御道、明朝御道，是南京古城重要的历史轴线，集聚了夫子庙、中华门瓮城、午朝门遗址、江南贡院、大报恩寺遗址、朝天宫、南捕厅等著名人文景观。其中，夫子庙学宫号称“东南第一学”，曾经是中国的最高学府；江南贡院始建于南宋，是中国古代最大的科举考场，为国家输送了大量经世济国之才，是名副其实的“天下文枢”之地。历史上的金陵大报恩寺琉璃塔，被誉为“中世纪世界七大奇观”之一，佛教至高圣物佛顶骨舍利在此盛世重光。区内还有白鹭洲、瞻园、愚园、金陵刻经处等一大批历史资源点，拥有非物质文化遗产81项、非遗传承人192人，其中人类非遗2项、国家级非遗4项。历代以来，李白、刘禹锡、杜牧、辛弃疾、孔尚任、朱自清等无数文人墨客来此游览，留下了《登金陵凤凰台》《乌衣巷》《泊秦淮》《水龙吟·登建康赏心寺》《桃花扇》《桨声灯影里的秦淮河》等诸多名篇。秦淮是南京历史文化名城的代表性区域，也是最具底蕴、最有特质、最为美丽的南京城市名片。串联秦淮过往的历史遗存，就汇成了古都南京的千年历史。

围绕历史文化资源保护传承，长期以来，秦淮区做了大量富有成效的工作，研究并出版了一系列相关书籍，涉及诗词歌赋、名胜古迹、摄影图片等。但是从规划师的眼光、建筑师的技术和文化保护的理念相结合的角度，来系统审视和梳理文化资源，可以说还是个空白。2016年的春天，我和南京市规划局叶斌局长共同考察了位于韩国首尔北部的小城——坡州书城（Poju Book City），学习访问那里从无到有建设成韩文图书出版中心的经验。在一个书店里，看到韩国对城市历史发展过程中形成的文化资源整理的种种成就，深感此项工作的意义，遂立即商定，在南京市规划局的支持下，对秦淮历史文化资源的空间分布进行全面系统的研究整理，为后人更好地保护历史文化遗存做一些基础性的工作。出这本书，也许是对我们老城保护更新的最好注脚。经过长达十个月的努力，在我们已有的良好的历史文化资源保护工作的基础上，在以夫子庙秦淮风光带管委会、秦淮区文化局为主体的图书编委会的艰苦努力下，《秦淮区历史文化资源图录》一书正式完成了。

该书作为文化遗产图书，完整呈现了秦淮区全国第三次文物普查的最终成果，对秦淮范围内不可移动的古遗址、古墓葬、古建筑、壁画及石刻、近现代重要史迹及代表性建筑和其他六大类文物资源，分别进行整理，其内容基本涵盖了区域范围内所有物质文化遗产，图文并茂，集资料性、知识性、可读性于一体，为文博工作者提供了全面、系统的基础资料，为学术界呈现了翔实可靠的研究资料。特别是将所有的历史文化资源点落在具体的地形图上准确标记，不再是文化的概念性描述，而是建筑的科学性定位，为我们从技术上来科学规范地保护历史遗存打下了基础。该书是一次“让文物说话”的有益尝试，通过对文物普查成果进行整理汇总和研究利用，深入挖掘不可移动文物的文化内涵，突出真实性、完整性和科学性，将历史信息、现状照片和规划地形图完美结合，既有助于市民关注身边的文化遗产，也有助于增进市民对家园的了解和热爱。因此，它既具有宣传普及文化遗产知识、提高文化遗产保护意识方面的重要意义，也具有不可忽视的乡土教材的重要作用。同时，该书也为政府准确判断文物保护形势、科学制定文物保护政策和规划提供了依据，为政府利用优势文化遗产资源、加快文物保护利用步伐、推动经济社会发展提供了较为全面准确的决策资料。

整理历史文献与既有资料，不是一件容易的事情，期间，南京市规划局和夫子庙秦淮风光带管委会、秦淮区文化局做了大量深入而细致的工作，从图片拍摄到图文编辑，从图录内容到编排形式，反复进行了校核修改。实现对历史文化资源的科学保护与有效传承，更不是一件容易的事情。秦淮区这30多年走过的保护之路十分艰难，特别是要形成一致的意见，在多年的实践中尤为不易。应该说，不同的人，虽然都有负责任的认真态度与科学精神，但由于出发点不同，观点往往不能一致。不同专业的专家之间各有侧重，文物专家侧重对历史文物的保护和研究，建筑专家强调的是建筑本身的工法与技艺，考古学者看重的是文物背后所反映的历史和文化，而主政者对历史文化保护思维的角度，也与专家学者的角度不尽一致，主政者要有更多的考虑，要考虑民生、考虑未来，要把当下和未来结合起来，在多元要求下艰难抉择。而很多情况下，专家持有的意见也不尽相同，甚至相左，作为主政者也不得不在不同学术观点间左右妥善，往往最后总有一批观点未被采纳的专家在批评实施者，甚至各方都不满意于在做的工作，招致“多重讨伐”。但无论如何，历史总是向前进的，我们对历史文化资源保护的每一份努力，都是在积极地形成更多的一致，这一过程中，无论是成功还是过失，经验还是教训，认可还是质疑，都应该成为我们的宝贵财富。这篇文章的目的就是想把这其中的一切完整表达。

二、三十年回眸：传承历史，探索从未止步

秦淮的历史文化名城保护工作，起步于改革开放以后，30多年的时间，在历史的长河中宛如沧海一粟，但由于我国经济社会发展太快，把很多国家上百年甚至更长的经济增长过程压缩到这30多年。因此，城市的变迁也同步快速更迭，如果我们以“慢动作”回看这30多年的变化，也许我们城市的变化就可以成为我们所希望的“渐变”与“生长”的过程。但不可否认的是，在这30多年的时间里，秦淮的发展谱写了巨大的变化故事，充满了值得回味的历程。从南京不再是中国的政治中心起，这个城市的变迁一直处于特殊的状态：古城的风貌由于逼仄的城市生活，遭遇越来越多的破坏，人口的增长使得城市的居住空间显得格外局促，每一处具备条件的地方都成为搭建生存空间的目标。更为致命的是，由于经济水平的制约，城市的发展不得不过分依赖于老城已有的基础设施条件和公共配套能力，缺乏跳出老城建设新的城市空间的可能。其实，中华人民共和国成立之初北京城的规划也并非完全是决策者没有历史文化保护意识，更多的也是在经济条件与现实困难交织下，依据当时条件所作出的无奈之举和被动选择。经过中华人民共和国成立后30多年变迁，秦淮的老城部分已经是历史街区与棚户区、工厂区、商业区、居民区混杂的形态，除了中山东路、太平南路等，城市的街巷肌理虽然没有大的变化，但城市的破败及功能衰退问题已经在不断出现。

1. 曙光崭现和点状保护阶段（国民经济和社会发展“七五”和“八五”期间）

改革开放以后，传统文化逐步受到重视，全社会对老城的保护意识开始苏醒，人们的文化需求日益增长，历史文化和老城保护重要性逐步凸显。1984年，《南京历史文化名城保护规划》编制出台，明确秦淮风光带为南京五大重点保护区之一。1986年，秦淮风光带被国家旅游局列为“七五”期间重点开发项目。从这一阶段起，我们从夫子庙、朝天宫和中华门瓮城等重要历史文化资源点的保护与利用起步，拉开了秦淮历史文化名城保护的序幕。

夫子庙复建工程成为当时南京市一号工程。连续8年元宵节后，市长主持召开的第一个会议都是研究夫子庙复建工作。8年间累计完成各类建设项目260多个，大成殿、明德堂、东西市等夫子庙历史上的格局得到基本恢复，建成了占地16万平方米的全国最大的明清建筑风貌景观群。1986年，恢复举办了第一届“金陵灯会”（“秦淮灯会”前身）。1989年，完成江南贡院历史陈列馆布展并对外开放。1991年，夫子庙秦淮风光带被国家旅游局评为“中国旅游胜地四十佳”之一。

朝天宫重现历史上的恢宏气势。1987年规划启动朝天宫修复工程，分三期进行，重点修复宫墙、牌楼、大成殿、宫门和诸多亭台廊阁，1993年全面完成修复工作。

明城墙和内秦淮河保护启动。1984年起，中华门瓮城陆续恢复城垛、马道等并向游人开放。1985年，成立秦淮河整治工程指挥部，启动以清淤固底护坡为重点的整治工作。

2. 矛盾凸显和线性保护阶段（国民经济和社会发展“九五”和“十五”期间）

这一时期的主基调是“大拆大建”，一大批棚户区、淹水片区的居民生活得到改善，城河一体的城市形态逐渐显露，以明城墙和外秦淮河环境改造为主的工作，得到学界与社会的高度评价，城市功能有了显著提升。和国内其他城市相似，秦淮进入经济快速发展、社会迅速转型、城市极速扩张的高歌年代，同时也迎来了保护与发展矛盾丛生的高峰时期，更是老城风貌和历史文化遗产遭遇侵蚀的高危阶段。在这10年，我们既享受着城市建设大气魄、大手笔、大力度带来的震撼和便捷，也留下了遗憾最多、失误最多、破坏最多的叹息；我们既体会着城市日新月异的变化，也发出了老街巷不复存在、老城南命悬一线的拷问；我们既享受着城区经济发展、居住条件改善的红利，也忍受着老城中新建的“方盒子”斩断历史记忆，拔地而起的高楼无视传统建筑的现实。客观上讲，在特定的历史背景和认知水平下，我们对老城采取的大拆大建方式，在当时有其现实的需要，也是在那个历史阶段所作出的理性判断和选择。但从今天看来，这种“人山人海中杀出一条血路”的改造方式，类似“婴儿连同脏水一同被泼掉”，在试图用一张白纸书写最美最新画卷的同时，也将代代相传的水墨名画改成了批量生产的现代印刷品。这本质上是因为经济条件所限，过度依赖老城既有的设施与配套，被动选择在老城内有限的空间进行建设发展而造成的。

老城风貌、空间肌理和城市轮廓发生根本变化。完成了水西门大街、长乐路、瞻园路、东牌楼、马道街、箍桶巷和武定桥、水西门跨线桥等“六路二桥”建设，扩建改造了中山南路、解放路、虎踞南路、瑞金路、集庆路、中华路、建康路、淮海路、文昌巷等一批主次干道，城市的空间尺度、建筑形式与色彩、路网结构等都发生了巨大变化。其中，中山南路、集庆路、长乐路、箍桶巷等道路的拓宽改造，更是彻底改变了老城南城市格局。为了拆迁安置和改善群众居住条件，以高密度、高容积率为特征的洋珠巷、砂珠巷、武学园等高层住宅，以及当时的优质小区如莲子营小区、琵琶巷小区、华静家园、宏图上花园相继建成，“沿街一层皮”的空间开发模式成为主流，老城的居住形态、原有肌理和周边空间组织发生了质的变化。斯威特大厦、永丰大厦等高层建筑在历史街区建成，老城的天际线和空间尺度变异突兀。

夫子庙再次扩容。改造提升了夫子庙大成殿和中心广场，建成夫子庙西广场。完成平江府路整治、琵琶街文化休闲街区建设等项目，核心景区面积扩展至0.21平方公里。2001年夫子庙秦淮风光带成为首批国家AAAA级旅游景区。2003年夫子庙秦淮风光带成为江苏省省级风景名胜区。

外秦淮河丽质重现。实施外秦淮河环境综合整治一期工程，完成东、西干长巷棚户区改造、赛虹桥至红旗桥段南岸景观改造及武定门段美化亮化，启动七桥瓮生态湿地公园建设，建成开放武定门公园、东水关公园、东干滨河公园等绿地公园，新建南都繁绘图石刻浮雕、青梅竹马两小无猜铜像等文化景点，外秦淮河游览线正式开通。

明都城遗址保护全面展开。实施中山路、御道街等都城中轴线保护工程，完成明城墙（武定门至东水关）环境综合整治、中山门到后标营段城墙维修、月牙湖明城墙风光带整治建设等工程。开辟汉中门广场、水西门广场，建成东华门、西安门等遗址公园，完成西水关、来燕桥至武定桥等处景观建设。

商业气息复苏和爆发。1995年起，启动实施夫子庙扩容提升、太平南路商业街建设等工程，建成夫子庙美食街，涌现出晚晴风味轩、晚晴茗轩、金陵春酒楼、秦淮人家、白鹭宾馆等一批知名餐饮住宿企业；太平南路宝庆银楼新楼、太平商场新楼、九龙大厦、粮食大厦等一批集购物、餐饮、客房、娱乐于一体的综合商贸设施相继建成。

3. 破茧而出和成片保护阶段（国民经济和社会发展“十一五”期间）

这是秦淮老城保护极其重要的五年，是在争议中彷徨的五年，曲折中前行的五年，艰难中选择的五年，更是发生根本转折的五年。这一时期，这里的人们与他们的老屋正面临着艰难的选择：居住者企盼以老屋换得新屋，改造者希望投入与收益基本平衡，研究者呼吁“留住老屋”“留住原住民”，面对同一个问题，选择的冲突骤然凸现。门东、门西等未改造的地区，困难日益凸显，在这些逐渐老去的街区里，复兴之路何其漫漫。秦淮的历史街区大多与棚户区相混杂，从20世纪50年代到80年代，实际上已经被破坏了。对被破坏的历史街区的保护，不同于对一个完整的历史街区的保护。原住民在发生“逆向淘汰”，有能力自己改善生活的人都选择离开这个地区。留下来的人，则处于艰难的低水平生活状态，并伴有大量外地进城寻求生机的人群，这里的街巷有着全国各地不同的口音，客观上已经成为贫民区的一种新特殊形态，谁也没有理由让他们永远维持着落后的生产生活方式，继续使用低标准、低水平的房屋建筑和基础设施。民生诉求、人文诉求、美学诉求、产业诉求、管理诉求，多元利益主体的矛盾相互交织。这种情况下，作为具体组织者和实施者，让老城复兴的办法绝不是简单地留住原住民，也不是对保护还是发展作出简单的取舍。老城保护的“忒修斯之船”困境同样成为秦淮的“两难”抉择。因旧城改造引发的舆论争议，使项目走走停停，至今仍有大量的矛盾尚未化解。但一声叫停，也让我们停下脚步，静下心来，对历史街区保护进行重新思考，在多方利益关系的调和与博弈上，在走出“忒修斯之船”困境上，在让老城不再继续死去上，努力找寻一条何以可能、何以可为之路。为此，秦淮人付出了艰苦的努力，做了大量积极的尝试，也取得了较好的保护成效。

大拆大建的历史终结。在改善民生、拉动内需的时代背景下，2006年，大规模的“双拆”（拆除违法建筑、拆迁危破房屋）工作启动，2008年，“危旧房改造”拆迁正式实施，包括了颜料坊、南捕厅、仓巷安品街、门东等历史街区，导致专家学者提出质疑，也引发了舆论争议，时任国务院总理温家宝两次作出批示，老城南改造一度暂停。重启之后，城市建设与老城保护的矛盾在实践中不断调适，老城保护的理念、范围、内容、方式进一步明晰，从大拆大建回归到有机更新。

历史街区成片保护与更新。以“十运会”为契机，对夫子庙秦淮风光带进行深度保护利用，集中体现在一河（内秦淮河）、一园（晨光1865创意产业园）、一街（秦淮渔唱水街）。三年间，完成了内秦淮河东五华里、外秦淮河（秦淮段）环境整治，改造了白鹭洲公园，贯通了白鹭洲公园与内秦淮河、内秦淮河与外秦淮河的水系。夫子庙秦淮风光带总面积扩大了3倍，“中国第一历史文化名河”品牌逐步打响。2010年夫子庙秦淮风光带被授予国家AAAAA级旅游景区。

保护体系向非物质文化遗产和制度层面拓展。金陵刻经印刷技艺、古琴艺术·金陵琴派被列入人类非物质文化遗产名录，秦淮灯会、南京白局、金银细工制作技艺入选国家非物质文化遗产名录。2010年，《南京市夫子庙秦淮风光带条例》经江苏省第十一届人民代表大会通过正式施行，成为风景名胜区依法依标准管理的重要依据。

4. 遵循规律和全面保护阶段（国民经济和社会发展“十二五”以来）

经过20多年的探索和总结，我们告别了旧时把保护简单化，或者以牺牲保护来换取发展空间的路径依赖，确立了新常态下保护的优先性，遵循了新常态下保护的规律性，形成了“保护优先、有机更新、提升品质、彰显特色、传承文化”的思路。政府主导下的历史文化保护彰显工程全面展开并取得积极成效，夫子庙贡院街示范段景观的完成改造，老门东历史街区的开街、明城墙沿线和内外秦淮河的综合整治等，都成为省市重点文化项目的典范，历史文化名城保护工作进入规划引领下的全面保护、整体保护、原真保护的崭新阶段。

步入规划和法制化轨道。2010年8月，江苏省第十一届人民代表大会批准《南京市历史文化名城保护条例》，2013年6月，《南京市夫子庙秦淮风光带特色街区管理办法》正式施行，同时，一批规划和城市设计相继编制完成，规划体系基本健全，保护工作纳入法制轨道。2016年5月，秦淮区成立了历史文化名城保护工作委员会和专家咨询委员会，制定出台了“十三五”老城保护更新实施方案，提出了要以内涵式、集约化、品质型发展为导向，一体化推进历史文化资源保护利用和全域旅游发展，更大力度提升产业发展能级，优化公共资源配置，提高城市管理水平，加强生态环境建设，创造提升城市价值，老城保护制度体系完成顶层设计。

重大文化项目带动片区发展。十里秦淮河水上游线全线开通，内外秦淮河游线实现贯通，中国科举博物馆建成开馆，大报恩寺遗址公园建成开园，门东示范街东西片区和芥子园建成，门西愚园复建开放，太平南路街区复兴工程启动，历史文化名城保护格局整体呈现。创新小西湖片区、西白菜园等历史风貌区有机更新模式，启动实施了金陵刻经处、童寯住宅、李公祠、天后宫、慧园里等近现代建筑和文物的修缮修复。

非遗保护传承取得新的突破。2014年，出台《关于进一步加强文化遗产保护和利用工作的实施意见》。制定了《古琴艺术・金陵琴派》《秦淮灯会》《南京白局》等五个国家级以上项目中长期保护规划。南京白局新传承人传习基地以及金陵刻经处、宝庆银楼的专题展馆、非遗大师工作室等非遗传承阵地相继成立，在扩大宣传影响、开展教学培训等方面发挥了积极作用。秦淮灯彩远赴英国、德国、美国、日本、东南亚等40多个国家和地区展示销售，2015、2016年先后在意大利米兰世博会和英国伦敦设计节“南京周”推出，品牌进一步打响。

产业朝着有利于保护的方向转型升级。经营30年之久的夫子庙核心景区小商品市场完成搬迁，“夜泊秦淮”向“夜宿秦淮”转变，南京国家领军人才创业园、广电越界创意产业园等依托工业遗存改造成为文化产业园，南京秦淮特色文化产业园成为江苏唯一的国家级试验园区。夫子庙—老城南获评全国城市中央休闲区，产城融合成为历史文化名城保护新的亮点。

三、实践中反思：敬畏历史，敢问路在何方

不识来路，焉知归途。正如东山魁夷所说：“人人心中都有一股泉水，日常的烦乱的生活，遮蔽了它的声音。当你夜半突然醒来，你会从心灵的深处，听到悠然的鸣声，那正是潺湲的泉水。”回首走过的道路，这些历史文化资源及遗存不仅承载着一种文化，一种情感，更承载着这种哲学。甚至可以这样认为：在这些物质的与非物质的历史文化遗产夜以继日的叙述中，有着比世界上所有书本更多的思考，诸如理想的养分、文明的力量、城市的抱负、市民的追求以及人与人之间不可或缺的体贴，还有那些曾经发生、至今不能忘却的生生死死与悲欢离合。同时，历史文化名城保护是一项复杂而系统的工程，既有自身内在的规律和特点，又与经济社会等外在因素产生碰撞与交融。在全球化、现代化、城市化的背景声中，历史的回响是戛然而止，还是

绵绵不绝，这是每个亲历者，特别是具体操作者必须作出的选择和回答。自1984年夫子庙复建以来，我们从“旅游商贸兴区”肇始到“三中心一高地”（国际商务商贸中心、现代金融服务中心、文化休闲旅游中心、创新驱动发展高地）的发展定位；从建设“南京历史文化名城标志区”到打造“特而精、最南京”的城市名片，始终将历史文化名城保护作为秦淮发展的战略基点。30多年来，我们通过几代人不间断的实践和创新，在保护观和方法论上取得了一些经验和体会。

1. 从“旧城改造”到“老城保护”再到“全域更新”——在“拆”与“保”的取舍中实现了基本思路的突破

“拆”与“保”关系到历史文化名城保护事业的基本思路与价值取向，向来是社会各界关注的矛盾焦点。站在秦淮30多年来历史文化名城保护工作承前启后的关键时点，我们回顾过往，总结经验，必须承认曾经犯过不少错误，留下很多遗憾，但我们不能据此简单地批评拆除老城的改造模式。

首先，在城市建设所站角度和具体考量上，实施者与学术界不尽相同，我们要面对的绝不仅仅是保护旧建筑的孤立任务，而是旧城区在较低社会生产力及城市管理水平下苟且了几十年的风烛残年：区域环境方面，工业厂房与新旧民居犬牙交错，基本市政配套严重缺失，形成了大量棚户区与历史街区无序混搭的复杂局面；社会生活方面，居民结构发生巨大变化，有能力改善居住环境的原住民加速逃离这些区域，越来越多低收入群体和外来务工人员则不断涌入，把这里作为临时蜗居，进一步恶化了历史街区的生活品质。以门东、门西为代表的几个大范围旧城区域中，无一例外反映出这种难以调和的现实矛盾。在这个总面积达到2平方公里的区域内，因为基础设施的不足和公共服务的缺失，老百姓的生活方式停留在几十年前。对于这样无论从审美观感还是实际功能来看都已经失去活力的旧城区，主政者对其改造价值的判断显然无法提升到总统府、夫子庙般同等重要的地位。其次，中国传统建筑与强调坚固的西方石基建筑不同，现存民间建筑主要是砖木结构，修复难度及代价很高，历史上皆以重修重建为主要更新手段，重修重建也是千百年中国建筑修复中常见的办法与传统。因此，我们不能简单套用欧洲历史遗产保护性修缮的模式，这也使得政策制定者和实施者的价值取向更加被大拆大建的简单思路推动。与客观条件同等重要的则是时代局限，尤其是经济因素，虽然当时经济发展水平已有很大提高，但是开发建设的投资能力依然有限，特别是在政策与体制机制方面，历史街区的保护工作尚未上升为更高层面的政策推动力。地方政府只能用项目就地平衡投入产出，因此开发模式上只能优先追求经济平衡，失去了不少更好选择的机会。

在客观条件的限制下，在时代视野的局限下，在市场逻辑的界限下，很长一段时间内我们只是抱定了坚决改变现状、快速提升旧城区人民群众生活水平的决心，却忽视了历史建筑整体特质对保存时代记忆的审美价值，更忽视了街区原住民对一座城市文脉延续的无形价值。必须承认在旧城拆建的过程中认识受到局限，走了不少弯路，留下不少遗憾。然而我们也应当承认，任何时代的决策者在所处的环境因素的综合影响下，作出的都是理智的判断，都有合理的因素。站在他们的肩膀上，我们要做的是在实践中不断突破，在遗憾和教训中坚持实事求是，不断提高认知水平，推动更新改造工作越来越接近我们想要的模式和建设方式，希望现在还不是太晚。

今天，我们强烈地意识到，“建设性破坏”不仅发生于城市的街巷，同样发生在我们内心，带来的遗憾甚至大过战争与自然灾害。我们在学习和借鉴很多外来经验文化的同时，传统的、民族的文化自信也在一定程度上、一定范围内被怀疑甚至丢弃，失去了我们心中的自我，这种文化的传承与担当，在精神层面更为重要，与建筑的物的载体的保护在当前同样显得尤为迫切。如果城市建设不能与历史文化遗产保护相得益彰，那不应该是历史文化遗产的错，而是我们这一代人的错。秦淮区拥有丰富的历史文化资源，需要保护的多于需要开发的，需要传承的多于需要改变的。我们必须承担历史文化保护的重大责任，这是我们这一代秦淮人的历史使命和时代担当，这也是中华文化的一部分和重要代表。

在经历过“旧城改造”带来的阵痛之后，我们广泛听取专家意见，及时调整到“老城保护”的工作思路上。在对重要遗存从简单保存到技术性维护修缮的发展经验积累中，又探索出政府主导、社会力量参与，以多元化展现与利用为基础的“全域更新”思路，聚焦老城不可复制的“人文特质、景观特色、产业特征”等关键要素，不但要把文化遗产当作“秦淮文物”保护起来，高标准守住底线，更要将它们作为“秦淮礼物”展示出来，高水平活化利用。我们以创新老厂房、老校舍、老宅子、老街巷的保护式更新方式方法，将老城独特的地域特色和人文精髓融入到景区建设、产业发展之中，实现了历史积淀的有效利用和永继发展。在晨光1865创意产业园、南京国家领军人才创业园等项目中，我们突破全面拆迁与地产开发的传统模式，利用工业遗存和周边景观资源，由政府和企业共同打造出延续19世纪以来中国百年工业文脉、首屈一指的现代文创产业与工业设计基地；在老门东、熙南里等历史街区的开发利用中，我们突破了“传统街道景观+现代商业产品”的简单嫁接，以历史文化为主体，形成了新的文化资源载体，推动了区域繁荣复兴和可持续发展。

在30多年不断的探索中，我们的理念不断深化，越发感到，老城独有的文化资源价值连城，胜过黄金。老城不再是地区发展的沉重负担，而是一个城市有别于其他地区、独一无二、最具价值的竞争优势，是可以被充分利用的宝贵资源禀赋。历史文化名城保护，不是要回到过去，阻止发展，也不是让生产和生活停顿凝固，而是通过适度利用实现真正保护，增加城市的活力与繁荣。

2. 从“铸新淘旧”到“修旧起废”再到“古树新枝”——在“新”与“旧”的博弈中统一了审美取向的共识

“新”与“旧”的博弈是历史文化保护工作的总基调，既关系到我们对审美趋向的判断，又关系到对历史文化名城发展模式的把握。其中争议最大的是坚持原汁原味还是扬弃发展。作为一个地区的管理者，我们所站的角度再一次与一些学术观点产生分歧：我们认为，历史文化名城保护并不只是做到极致的修旧如旧，还要适度吐故纳新，在保留历史记忆的同时增强老城新陈代谢的能力，这也印证了1987年《华盛顿宪章》中关于城市保护应与社会经济发展以及各个层面的规划政策完整统一的理念。30多年来，从以重建夫子庙为代表的起始阶段，更多注重单体仿古建筑的建筑样式，到以门东、门西等片区开始，强调保留街区气质和恢复街巷肌理，再到大板巷、小西湖、太平南路等片区，更加突出历史的年轮和生活在这里的人的气息，我们经历了由风貌冲突到貌合神异再到形神合一的认知与实践，历史风貌的整体恢复由“貌”的整治和美化，深化到“风”的挖掘和培育。

我们所说的“新”与“旧”也并不单以古今论之。老城这本书是由历史上每一个朝代、每一个时期持续累积、装订出来的。我们保护老城，应当是每一个时代的记忆足迹和所有的变迁，而不仅仅限于某一个最辉煌时期。明清时期的街巷肌理、建筑风貌要保护，民国时期的建筑群要保护，中华人民共和国成立初期的建筑要保护，20世纪80年代后期工业化痕迹较重的优秀现代建筑也要保护。即使是在历史进程中被破坏掉之后留下的中华人民共和国成立初期苏式建筑以及七八十年代时代特征鲜明的建筑，也应该是一段记忆，这些也是历史的孩子，是一代人形成的遗产，我们也要有起码的尊重，哪怕是错了，也要把错误的记忆和伤痛以合适的方式保留下来，让后人去吸取教训。否则，城市就是定格的照片而不是永生的延续。我们的城市不会接受只有明清建筑风格的秦淮河而没有现代交通设施的格局，也不能接受单一的大屋顶、老虎窗中西结合的建筑群与汽车、马车和行人交织的民国风，更无法想象在没有任何现代人生活方式的环境里可以愉悦地生活。正所谓，“保护的基本目的不是要留住时光，而是要敏锐地调试变化的力量。保护是作为历史产物和未来改造者对当代的一种理解”。

在不断地思考和实践中，我们也就历史文化名城的发展理念统一了共识：历史文化资源保护工作的基本目的必须以城市的可持续发展为前提。伦敦为了保护遍布整个城市的历史建筑与考古资源，土地管制严苛，施工进展极其缓慢，导致商业物业比曼哈顿中心贵了一倍，严重限制人才与资本流动。如今，伦敦主政者终于意识到问题的紧迫性，开始放开土地管制和建设规划，大量塔吊重新高耸，新一轮的大兴土木终将改变多年来静止不变的天际线。由此我们认识到：脱离“新”的“旧”失去了更新升级的机会，最终归宿只能是蒙尘的标本；不顾“旧”的“新”则势必导致城市失去特色，逃脱不了廉价流水线产品的宿命，两者都是我们必须坚决防范的。只有促使“新”与“旧”有机融合才是所有历史文化保护工作的必由之路。“忒修斯之船”的难题有一个完美的诠释：日本始建于7世纪的木制神道教庙宇伊势神宫每隔20年就要翻修一次，尽管原始结构已被完全替换，但人们还是普遍认为它具有1300多年的深厚历史——即使所有零件都被换了，船还是那艘船，灵魂还是那个灵魂。所以我们不必害怕一些旧事物不可避免的消逝，更重要的是保护我们所热爱的城市新陈代谢的肌理，记住这些历史的痕迹。

30多年来，我们为城市建设飞速发展带来的生活水平大幅提高感到庆幸，也为因历史及客观局限造成的破坏万分遗憾，我们意识到，秦淮要找回形式上百分之百的“古”已无可能且无必要，但是保持文脉，依照传统的内容真实反映历史的风貌仍然来得及，并且大有可为。毕竟，我们所追求的，不是静态枯燥的年代印记，不是巨木树桩上留下的年轮，而是生生不息的参天古树，依旧每年枝繁叶茂、花团锦簇，岁月的沧桑在古树的躯干上留下记忆，更在年年新发的枝叶上获得新生。

3. 从“标本盆景”到“桨声灯影”再到“诗书礼义”——在“形”与“魂”的对撞中提炼出人文特色的定位

“形”与“魂”是历史文化内涵的表达形式，关系到城市文化的特色定位与生命力。科学的城市发展理念是持续提升人文都市竞争力的重要前提。随着经济文化一体化进程的加快，把城市个性作为一种文化资源的差异化战略原则，必须得到城市管理者的普遍认同和遵循。而历史文化名城作为物质、精神和艺术融会贯通的结晶，作为写实、抒情和想象浑然一体的整体，更需要重视自身的文化特色定位。名城的保护工作也必须和历史风貌相协调，以个性与特色为准做到“形”“魂”结合，从而获得文化的自我复制的能力。

“形”与“魂”的有机结合首先是审美上的动态融合，而不是一味仿古仿旧。雅典的卫城博物馆和卢浮宫前的玻璃金字塔曾因造型前卫，被认为与古典景观不协调，在建设初期都曾遭到保守势力激烈反对，但最后事实却说明新潮的设计完美再现了两处世界文化遗产活着的灵魂。南京大报恩寺新塔，由于规划建设在明代大报恩寺琉璃塔原址之上，基于对地宫遗址的保护，基于对历史文化的传承，没有简单地重建一座琉璃塔，而是创新采用了轻质钢结构塔身、斜梁式塔基技术，并以现代艺术玻璃作为立面幕墙，最大限度地减少了对遗址的扰动，同时也象征性地表现了古琉璃塔的形态，让人们可以对原塔产生一种意象,新与旧明显对比，这种创新性保护方式得到了各方面的认同。其次，“形”与“魂”的有机结合是内容上的互相补充而不是形式上的互相排斥。英国考文垂（Coventry）在保存被战争毁坏的大教堂废墟的同时，原址增建后现代主义建筑，既容纳原有功能又起到铭记英勇抗击纳粹纪念碑的作用。再次，“形”与“魂”的有机结合是文化上的繁衍生息而不是传统上的彻底割裂。北京琉璃厂的改造采取整片推倒重建的办法来打造“仿古一条街”，尽管新建建筑仍很有特色，却再难重现昔日风貌。而国子监街则进行了科学合理的规划，保持了古街风格和业态，取得了良好的社会效益和经济效益。综上可见，如果不能深刻认识文化的地位作用，准确把握文化发展的内在规律，仅苑囿于“形”的层面，所谓的保护极易沦为一种断层“保护”，只有整体性、全面性、传承性的保护，历史文化遗产才不会沦为现代水泥森林包围下的微型盆景。

应该说，30多年的保护工作，我们逐步从单纯“形”的找回和保护，提升到“魂”的整体再现的高度，从早期标本模型式的复建，提升到整合创造城市整体价值的模式。我们通过全面保护、整体保护，普遍改善、局部改造，路房合一、肌理恢复，串点成线、连线成片的方式；通过一批精品文化项目的推进，做到建设一个项目，带动一个片区，展现一种风貌，产生成片保护、整体提升的效果，真正还原出形魂一体、别具一格的秦淮风貌。

与此同时，我们更加重视历史文脉的修养和传承。秦淮的历史文化名城保护，不能仅仅局限于景点的复古风貌，还必须牢记传统习俗的神韵、千年文脉的灵魂，尊重、延续和加强城市历史上形成的个性。要使得历史文化在秦淮形成一种真实的触感，不仅要保护有形的物质文化遗产，也要保护具有代表性的非物质文化遗产。我们把传统灯彩艺术大师作为艺术家给予政策扶持，同时注重走生产性保护的路子，对秦淮灯彩、金银细工制作技艺等可以产业化的非遗品牌，安排一定空间来展示制作、体验参与、推广销售，既推动传统技艺回归大众生活，也形成了创造性传承、创新性保护、创意性发展的模式。

我们始终把握“以人为本”这条中国文化的根本精神，这种人文精神最直接的表现就是要有故事。单霁翔提出“城市故事是城市历史的再现；城市故事是城市今天的借鉴；城市故事是城市发展的源泉”。从过去、现在和未来的时间维度给了我们诸多启示。城市的故事是城市文化内涵最生动的体现，不同的城市故事让我们能够更好地理解城市发展的历史脉络。城市发展的过程中，一代代的人永远是最关键的因素，也永远是其中的主角，他们演绎的一个个精彩故事既应该成为我们保护城市记忆的重要内容，又完全可以用来讲述城市的历史，展现城市的风采。有形的建筑总有寿命，无形的故事才能代代相传。尧舜禅让、大禹治水，这些在当年并无具体的物的载体，却因为生动而有价值的故事传承至今。有故事的城市，才是人文的城市，才是有生命的城市。秦淮的丰厚历史文化资源给了我们无穷无尽的宝藏，足够今人去深度挖掘，我们一直在努力把一个个秦淮故事串珠成链，用文学、戏剧、影视等多种手段，全方位表现秦淮的历史文化与人文情愫，无论是当年的《秦淮人家》电视剧，还是今天的网络小说《琉璃世琉璃塔》《歌鹿鸣》、话剧《风雨秦淮》，都成为秦淮故事的代表，已经形成了足以让我们欣喜的强大传播力量。

无论社会怎样变化，无论脚步如何匆匆，永远不变的是人性，统一“形”与“魂”的最终目的，就是让我们能够在转换的时空中与心灵对话，追求对永恒命题的思考，不至于忘了为什么出发，这才是我们的文脉与精神家园，也是最值得我们保护和体现的东西。

4. 从“大拆大建”到“整体搬迁”再到“自愿渐进”——在“迁”与“留”的考验中实干出群众满意的答卷

“迁”与“留”是社会和文化层面的双重考验，是名城保护工作不可逾越的难题。从主政者角度来看，这种考验既是我们交给历史的答卷，更是交给我们自己良心的答卷。

保护和发展历史文化名城，历史建筑等客观存在的修复只是一个起点，重点必须也必然回到人与物的结合。这种结合，是透过历史建筑，对诗和远方的悠然憧憬；是透过传统习俗，对城市信仰的深刻感知；更是通过品质提升，对居民群众获得感和幸福感的充分满足。我们能够清楚听得到来自高档公寓和书房课堂里“我看见美在消失”痛彻心扉的呼声，以及他们保护文化的强烈意愿与要求。尽管这是一种残缺的美，一种有代价的美，然而我们也必须正视“沉默的大多数”，住在生存环境极其恶劣的棚户区、危旧房里的普通百姓要求改善居住环境、分享改革成果的内心无声的呐喊与渴望。怀着历史责任感和对最广大人民群众的关心，我们必须对各个阶层予以关注，均衡公共资源的配置，努力满足各方面的需求。因此，坚持对老城的保护更新，既要满足生活优渥者的精神需求，更要容纳工薪阶层的现实生活，两者兼顾才是主政者全盘筹谋后提交给人民群众的满意答卷。综合各方面要求，我们认为减少老城居住人口，回到历史上老城的人口规模才有可能再现老城风貌。因此，降低人口居住密度是保护的手段，也是提升生活品质的必要方向。

我们一直在实践中思考如何在城市微更新、存量保护的条件下，用合适的方式改善过度密集人口的居住条件。30多年间，我们走过了从“公开出让、整体拆迁”的大拆大建，到“搬迁居民、修缮房屋”的保护更新，再到“系统规划、尊重民意、动态调整”的有机更新的探索过程。早期的棚户区改造、危改安置房等方式方法从某种意义上讲，就是不拆房解决不了住房问题，结果往往是居民的生活条件得到改善，但不少有保护价值的老房子同样被拆除了。现在，我们把历史片区保护更新与棚户区改造按照不同的系类在城建计划中进行编排，把“自愿”和“渐进”作为工作原则，按照“可走可留、可买可租、可修可换”的思路，充分尊重原住民的意愿，走与留都有方案，鼓励卖者、吸引换者、善待留者、补贴修者，让生活在这里的人们有在家的感觉，让腾迁而走的人们也能找到家的记忆，而不是像住在一个陌生的客栈，甚至是博物馆里。对这些地区，地方政府要做的就是“加减乘除”四则运算：加，是增加公共配套，增加供给，包括无线通信、网络、有线电视等承载现代生活的必需品；减，是减掉不必要的破坏肌理、破坏风貌、破坏地区功能的临时建筑、附加构筑物和为了扩大面积的新建建筑；乘，是植入文化内涵，增加居民的归属感、自豪感，将现代生活方式和传统生活形态结合起来，让生活在传统特色载体里的居民，享受到现代文明的生活方式，体会到现代生活的愉悦感觉；除，就是扩大人均空间、户均面积，不仅增加室外共享环境，更要改善家庭室内环境，在套型结构设计和卫浴设施布置方面动脑筋，腾出空间，置换空间。

城市的发展应当使人生活得更加美好，城市的更新要回归到城市的精致化上，回归到功能品质的追求上，同时也要回归到亲密邻里的轨道上。因此，在不断提升居民居住品质的同时，我们也越来越注重对城市人文精神和价值的发掘和塑造，这也是城市规划领域比较典型的观点。社会学著作《美国大城市的死与生》批评道，现代化城市建设实际上破坏了很多具有人文气息的街区。城市街区不应该是单纯工程型的和只追求技术效率的，而应该是人性成长的空间，人的归属感和社会凝聚力都产生于范围确定、狭窄热闹和具备多重功能的街道。新都市主义也针对城市中人际关系的淡漠提出新的理念，认为城市建设应该保持紧凑，容纳各种各样的功能，要通过城市空间的重构，创造邻居互动的场所，从而使人们可以有更多机会进行广泛的社会交往。

我们提出了全域旅游的积极设想，并付诸行动，把“城区即景区，旅游即生活”作为城市更新的重要标准。为此，必须做到在尊重“古人”的同时理解“今人”，也就是要重视景区、街区、园区和社区的和谐共生，既让居民从旁观者变成参与者和受益者，也让游客的脚步和思绪能够停留在老城的常态生活空间中。还要做到在留住“客人”的同时，首先关怀好“主人”，就是要综合考虑保护方案和居民愿望，实现历史风貌与居住条件同步改善，优先提升老城的公共服务设施，不仅让到秦淮旅游的游客感到舒心惬意，更是让生活和工作在秦淮的人们感受到环境改善带来的实惠。同样，来到秦淮的他乡人，也会因为这个城市的美好而“慢”下来、“停”下来，甚至“留”下来，成为新秦淮人。只有这样才能使我们的保护成为有记忆的保护、有温度的保护、有未来的保护。

5. 从“乘势而上”到“慢工细活”再到“两者兼蓄”——在“快”与“慢”的决策中修炼出科学政绩的理念

“快”和“慢”的决策在于主政者对发展机遇和具体实际的把握，体现的是我们对城市健康发展哲学的认识，以及对科学政绩观的考量。城市自然变迁的速度与经济发展的速度正相关。在经济低速发展时期，城市的整体更新相对缓慢，局部的改进是渐进式的自然演替；而进入经济高速发展时期，城市的自然进化过程被扰乱从而开始迅猛而激烈的演变。一定程度上，城市形态稳定，没有发生大规模变化的地区，都是经济发展相对缓慢的地区；城市形态演进慢的时期，都是经济不活跃的时期。30多年来，秦淮经济社会发展的速度和水平超出预想，保护和发展所遇到的冲突，也就由一个本来可以在历史长河中慢慢消化的问题，突然变成爆发性的，必须在短时间内面对和解决的问题。现在我们能摆脱保护与发展的顾此失彼，根本上还是因为我们对城市发展哲学的认知发生了变化。在我们看来，某种意义上，“快”是城市发展哲学，“慢”是城市健康哲学，两者之间的平衡就是这个地区的管理哲学。

当我们面对已经明确的保护方向和重点，必须用“快思维做加法”，一经论证完成，得到统一认识，就要坚决把认识透、研究透、琢磨透的工作加速推进、全力落实。比如，中华门外西街、黄泥塘和越城天地地块，因特殊历史原因产生的大面积棚户区整体环境恶劣，非常不利于保护仅存的历史文化遗存，经过充分调研论证，我们统一认识，仅用一年时间就基本完成了50万平方米可利用空间的整体征收，为后续整体保护和更新工作打下了坚实的基础。再如，为了深度保护夫子庙秦淮风光带，我们大力度推进内、外秦淮河环境整治，并做了大量改造建设及水系贯通工作。总之，对这些有助于真实重现历史文脉、历史形态所必不可少的标识和典型，我们坚持快速响应、积极推进。

和发展经济一样，能否抢抓机遇、乘势而上，也是“快思维”的重要体现，为了平衡项目收支、快速推进开发建设，我们连续抓住了所有重大机遇，特别是“十运会”“青奥会”带来的盛会机遇，历史文化名城建设深入推进的政策机遇，创建国家

AAAAA级景区和国家级文化产业示范园区及首批国家全域旅游示范区等多个重大品牌创建机遇。可以说，30多年里秦淮的历史文化名城保护工作登上的几个大台阶，都与这种敢于担当敢于负责，果断抓住重大历史机遇的“快思维”密切相关。

与此同时，当我们面对一些情况复杂的保护更新目标，认识到从客观条件上没有能力做到全面有效保护，或者主观上认识不统一，甚至遇到顾此则失彼的两难问题时，就必须用“慢思维做减法”，宁可留白，也不能留下遗憾。比如，对荷花塘这样暂时不具备条件或没有想透彻的保护项目，更重要的是集思广益、积蓄能量，等待时机和条件成熟时的厚积薄发；再比如，小西湖片区的腾迁工作之所以把去留选择权留给原住民，就是要遵循自愿、渐进的原则，用生长的方式来逐步微调区域功能，尽可能留下更多历史和文化的痕迹。只有遵循不断产生变化的城市发展哲学，注重有机推进、张弛有序、滋养涵育，避免急功近利、违背客观规律，才能给后人预留出足够创新改造的时间和空间。

“慢思维做减法”同样需要主政者的冷思考与定力，具体到老城保护范围内的危旧房、棚户区，无论做不做老城保护都在改造范围内，区别在于拆除以后的城市空间做什么，是用于文化彰显，还是用于商业开发，是抬升地块价格，还是提升城市价值。我们统一认识，将商业和地产项目让出来打造历史街区，腾出最好的土地做保护项目及配套，给老城的规模“减压”、高度“减压”、道路“减压”、环境“减压”。从拆除琵琶街夜市，到拆除龙门街、金陵路等近10个小商品市场，再到拆除夫子庙农贸市场，夫子庙的文化气息逐渐浓厚，花大力气拆出来的空地，我们或用于历史建筑复原，或用于丰富街巷肌理，一点一滴地续接老城传统的风貌特色，以慢工出细活，真正提升地区文化软实力，以强大的文化基因和优美的环境永久提升城市价值，我们有信心看见一个正在不断恢复健康的城市，一个美好的城市在不断生长。

四、新起点展望：保护传承，迈向复兴之路

30多年来，凝聚几代秦淮人心血和汗水的历史文化名城保护工作，在宝贵的经验与教训中取得了阶段性成果。站在承前启后的历史节点，我们感受到更大的机遇与挑战，揭开历史文化名城保护新的篇章正当其时。

2015年7月，南部新城大校场机场正式搬迁。这一载入南京发展史册的城市空间结构与布局的重大调整，无疑将对秦淮、对南京的发展带来重大机遇，也无疑会对历史文化名城保护产生积极的推动作用，宛如一剂“催化剂”。大校场始建于1929年，是中国历史上最大的航空基地之一，也是当时设施最好的飞机场之一，抗战前被定为中国最高级别的航空总站，1949年中华人民共和国成立后为军用机场，1956年转为军民合用机场，1997年随着禄口机场建成再次转为军用机场。随着经济的高速发展、城市的外延扩展，占地5平方公里的大校场机场，已经逐渐从郊区变为中心区，由于机场净空和噪音影响，使得整个城市南部的土地空间利用受到严重制约，对于秦淮来说，更是躲不过、绕不开的问题。为此，我们准备了十几年、努力了十几年也等待了十几年：2003年南京市委、市政府成立南京红花-机场地区开发建设指挥部，并于2010年6月改为南部新城开发建设管委会，专项负责大校场机场迁建和地区开发建设；2006年8月，江苏省人民政府与南京军区空军签订了机场搬迁协议；2009年1月，国务院、中央军委正式批复同意迁建空军南京机场；2010年3月，国家发改委、总参谋部批准项目可行性研究报告；2012年7月，空军批复南京机场迁建项目初步设计；2012年8月8日，空

军南京新机场正式开工；2015年7月底部队搬迁转场，7月30日关闭大校场机场并释放净空，这标志着南部新城核心区的开发建设全面启动。基于这样的发展阶段性特征，在2016年7月召开的秦淮区第二次党代会上确立了“保护更新老城、开发建设新城”的总体格局，这其中新城的开发建设为老城的保护更新创造了历史性的重大机遇。

之所以说是历史性机遇，其一，如此大的空间整体拓展史无前例。今天的秦淮区经历了多次区划调整，2013年成立的新秦淮区实际上是由5个部分组成，包括原建邺区朝天宫街道、原白下区、原秦淮区、原雨花台区石门坎镇、红花镇等。但新秦淮依旧是老城区，面临着人口密集、土地开发强度大、公共空间匮乏等一系列问题，由于机场的存在，一直局限于明城墙围合的老城地区发展，而老城内又受到雨花台、明城墙、历史街区等多处限高，在发展空间上的拓展受到重重制约。其二，如此大的空间一次性释放绝无仅有。大校场是南京主城范围内唯一的一块成片待开发土地，核心区10平方公里，加上联动影响发展区约20平方公里，机场关闭搬迁后还释放出了超过100平方公里的净空限制，未来将给南部新城带来约1 500万平方米的开发量，直接投资规模将超过3000亿元，将成为全市在江南地区最重要的开发建设阵地和经济增长极。

之所以说是重大机遇，是因为新城的开发建设，可以与老城的保护更新形成有效的联动关系。对老城，重点是严格控制及慎重实施大规模、高强度的建设，大力推进历史文化资源的保护、基础设施的改善、群众生活环境的提升；对新城，重点是高水平地进行规划建设，大规模地进行投资拉动，加快基础设施和公共服务设施布局，引进具有较强辐射带动作用和较大经济贡献度的总部企业，将其打造成为与新街口、河西新城三足鼎立的城市新中心，构成南京主城范围内的“金三角”。同时，用老城丰厚的经济资源、文化资源、科技资源和公共服务资源等，为新城的开发建设提供支撑，实现更快更好的繁荣；用新城开发建设取得的收益，来反哺老城历史文化资源保护和民生改善的投入，彰显城市的文化底蕴，从而实现对老城丰富资源和新城优势空间的整体规划、系统打造、互动发展、全面升级。这就让我们能够“跳出老城建新城”，“依托新城保老城”，把新城作为疏解老城功能、优化人口分布、降低开发强度、调整产业布局结构的重要空间，通过空间重构、资源重组、品质重塑，在老城保护和新城开发之间走出一条积极的协同发展之路。

新城可以承接老城人口与资源的空间转移。原来蜗居在棚户区里的人群，可以搬迁安置到新城范围保障房片区，在降低老城人口密度、改善人居环境的同时，也压减因为人口密集而给老城带来的一系列城市长效管理的问题。

新城可以实现公共服务功能的布局优化。在新城区以高标准配建南部新城医疗中心、文化艺术中心、全民健身中心、社区服务中心、能源中心等大型公共设施，规划建设一批高质量的中小学校、基层医疗卫生机构等，将补足全区公共服务功能短板，让老城不用再在有限的空间内新建大体量而又必要的基础设施，而是以改造提升为主，部分转移至新城的机构所腾出的土地，也可以更多地用于保护、展示和传承历史文脉，改善老城人文环境和自然生态。

新城可以实现老城产业转型的升级与加速。老城是第三产业尤其是现代服务业的首选之地，多年来，传统商贸业、房地产业在为老城带来繁荣的同时，也增添了城市管理、环境保护的巨大压力，通过在新城新建一批产业项目和载体，向新城转移一批占用空间大、对楼宇品质要求高的优质企业，从而使老城产业进一步向中高端转型升级。

新城可以用开发建设的收益反哺老城历史文化保护和民生改善的投入。老城的保护更新需要大量的资金支持，初步测算“十三五”期间由政府投入的部分接近300亿元，仅依靠改造后的土地和项目收益难以实现平衡，在历史文化保护方面也不能重蹈“就地平衡”的覆辙。新城开发的收益为这一问题提供了解决方案，将助推老城的“凤凰涅槃”。

总而言之，大校场机场的搬迁、新城的全面启动开发建设，这一机遇千载难逢，以此为契机，推动历史文化名城保护在更新的理念、更高的标准上，实现更大的突破、取得更好的结果，是我们这一代人可以为、能够为、必须为的重大责任。历史文化名城保护正当其时。把握得当，就有可能赢得发展优势，就可以传承历史文脉、塑造城市之魂、推动文化地位上升；把握失当，必定会错失良机，影响、延缓甚至是耽误文化的传承，最终导致城市特色竞争力的丧失和发展人文城市的落后。新的历史背景下，需要我们重新审视历史文化资源的独特价值，重新认识推动文化繁荣发展的紧迫形势，以高度的紧迫感、责任感和使命感，抢抓用好历史性重大机遇，遵循规律，顺势而为，给历史一个交代，给未来一个交代。

站在新的历史发展节点上，我们越来越感到，老城独有的文化资源是我们独特的竞争优势，是加快发展的宝贵财富，是我们在区域竞争中所独有的，其他地区无法相比的重要资源。对未来一段时期秦淮的历史文化名城保护工作，我们既有了思考，也有了行动，重点是以保护更新为主，围绕明城墙、秦淮河这“一城一河”特色景观塑造，统筹推进好夫子庙、朝天宫、门东、门西、门外分别约为1平方公里的五大片区规划保护，努力彰显城河一体、城景相融、兼容并蓄的人文魅力，把秦淮的区域特色打造成为南京的城市特质。

明城墙是秦淮区的骨骼，蜿蜒于全区境内的6.3公里明城墙秦淮段，是最完整最连续也是保护得最为完好的部分，它拉开了城市的整体框架，被看作是最能体现南京古都地位的宝贵遗产。多年来，我们做了大量保护城墙本体、贯通城上走廊、打造沿城墙景观带的工作，包括组织实施明城墙沿线动迁拆违、内外侧绿道建设等工作，实现中山门至光华门及东水关至西水关城墙整体贯通、对市民开放，让城墙可见、可达、可体验。现在和未来一段时间，我们对明城墙周边的环境保护，更多的是从原来站在城下看城墙，转变为站在城墙上看城市，让市民游客走上明城墙，看到南京古城的特色风貌，感受到城市留给我们的宝贵财富和深厚文化底蕴。所以我们正在以明城墙作为视点，以明城墙为线来串联老城环境改善，全面梳理在城墙上看到的景观环境不够好的地方，全面启动沿线涉及的历史文化资源点保护、环境综合整治和彰显城市文化底蕴的重大项目，力争到2018年打通城墙上景观视觉廊道，实现明城墙内、明城墙外、明城墙上三条游览线的全面贯通，有效串联月牙湖、东水关、老门东、大报恩寺遗址公园等文化资源。对于中华门瓮城这一明城墙重要节点，经历了600多年的风雨，承载着600多年的岁月积淀，也对世人讲述着它所见证的一切。突出保护利用好瓮城，是我们的使命所在。当前正在积极咨询、审慎论证，争取各方支持，高标准复建镝楼这一古城墙不可或缺的重要组成部分，再现古城墙历史雄姿，同时起到减少渗水伤害、保护瓮城墙体的作用。

秦淮河是秦淮区的血脉，是整个城市水系流域的综合，串联了老城南、七桥瓮、大校场机场等重要特色资源，是城市中最具活力的部分。秦淮因水而名，也要因水而兴，要做足做好水环境这篇文章，沿水系布局重大项目，形成以水为纽带的发展格局。但是，作为南京的母亲河，从当年朱自清和俞平伯那两篇著名的文章《桨声灯影里的秦淮河》中就写到，当时秦淮河河水就已经很差了，这么多年来，老百姓一直希望秦淮河的水能够变清变好。为此，我们下定决心，围绕秦淮河流域在全区范围内所有的26条河道，以及沿河的环境功能品质提升，把整个秦淮境内的水环境彻底治理好。我们排定了水环境整治一系列的工程计划措施，进一步优化了工作体制机制，将水环境治理与雨污分流、二次供水改造、道路改造出新结合起来，与棚户区危旧房改造、老旧小区整治、小餐饮整治结合起来，与蓝线退让、控违拆违、污染源整治结合起来，确保2017年全面消除黑臭，2018年完成雨污分流，2019年水质稳定达标，2020年真正实现整个秦淮全流域的水清岸绿景美。对于十里内秦淮河来说更是先行一步，下大力气实施截污清淤，防止污水下河，清理河底淤泥，同步实施沿河环境提升、灯光亮化等工作，内秦淮河东、西五华里水上游线首次贯通，内秦淮河与外秦淮河水上游览线首次贯通，乘船可从内秦淮河东水关，经中华门，再由西水关到达外秦淮河。下一步的重点是针对内秦淮河西五华里，充分挖掘沿岸的文化底蕴，以河为轴线，串联起散落的历史遗存，同时按照亲水、通达、活力的理念，进行沿河文化遗存保护、特色景观塑造和商旅文业态的配套，体现浓郁的江南水乡民居传统风貌。这其中，包括依照历史典故和文物遗存，复建百猫坊，恢复历史原貌和意象，同时改造建设夜宿秦淮特色酒店群落；包括打造西水关节点，结合孙楚酒楼、来凤街文化创意街区的建设，新增游船码头和游客中心，完善休闲旅游功能，将其打造成为内秦淮河西五华里的发展引爆点和南京市重要的文化创意中心。

夫子庙、朝天宫、门东、门西、门外等地区是秦淮富有灵魂和神韵的机体。对于夫子庙核心景区，通过几年前大规模的提档升级和这几年不断地保护更新，总体格局已基本成型，当前最大的一片空间是市中医院搬迁后科举博物馆项目二期建设。我们将依托江南贡院明远楼、号舍、飞虹桥等文物，以及已经建成的科举博物馆主馆，利用市中医院搬迁后地块和建筑，彻底打通科举文化中轴线，再现江南贡院历史意境，充分展示科举文化历史文脉。同时，结合地上建筑改造利用和地下空间开发，配套文化主题酒店和休闲旅游产业，联通建康路南北两侧商旅文业态，进一步改善景区环境、提升功能品质、满足游客需求。

对于朝天宫地区，实际上在朝天宫复建后的30多年里，由于一些客观原因和历史原因，是一个寂静的角落，对这一片区历史文化的成片保护一直没有得到足够的重视。朝天宫的城市基因，包括皇家文化、贵族文化、宗教文化、作坊文化、名人文化、会馆文化等等，老地名、老街巷、老建筑、老故事不胜枚举，保护传承好这一片区的文化是我们的重大责任。从近期看，主要是全面完成南捕厅征收，实施文物建筑修缮、街巷肌理修复，打造大板巷示范段，全面修复朱之蕃故居、温葆深故居，启动安徽会馆修复、罗廊巷太平天国壁画点房舍修复，完成千年仓巷文化街牌楼建设，仓巷北段开街，朱状元府建成对外开放。从远期看，我们将对南捕厅整个片区进行整体保护利用，按照“小单元、渐进式”方式，将其打造成为充满活力的体验式文化休闲街区。

对于门东地区（中华门以东、长乐路以南、明城墙以内），我们在打造老门东历史街区的基础上，继续向东拓展延伸，积极实施东延保护复兴工程，包括周处读书台、光宅寺等历史资源点的整体保护修缮，南唐伏龟楼遗址的保护利用，以这些文化遗存的保护带动周边棚户区的改造和环境的综合提升，推动马道街以南的整个门东片区形成一个完整的整体。在门东，有个特殊的地段，就是小西湖片区。对这一片区，我们采取了新的模式，主要是突出自愿和渐进的思路，通过修缮、修复、编织、整治，来实现老城的自我更新、有机更新、持续更新、微更新。这个片区不是要成为旅游目的地，而是要体现出比较惬意的街巷生活方式的生活社区，如果变成布满创意文化和咖啡酒吧，就是失败的，如果改造成为了别墅区，它也是失败的，这里要成为浓郁的城南特色的生活街区，是大家庭和小家庭有机结合的社群环境。所以，我们正在采取的这种方式，就是要保护并延续这里原有的街巷肌理，恢复街巷整体格局与风貌，保留老城南地区生活形态，鼓励居民自主搬迁，降低人口居住密度，完善基础设施配套，提升人居环境品质。

对于门西地区（中华门以西、集庆路以南、明城墙以内），我们重点对鸣羊街以西的部分做了深化研究和规划设计，首先是高质量实施了愚园（胡家花园）修复，完成了铭泽堂修缮、蓄水造景、园林绿化等工程，完整展现了晚清园林风貌，同时也在周边配套了民俗客栈等业态。其次，对原来的第一棉纺织厂地块，厂区搬迁后，总体上保留了原来的厂房，正在策划建设文化体育主题园区，引入相关业态，繁荣街区生活。当前，我们正在依托凤凰台、古瓦官寺、阮籍墓、杏花村遗址等资源，以凤凰台为核心，积极推动凤凰台景区建设，将其打造成为兼具传统人文和现代文化艺术体验，有别于南京其他传统民俗片区的综合活力片区，再现六朝历史风貌，重现李白“凤凰台上凤凰游，凤去台空江自流”和杜牧“借问酒家何处有，牧童遥指杏花村”的诗画意境。而对于鸣羊街以东的荷花塘地区，资源丰富但情况复杂，如何更好地保护，目前还没有明确的方向，要特别审慎对待，我们坚持宁可不做，也不能因为没想好就盲目去做，最后让后人无法再做。

对于门外地区（中华门以南、应天大街以北），以往是大面积成片的棚户区和五金机电大市场，我们很少关注到这里丰厚而且密集的历史文化资源。实际上，在这大约1平方公里范围内集聚了大量的世界级文化遗存，这里是南京城市的起源地、江南佛教的发祥地、近代工业起源地。这里的古越城，是南京的建城之地；南唐伏龟楼是南京最早的城墙遗址，中华门是中国现存规模最大的城门，是世界上保存最完好、结构最复杂的堡垒瓮城；江南第一寺庙建初寺建于此地，是明代大报恩寺的前身，在西方人眼中，大报恩寺琉璃宝塔与长城都是中国的象征；大报恩寺以东的晨光1865创意产业园，其前身是李鸿章于1865年创立的金陵机器制造局，它是南京第一座近代机械化工厂，素有“中国民族军事工业摇篮”之称；长干桥两侧的长干里一带，早在春秋战国时期就成为南京人口最密集的地区，“青梅竹马、两小无猜”的典故即来源于此，被誉为南京本土《清明上河图》的《南都繁会景物图卷》中所描绘的，就有很多长干里两岸的景物。随着西街、黄泥塘等地块的全面征收，腾出近50万平方米可利用空间。我们正在谋划从系统保护、挖掘、展示和利用城市原点、明城墙文化、长干里文化、报恩寺文化的角度，对这一片区进行整体规划和城市设计，整合利用丰富的历史文化资源，建设越城天地和西街地块重大文化项目，并在此基础上，待条件成熟进一步整合外围空间，包括宁芜铁路、晨光厂南厂区等，推动以中华门为核心的门外地区建设成为重要的国际文化旅游功能区。

我们在保护明清时期文化遗存的同时，也在积极推进近现代建筑的保护更新和功能再造，重点是以太平南路为轴线的特色街区，将其升级打造成为具有浓郁民国文化特色及充满现代生活气息的商业街区、文化地标、旅游长廊和宜居地区。目前已按照延续民国时期城市建设简约质朴的原则，基本完成了道路出新和沿线建筑立面改造，下一步将推动天山会馆、西白菜园、李公祠、三十四标、慧园里、马府西街等沿线重要近现代建筑和风貌区改造整治，实施环境提升和功能再造，着力将太平南路街区打造成为老城保护更新的示范项目、区域产业提升的支撑项目、秦淮全域旅游的精品项目。

老城是历史文化名城保护的主阵地，但我们也不能忽视以南部新城为核心的东部地区的重要文化资源。这一地区历史积淀深厚，具有独特的人文内涵和区域特质，民国《首都计划》将此地解读为“南京城东盖其地处山谷之间，在二陵之南，北峻而南广，有顺序开展之观，形胜天然，具神圣尊严之象，中央政治区域之选择，盖无逾此”，按照传统规划理念，是为最佳的建城之地。

南部新城核心区所在的大校场地区，源于明初拱卫南京驻军训练场，明清两代均为重要的军队操练基地，康熙年间曾作为皇帝检阅驻防官兵武艺的场地，在《康熙南巡图》上留下了重要的历史场景。时至今日，周边仍留有众多历史遗迹，东有跨运粮河的过兵桥、跨秦淮河的七桥瓮，南接明外郭十八门的高桥门、上方门、夹岗门，西连窨子山古文化遗址、明清丝织染料种植基地红花村，北通中和桥、明朝天坛遗址。国民政府定都南京后，随着民国空军的扩建，1929年大校场成为空军训练场所，并设立了当时全国最大的靶场，期间国民政府还在大校场建立了中央航空学校。抗日战争和解放战争期间，许多重大历史事件都与大校场机场相关。这一地区为我们留下了大量的历史遗存，包括古今地名文化资源、明清军事文化资源、津桥水道文化资源、明外郭文化资源、民国机场文化资源。古今地名文化资源，主要以梅家廊、汤家坝、丁家园、刘家岗、赵史岗、蒋家街、石婆庙、双麒路、国际路等为代表的老地名，内涵丰富，涵盖城郊邑地、冈阜水体、街巷桥道，体现了该地区历史发展演变的过程。明清军事文化资源，主要有以校场口、点将台、阅兵台等为代表的军事场所文化，以及以翁家营、柴家营、神机营、郑家营、广洋村等为代表的驻军军事文化等。津桥水道文化资源，该片区自古河流纵横、水网密布、土地肥沃、圩田错落，自然生态条件十分优越，目前重要的水体有外秦淮河（上方桥至中和桥段）及其故道、响水河、运粮河等，圩区有常家圩、金家圩、南圩等，桥梁有七桥瓮、过兵桥、中和桥、响水桥等。明外郭文化资源，洪武二十三年修建南京外郭城，其中高桥、上方、夹岗、双桥4门环绕新城，高桥门近城东南祭祀区，主要保护运粮水路，上方门沟通外秦淮、上方桥一线，夹岗门围合南部军事区，双桥门分割西侧寺庙区和东侧军事区、祭祀区，4门在明代城防体系中承担着十分重要的作用。民国机场文化资源，从建设机场，建立航校，留下机场跑道、机窝掩体、机场油库等历史遗迹，到对日空战，英勇就义，成为后人缅怀先烈的纪念地，还有蒋介石、宋美龄、张学良等一批历史人物在大校场机场候机楼、美龄楼的来去足迹，给这里烙下了深深的民国印记。

我们正在挖掘整理这些历史文化资源，从历史文化中找寻南部新城的文化特征，提炼出文化价值，融入到现代城市的建设发展中，注重历史文化与自然资源保护及打造宜居宜业新城的关系，突出地域特色，在环境打造、项目建设、产业发展中体现区域历史文化内涵，凸显南部新城历史底蕴和文化基因，为新城建设注入文化的灵魂，真正实现“望得见山、看得见水、记得住乡愁”。

实施历史文化资源普查和抢救保护。对南部新城包括部队管理区域所有历史文化资源、古树名木进行普查，并落图编册，挂牌管理，落实专门力量进行巡查，对已经遭到破坏的历史遗存进行抢救和修复。

打通历史文化传承主线。主要包括：①明文化主线。整合明故宫、御道街、响水河文化廊道，以及由其串联起的明朝宫城、皇城、都城、明外郭四重城墙，通过“明道”的建设，用游览线路把明故宫、正阳门、神机营、夹岗门等历史文化资源串联起来，使之成为南京重要的明文化轴线。②机场跑道主线。以机场跑道为载体，打造集产业发展、文化集聚、城市观光、健康休闲、生态景观为一体，贯穿大校场片区的城市客厅和文化中心，跑道两侧分别为文化公建带和展示办公带，发展文化创意产业和商务商业办公。③民国文化主线。围绕原机场油运专用线改造成有轨电车线路，串联晨光1865创意产业园、机场跑道、机场油库、机窝等具有民国特色的建筑，沿线建设一些民国风貌的建筑。④秦淮水韵文化主线。尊重地区水系布局，恢复秦淮故道，并通过水系把秦淮水韵从武定门往外河延伸，结合沿河游园绿道、节点小景的打造，形成具有鲜明新城特色的生态绿廊。⑤复兴街巷生活文化主线。用密集的街巷串联生活区与教育设施、公共服务设施和社区商业设施，从而在新城建设中，形成具有浓厚生活氛围的、更加紧密邻里关系的传统生活模式。

把文化特色融入到规划设计和业态布局的细节之中。在新城建设过程中，进一步聚焦建筑文化，通过归纳、升华地区的历史文化特质，形成具有南部新城特色的建筑特点、标识、符号，并且在整体规划上形成规范的控制性导则，从而塑造具有南部新城独特文化特色的城市形象，避免建筑立面过于现代、过于单调，防止千城一面。

精心打造历史文化保护项目。通过重要的公益性历史文化项目建设，将散落于各处的历史文化遗存集中起来，系统地展现展示。目前正在大力推动故宫文物南迁博物馆建设，对珍贵的文化遗产进行集中展示；推进中国第二历史档案馆新馆建设，建立中国抗战史和民国历史研究中心，更好地体现新城文化、历史方面的特色；论证航空博物馆项目建设，将新城区域几条历史文化主线在机场跑道尽头交会，打造南部新城新的文化地标。

看得见多远的过去，就能走得向多远的未来。岁月流逝、岁月浸润、岁月痕迹所传递的历史信息，是我们最应该珍惜和呵护的财富。面对秦淮如此丰厚的历史文化资源，我们在推动历史文化名城保护上承担着重大责任，面对30多年有得有失的实践探索，我们对如何更好地在保护和发展中找到结合点更加有信心。现在，最为重要的就是拿出务实的工作方案和积极有效的行动，本着对历史、对人民、对发展高度负责的态度，集各方之智，汇各方之力，共同守护老祖宗留下的宝贵遗产，把历史悠久的秦淮交给未来，这既是我们对先人的负责，也是我们对后人的交代！

城市之美，在于其花开花落，更新迭代的变迁与多样；

城市之美，在于其人文故事，跌宕起伏的豪放与婉约；

城市之美，在于其功能品质，安居乐业的确幸与感悟；

城市之美，在于其无限未来，远大豪迈的愿景与行动。

时间是常量，也是奋进者的变量。30多年前，秦淮人伴随改革开放的步伐前进，我们的城市从困倦的长睡中苏醒；过去的30多年，秦淮人锐意进取、破立并举，在探索中成长，在成长中进取。今天，新一代秦淮人站在更大的时空坐标上，承载历史重托，背负时代使命，我们憧憬秦淮未来的岁月静好，义无反顾地继续选择负重前行。

“此心安处是吾乡”。每当结束一天的辛苦工作，在华灯高照时徜徉在我们的城市中……

我看见，美在延续。

二〇一七年五月

参考文献

【1】东山魁夷. 东山魁夷美文集[M]. 南京：译林出版社，2004
【2】方远平. 大都市服务业区位理论和实证研究[M]. 北京：商务印书馆，2008
【3】冯斐菲. 旧城谋划[M]. 北京：中国建筑工业出版社，2014
【4】韩高峰. 棚改十年[M]. 桂林：广西师范大学出版社，2016
【5】楼宇烈. 中国文化的根本精神[M]. 北京：中华书局，2016
【6】齐康. 大城市的生机与矛盾[M]. 南京：东南大学出版社，2014
【7】王景慧. 历史文化名城保护理论与规划[M]. 上海：同济大学出版社，1999
【8】阮仪三. 护城纪实[M]. 北京：中国建筑工业出版社，2003
【9】单霁翔. 从"功能城市"走向"文化城市"[M]. 天津：天津大学出版社，2007
【10】单霁翔. 历史文化街区保护[M]. 天津：天津大学出版社，2015
【11】吴良镛. 人居环境科学导论[M]. 北京：中国建筑工业出版社，2001
【12】[美]简·雅各布斯. 美国大城市的死与生（纪念版）[M]. 南京：译林出版社，2005
【13】[英]丹尼斯·罗德威尔. 历史城市的保护与可持续性[M]. 北京：电子工业出版社，2015
【14】[美]亨利·丘吉尔. 城市即人民[M]. 武汉：华中科技大学出版社，2016
【15】[美]约翰·H·斯塔布斯. 永垂不朽——全球建筑保护概观[M]. 北京：电子工业出版社，2016
【16】国都设计技术专员办事处. 首都计划[M]. 南京：南京出版社，2006
【17】Stille A. The Future of the Past [M]. New York: St Martin, s Press, 2003
【18】Cox W. Constraints on housing supply: Natural and regulatory [J]. Econ Journal Watch, 2011, 8(1): 13-27.
【19】Bastéa E. Memory and Architecture [M]. Albuquerque: University of New Mexico Press, 2004: 56
【20】Garnham H L. Maintaining the spirit of place: A process for the preservation of town character [M]. PDA Publishers Corp,1925
【21】Hilber C, Vermeulen W. The impact of restricting housing supply on house prices and affordability [R]. London: Department for Communities and Local Government, 2010
【22】Niemietz K. Abundance of land, shortage of housing [J]. IEA Discussion Paper, 2012(38)

Abstract

The author of this preface is the witness and participant of historical and cultural preservation of Qinhuai during 20 years.He divided the course of practice of old city preservation of Qinhuai into five aspects:demolish and protect ,new and old ,form and soul,move and preserve,fast and slow, and made a systematic review and comprehensive summary which include both wins and losses.

First of all, the author introduced the origin,content and characters of this catalogue,which divided the course of historical and cultural preservation during more than 30 years into four phases in the order of time :

Phase 1 : The initial preservation in some important points(1984—1995). The project of reconstruction of Confucius Temple building complex became the most famous project in Nanjing.We also started the preservation of city wall of Ming Dynasty and inner Qinhuai River, Chaotian Palace presented its historical majesty.

Phase 2 : Contradiction and preservation the sites in line(1996—2005).This phase is a period of fast developing economy, high-speed transforming society and extremely expanding city, which is also seen as a period of contradiction between conservation and development.During this period,the style and features of old city and historical culture heritage was badly eroded.

Phase 3: Renascence and preservation the sites in zone(2006—2011), the people and their houses in the old city faced difficult and choice.The dwellers intended to change their old house in new, the makers of transforming project hoped to make balance between investment and profits,the researchers called on the preservation of old houses and their original dwellers.There are struggles of choice in face of the same question.

Phase 4:Follow the principle and all-round preservation(2012—2017). During this phase,the priority of preservation in the period of new normal has been established,and the regularity of preservation in the period of new normal has been followed, which formed the way of priority of preservation,organic renew,advancing quality, demonstrating Characteristics and transmitting culture.The government-led project of conservation and demonstrating of historical culture in full operation and achieve positive results.The work of preservation of famous historic and cultural city entered into a new stage of all-respect preservation, overall preservation and original preservation through the leading of plan.

Secondly,the author made this preface in the perspective of the consideration of historical and cultural preservation as a local government leader. From the reconstruction of Confucius Temple in 1984 and the origin of developing tourism economy for prosperity of the district to the definition of Three Centers and One highland(International commerce and trade center,modern financial service center and cultural leisure tourism center, highland of innovation-driven development),from the construction of symbolic zone of famous historical and cultural city in Nanjing to building out visiting card of the city as special and exquisite,the author summarized following experience in the view of preservation and methodology through practice and innovation:

From reconstruction of old city to preservation ,finally to renew of entire area :

achieving advance of basic idea through the choice of demolishment and protection.

From casting the new and examining the old to restoring the old and using the desolation,finally to new branch in the old tree:unified the common view of aesthetic orientation through old-new conflict.

From specimen and potted landscape to Oar-splashing and Lantern-illuminating,finally to the classics and righteousness :refining the definition of humanity characteristic through the struggle of form and soul.

From demolishment and construction in large-scale to integrate removal, and finally to progress voluntarily: making an exam paper for publicly-satisfactory through test of move and preservation.

From taking advantage of a favourable situation to soft fire makes sweet malt, and finally to inclusiveness of two parts:producing the idea of scientific achievement through the decision of fast and slow.

Finally, the author pointed out that the key point of the preservation work of famous historical and cultural city of Qinhuai in the coming time is mainly focus on the preservation and renovation, concentrating model of characteristic landscape of city wall of Ming Dynasty and Qinhuai River, advancing plan and preservation of five zones which included Confucius Temple,Chaotian Palace, East of the gate,West of gate and Outer-gate as the surface is respectively nearly 1 Square kilometre, demonstrating the humanity charm of unify of city wall and river, blending of city and scenery, and inclusiveness harmony.We will do our best to make the regional characteristics of Qinhuai as city characteristics of Nanjing.

序 | Preface

以文化自觉和科学精神保护传承南京历史文化

Protecting and Inheriting the Historical Culture of Nanjing through Cultural Consciousness and Scientific Spirit

叶斌

南京是中国著名古都，国家首批历史文化名城。她具有6 000年的文化史，2 500年建城史和累计454年的建都史，历史悠久，文化积淀丰厚。反映在文字上的，以杨永泉编撰《南京文献综合目录》为例，收录书目达6 194余种，加上不同版本共达7 537种，这些文献里的各种文化现象浩若烟海；反映在地表或地下实物上的，按朱自清先生说法："逛南京像逛古董铺子，到处都有些时代侵蚀的遗痕。你可以摩挲，可以凭吊，可以悠然遐想……"此地表或地下的实物遗存也是数不胜数。

作为历史文化名城保护的主管部门，对历史文化遗存的保护是我们当然的职责。为了做好历史文化名城保护规划，并切实保护、展现和合理利用，我们迫切需要对上述汇载于文字及遗存于空间历史文化遗产进行梳理，并使之对应。一是摸清家底。应以历史遗产的概念而不仅仅是不可移动文物对南京的历史文化遗存予以普查，并以科学的方法一一标注于对应的城市空间中（地图及地理信息系统之中）。二是记录价值。要收集记录整理这些历史文化遗存所附着的文化信息，分析其历史价值。三是有效利用。要把摸清家底工作与记录价值在城市规划管理信息系统中有机关联。并以高度的文化自觉，在城市规划建设发展中有效保护、合理利用，彰显南京独特的城市魅力。四是广泛传播。要通过出版及新媒体，把具有空间信息的各类文化遗产广为告知，唤起社会进一步保护历史文化遗存的意识，使优秀的历史文化遗存传之后世，增添城市文化自豪感。

为了实现上述目标，早在2005年，在启动编制第四版《南京历史文化名城保护规划》之际，南京市规划局委托南京大学文化与自然遗产研究所联合南京市城市规划编制研究中心，开展了市城范围的历史文化资源普查建库工作。这次普查的特点：普查组织强调部门联动，首次实现规划局和文物部门等部门的跨部门市区合作；普查范围涉及当时全市域十一区两县面积达6 582平方千米；普查对象突破了传统的"文物"普查概念，着眼于城市历史文化资源范畴，不仅包括已列入各级文物保护单位和南京市重要近现代建筑等法定保护对象，还包括各类未列入法定保护的资源，囊括古遗址、古墓葬、古建筑、石窟寺及石刻、近现代重要史迹及代表性建筑、历史地段及山水名胜、古树名木及古井等其他资源点等六大类，普查对象的建设形成年代也延续至20世纪70年代；普查内容不仅包括历史文化资源的沿革价值等文字属性，还包括每个资源点的空间属性，即在统一的现代空间底图上用"点线面"的方式表达资源空间位置信息，将每一个历史文化资源准确地落地，形成真正的南京市历史文化资源"一张图"；普查成果以GIS、GPS、RS等科学技术为先导，以数据库为平台，在全国率先构建了以"前期技术研究数字化、普查过程实施数字化、普查资源集成数字化、普查资源评价数字化、普查成果应用数字化"为核心的南京市历史文化资源普查和利用的全过程数字方法体系。

通过近五年的努力，成果涵盖六大类十六小类，共计二十余册两千余处历史文化资源，并建成基于统一标准的、可动态更新、方便查询的覆盖全南京的历史文化资源数据库和历史文化资源地理信息系统。经过历史文化名城保护规划的综合，把普查到的历史文化遗产进行了分类分级，全部纳入城市规划管理信息系统。规划部门在编制规划和实施审批过程中，系统里有关历史文化遗存信息会及时反映，有效地提示对历史文化遗产的保护，并在当代城市空间中予以展示和合理利用。

遗憾的是，由于种种原因，原定计划在普查工作完成后正式出版一套向社会公布的“南京历史文化资源图集”工作没有按计划推进，此后也未利用微信、微博等现代传播手段系统地向社会宣传南京灿烂的历史文化遗存。

2016年春，我和秦淮区曹路宝书记分别率团考察韩国首尔北部坡州书城（Paju Book City），学习坡州书城从无到有建设成为韩文图书出版中心的经验。在“纸之屋”韩文图书出版中心的书店，我们看到了几架关于韩国各城市历史文化遗产目录的大开本图书，无不图（地图）文（价值介绍）对应，历史资源在大比例地图上清晰表达，装帧精美，既反映了他们对自己历史文化的珍重，也反映了他们对待历史文化保存整理的科学态度。联想到南京市和秦淮区的工作基础，尤其是秦淮区拥有南京市历史文化大区的底蕴，我们在坡州发愿：以秦淮区的历史文化资源为对象，秦淮区和规划局联合，以在地形图准确标记反映历史文化资源及周边空间关系，以现状照片及文字叙述历史文化价值，互为印证形成《秦淮区历史文化资源图录》。

经过近一年努力，南京市规划局名城处、城市规划编制研究中心与秦淮区文化局等有关部门精诚合作，《秦淮区历史文化资源图录》即将付印，希望这项基础性工作能达到前述的第四个目标。期待以秦淮区为先导，形成全市的历史文化资源图录，更为系统地保存和传播南京的历史文化，并以此表达我们对南京历史文化的珍重、热爱和科学精神！

Abstract

The author of this preface is director of Urban Planning Bureau of Nanjing.He made a review of works about the beginning of compiled the forth edition of *The Protection Planning of Famous Historical and Cultural City in Nanjing* in 2005 and launching the project of establishment of general investigation collection of historical culture resources in the range of whole city at the first part of the article.During this work,the location of every historical culture resources has been fixed in a unified modern space map,and formed the real "One Map" of historical culture resources of Nanjing .The author believed that we should make count of statistic information during the preservation of historical culture ruins.It should take general investigation for them and mark them in the corresponding city space by the scientific way,that is to say, in the map and geographic information system.We have to make records for the values of the ruins and collecting the cultural information which affiliating in the historical culture ruins, to analyze the historical value and make efficient use of them. We have to make a connection between statistic information and recording value in the information system of urban planning and arrangement, and make effective preservation and reasonable use in the process of planing and development of the city with highly cultural consciousness,so that to demonstrate unique urban characteristics of Nanjing.We have to wide transmission through press and new media to make them known to all of the various cultural heritages that contain space information. The conscious of the society to preserve historical culture sites has been further recalled, so as to transmit the excellent historical culture heritages to the next generation and add pound for urban culture.

The author believed that it has precisely marked the historical culture resources and related space collection in the relief map in The Catalogue of Historical and Cultural Resources in Qinhuai District, and there are present situation photos and description of historical culture value in correspondence, which makes the various cultural heritages that contain space information has been publicized widely.The author indicated that we should form a catalogue of historical culture resources of whole city in the model of Qinhuai district, and make more systematical effect to preserve and transmit the history and culture of Nanjing.He also expressed the serious sentiment and adoration of history and culture of Nanjing, beside with his scientific attitude.

序 | Preface

让秦淮文化风采永驻
Make the Elegance of Qinhuai Forever

贺云翱

南京市秦淮区政府文化文物部门组织编写了《秦淮区历史文化资源图录》一书，我受编写机构的厚爱与委托，既先睹为快，也要为该书写一些读后感想，特不揣浅陋，略说一二。

我们知道，文化遗产是先人创造并保存到今天的历史文化资源，也是优秀传统文化主要组成部分，具有重要的历史、科学、艺术、文化、情感、经济等价值，为此，在现代化进程中，包括我国在内的世界各国无不高度重视本民族文化遗产的保护、传承与合理利用。“秦淮文化”是南京文化的典型代表之一，秦淮区也是南京城市文化遗产保存最为丰富的地区之一，就本书收录而言，达到近200处历史文化资源点，而且其门类丰富，本书分为十三类别，包括遗址旧痕、风景名胜、寺庙祠堂、城垣门关、宫殿府邸、文教建筑、军工建筑、商贸金融建筑、名人旧居、传统民居、民国旧宅、桥梁水井、壁画石刻。综合而言，它们表现出以下的意义和特征：

一、这些历史文化资源告诉世人，“秦淮文化”是从哪里来的，是如何发展演进的

在本书收录的历史文化资源点中，有相当一部分展示了秦淮文化的来龙去脉，如窨子山遗址，代表着五六千年前秦淮文化的起源；“越城遗址”成为二三千年前秦淮文化的文明化、都市化；六朝建康都城遗址、朱雀航遗址、桃叶渡、周处读书台、光宅寺、中山门东吴墓地、卞壶墓碣等，代表着南京第一个都城时期的文化成就；南京宫城及护龙河遗址、内桥、凤凰台遗址等代表唐、五代时期特别是南京作为南唐都城时期的珍贵遗存；明故宫遗址、明城墙、聚宝门瓮城、明外郭城墙遗迹、大报恩寺遗址公园、天坛埂遗址、郑和府邸遗址、东水关、七桥瓮、九龙桥、净觉寺、石鼓路天主教堂、瞻园、明代瓮堂等，是南京作为明代都城及南都时期的文化创造；太平天国作为反抗清王朝黑暗统治的农民起义政权在南京虽立都时间不长，而且建都之后最高统治集团很快就腐化变质，但其历史革命性的作用仍不可低估，在秦淮区境内迄今还保存的太平天国遗产有天朝总圣库、英王府遗址、东王府遗址、金沙井太平天国建筑、堂子街太平天国壁画、罗廊巷太平天国建筑及壁画等；南京是“中华民国”的诞生地和首都，从孙中山先生在此任中华民国第一任临时大总统，到1927年之后的南京民国政府，为此，在南京保存着大量的民国时期的文化遗存，秦淮区境内就有原国民政府财政部旧址、国民政府国史馆旧址、首都电话局旧址、国民大戏院旧址、公共体育场旧址、基督教莫愁路堂、基督教青年会旧址、天山协会（蒙藏委员会）旧址、国民政府军事委员会调查统计局（军统）旧址、国民政府宪兵司令部旧址等，其中宪兵司令部旧址还是关押过诸多优秀革命志士的黑狱所在，从这里到雨花台，抛洒过一大批为了中华人民共和国的诞生而不惜献出生命的共产党人的鲜血。通过秦淮区内星罗棋布的历代文化遗存，可以清晰地看到闻名遐迩的秦淮文化所走过的五六千年的历史足迹，让人们身临其境地感受秦淮文化的深沉与厚重。

二、它们在不同方面展现了秦淮文化的丰富内涵、鲜明特质和持久魅力

过去，笔者与其他同道曾经承担过有关“秦淮文化”的研究课题，深知秦淮文化的博大精深，但要让一般人真正抚摸感受到源远流长的秦淮文化，还得要通过文化遗产资源来知晓。本书收录的资料呈现出秦淮文化中的儒学及教育文化（如夫子庙、行知馆、明德书院等），科举文化（如江南贡院及碑刻等），佛教（如光宅寺、鹫峰寺、三藏殿、瓦官寺、金陵刻经处等）、道教（如朝天宫、升州路天后宫等）、伊斯兰教（如净觉寺、草桥和小王府巷清真寺等）、基督教（如基督教圣公会圣保罗堂、基督教莫愁路堂等）等宗教文化，名人文化（如周处读书台、郑和府邸、李鸿章祠、曾公祠、甘熙宅第、秦大士故居、刘芝田故居、程先甲故居、童寯住宅、高二适故居等），工商文化（如金陵机器制造局旧址、泾县会馆旧址、金斗会馆、西北三省会馆旧址、吴家账房、民国中南银行南京分行旧址、东方饭店、太平商场等），园林文化（如瞻园、愚园等），市井文化及传统民居建筑文化（如大量分布的清代与民国时期的传统民居、街巷、水井、牌坊等），水文化（如内、外秦淮河，东、西水关，诸多古桥梁等）。正是依托于这些不同形态的文化遗产，今天我们才能领略到闻名中外的千年古都南京“老城南”的风采，才能够建立起“十里秦淮”和“夫子庙”这样的著名文化品牌和文化旅游胜地；才能够涌现出中国科举博物馆、太平天国博物馆及太平天国壁画馆、中国明清城墙博物馆、南京市博物馆、南京民俗博物馆及南京非物质文化遗产博物馆、大报恩寺遗址公园，以及金陵刻经、秦淮灯会、（宝庆）金银细工工艺等特色鲜明、影响广泛的公共博物馆及非物质文化遗产名录，才有条件向国内外展现秦淮文化乃至南京文化的精致和精彩。

三、本书既体现了秦淮文化的传承基础和当代秦淮人的历史责任，同时也是一份最适用的秦淮国宝档案、知识读本和导游手册，通过它的保存与传播，能够让秦淮文化风采永驻

近年来，党中央国务院高度重视文化遗产保护和优秀传统文化传承工作。习近平总书记指出，要“科学对待文化传统，不忘历史才能开辟未来，善于继承才能善于创新。优秀传统文化是一个国家、一个民族传承和发展的根本，如果丢掉了，就割断了精神命脉。我们要善于把弘扬优秀传统文化和发展现实文化有机统一起来，紧密结合起来，在继承中发展，在发展中继承”。他还特别强调，“历史文化是城市的灵魂，要像爱惜自己的生命一样保护好城市历史文化遗产。要本着对历史负责、对人民负责的精神，传承历史文脉，处理好城市改造开发和历史文化遗产保护利用的关系，切实做到在保护中发展，在发展中保护”。南京作为“中国四大古都”之一和国务院公布的首批国家历史文化名城之一，她代表着中华文明发展体系中的重要历史阶段和民族集体记忆，她拥有的各类文化遗产是中华优秀传统文化的

典型代表与特征呈现，秦淮区作为南京古都文明及历史文化名城遗产保存最为丰厚的区域之一，在南京文化遗产保护利用和传承发展事业中责任重大。从本书收录的历史文化资源观察，虽然这些文化遗产分布在不同的地点，但是它们与所在的街巷、河道等共同组成了历史文化街区和前后传承发展的脉络体系，它们构成了秦淮区及南京文脉永续传承的最根本的基础。秦淮区在城市现代化进程中能够以高度的文化自觉性承担保护历史文化的责任，本书的公开出版即是对社会的一份承诺。书中收录的每一个历史文化资源点都有名称、有时代、有地点、有内容，还有直观的地图予以一一标注，无论是南京市民还是外地游客，都可以从中获得丰富的历史文化知识，如果捧书游览，也不失为一本南京秦淮文化的导游手册。习近平总书记曾经提出："要系统梳理传统文化资源，让收藏在禁宫里的文物、陈列在广阔大地上的遗产、书写在古籍里的文字都活起来。"而本书正是对秦淮区的传统物质文化遗产资源所做的一项系统梳理，是让秦淮区文化遗产进一步活起来的重要工作举措。我们经常说，只有中华文明的复兴才是中国真正的强大，而中华文明既包括当代成就，也包括历史遗产，正如习近平总书记所说"一个国家和民族的文明是一个国家和民族的集体记忆"，中华文明成果中天然地包括中华民族拥有的各类文化遗产，即使"在21世纪的今天，几千年来人类积累的一切理性知识和实践知识依然是人类创造性前进的重要基础。只有不断发掘和利用人类创造的一切优秀思想文化和丰富知识，我们才能更好认识世界、认识社会、认识自己，才能更好开创人类社会的未来"。正是在这个意义上，我们要对秦淮区完成的这项重要工作表达尊敬，给予礼赞！

2016年12月12日

于南京大学文化与自然遗产研究所

Abstract

The author of this preface is Professor He Yun'ao,director of institute of cultural and natural heritage research in Nanjing University. The author argued that Qinhuai culture is one of the most representative culture of Nanjing, and Qinhuai district is also the area which preserves the most richest urban cultural heritage in Nanjing.The author pointed out the catalogue of historical culture resources have the following characters:

First of all,it told the history of the origin of Qinhuai culture and its evolution process, which makes readers finding clearly the historical steps of well-known Qinhuai culture in the past 5000 to 6000 years, and makes people feel the depth of Qinhuai culture as if they were participating.

The next, the catalogue exhibits the richness,distinctive quality and enduring charm of Qinhuai culture in various aspects.Depending on the various forms of cultural heritages of Qinhuai culture, we have had the opportunity to enjoy the marvellous characters of old southern city of Nanjing as thousand year's ancient capital,and so that we have the content to show the elegant of the culture of Qinhuai and thus the culture of Nanjing.

Finally,the author concluded that this catalogue represents the transmitting basis of Qinhuai culture and historical duty.Meanwhile,it is the suitable archives of treasure of Qinhuai, a knowledge reader and guidebook.Through the conservation and transmission of this treasure,the Qinhuai culture will elegant forever.

目录 | Contents

综述 | Overview

秦淮区地处南京主城东南，因秦淮河贯穿全境而得名，是南京市四个主城区之一，区域面积49.11平方千米。秦淮区拥有的历史文化资源数量最为丰富，种类最为齐全，内涵独具特色。因此素有“江南锦绣之邦，金陵风雅之薮”之美誉。

历史文化资源是指历史上保留至今的文化遗存，主要包括物质文化遗存和非物质文化遗存等。本书的“历史文化资源”专指秦淮区区域内经全国第三次文物普查对社会公布的，各级文物保护单位及秦淮区不可移动文物。

从数量上看，全区拥有各级文物保护单位133处，其中国家级文物12处、省级文物26处、市级文物52处、区级文物43处,一般不可移动文物187处。

此外，根据《南京历史文化名城保护规划（2010—2020）》，秦淮区拥有2处历史城区：

城南历史城区，主要指门东、门西及周边地区，北至秦淮河中支（运渎），东西分别至外秦淮河，南至应天大街。总面积约6.9平方千米。以夫子庙为核心，以秦淮河、明城墙为纽带，形成集中体现明清南京老城传统风貌的特色片区。复兴城南历史城区，以中华门城堡为核心节点，串联东水关、西水关与白鹭洲、周处读书台、三条营历史文化街区、钓鱼台历史风貌区、胡家花园、凤凰遗址、荷花塘历史文化街区，并与中华门外地区1865街区、大报恩寺遗址、古越城遗址、雨花台风景区有机联系，构建城南地区“城、河、山、塔、寺、民居”融为一体的独特城市文化景观。

明故宫历史城区，主要指明故宫遗址及周边地区，东、北、南至明城墙、护城河，西至龙蟠中路、珠江路、黄埔路和解放路。总面积约6.5平方千米。明故宫历史城区以全国重点文物保护单位明故宫遗址为核心，展现明代皇城格局，依托中山东路沿线的民国建筑，形成与钟山风景名胜区相协调的特色片区。

拥有6处历史文化街区，即南捕厅、门西荷花塘、门东三条营、朝天宫、金陵机器制造局、夫子庙历史文化街区。

拥有10处历史风貌区,具体内容也来源于全国第三次文物普查,只是因为此书主体部分为单体文物点的介绍,故在此详细陈述如下：

俯瞰慧园里民国建筑群
The Bird's s-eye View of Building Cluster of Republic of China at Huiyuanli

1. 慧园里民国建筑群

民国时期建造，共有住宅楼24幢（含慧园街14号），建筑占地面积4 566平方米。整体坐北朝南，为民国时期里弄式建筑，前半部建筑排列有序，砖混结构，红砖红瓦，均为木质地板，木门窗。西侧前5幢均为别墅式楼房，东侧大多为横排式住宅楼。后半部楼房各有特色，大多为青砖青瓦，有的是独立小院，有的是公共用院，后露台多数改建为房屋。慧园里民国建筑群为民国时期里弄式建筑，代表了民国时期中高阶层人群生活状况。

2. 文昌巷19号民国建筑

文昌巷19号民国建筑位于文昌巷19－3至19－7号，共有民国建筑15幢，建筑占地面积2 100平方米。其中，文昌巷19－5号为8幢别墅式二层楼房，青瓦青砖，部分红瓦。每幢占地面积约150平方米，上下共12间房间，前有小院。抗战时期为日军居住，胜利后，是民国政府高官住所，现为省级机关管理局所有。其余7幢，二层小楼有5幢，平房1幢，假三层楼房1幢。该建筑群为民国时期居住建筑群，有一定的文物保护价值。

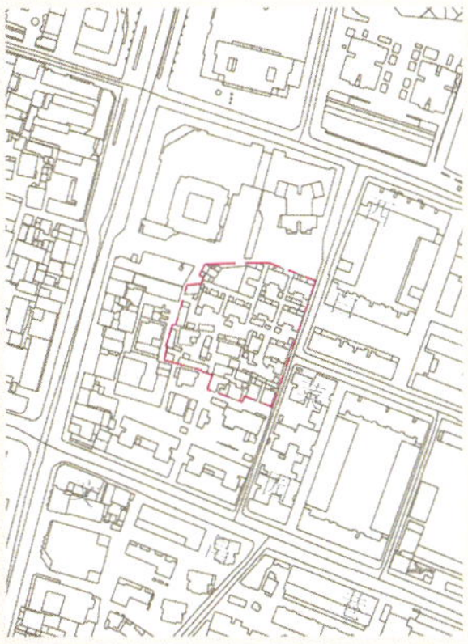

建筑群通道
Passage between Buildings

俯瞰文昌巷 19 号民国建筑群
The Bird's s-eye View of Building Cluster of Republic of China at Wenchang Lane

别墅侧立面
Profile of the Villa

3. 宁中里民国建筑群

宁中里民国建筑群位于厅后街宁中里，由原民国时期中国银行副行长钱道康主持建造，1947年竣工，民国里弄式三层楼房共13幢，砖石结构，红色瓦面，水泥外墙，建筑占地面积1 944平方米。民国时期为中国银行职工宿舍，现为南京市工商银行职工宿舍。房屋结构基本保持完好。

4.复成新村民国建筑群

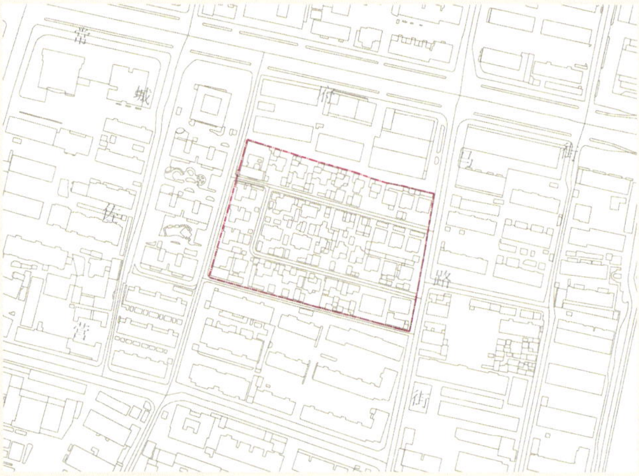

复成新村民国建筑群位于马路街西侧，因东边有复成桥而命名。初建于1920年，为民国别墅式建筑群，占地面积约20 000平方米，现有西式建筑45幢，其中平房18幢，楼房27幢。21号为三层别墅式楼房，原为美国驻华大使参赞公馆。建筑群占地面积5 700平方米，现为空军454医院、秦淮区房产局等单位所有。复成新村民国建筑群是南京市保存完整，建筑风格多样的民国时期别墅式建筑群，为研究这一时期社会、经济以及人们生活状况提供了物证。

俯瞰复成新村民国建筑群
The Bird's s-eye View of Building Cluster of Republic of China at New Fucheng Village

别墅大门
The Main Gate of Villa

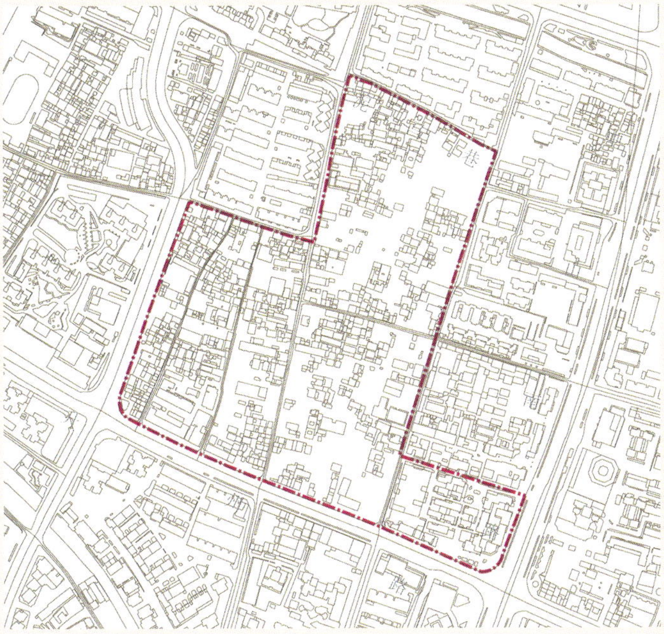

5. 评事街历史风貌区

评事街历史风貌区位于城南历史城区北部，中山南路以西，升州路以北，与南捕厅历史文化街区毗邻。该风貌区是南京自明清以来，居住建筑由传统多进合院式逐步演进为独栋式、里弄式、现代合院式的典型代表，更是南京老城区内现存唯一街市、作坊与居住交融的传统居住区，承载了传统手工业文化、回民清真文化、秦淮灯市文化、南京近代报业文化等。

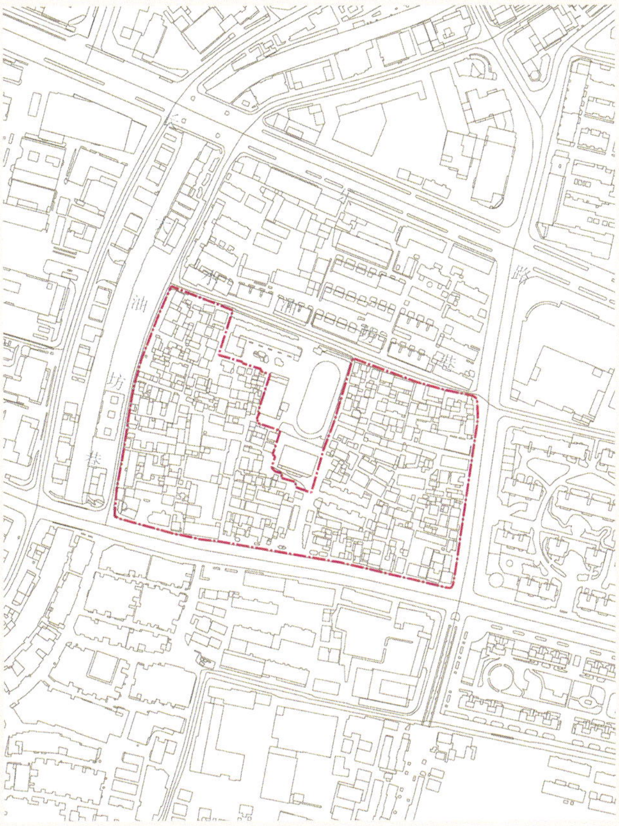

6. 大油坊巷历史风貌区

大油坊巷历史风貌区位于老城东南部，内秦淮河东段以东，西侧紧邻内秦淮河两岸传统历史风貌区，南侧靠近双塘园历史风貌区，北侧靠近夫子庙历史文化街区。风貌区内有文物保护单位、历史建筑、历史街巷、古井、院墙、院门及传统音乐、曲艺等重要非物质文化遗产，是体现南京明清时期传统住区的典型和杰出代表，具有较高的历史价值、文化价值、景观价值、旅游价值。

7. 双塘园历史风貌区

双塘园历史风貌区位于老城南部、中华路西侧，区内自清末以来的风貌格局基本保留，街巷脉络基本完整，具有典型传统民居特征，不仅历史悠久典故颇多，还有多处名人故居，充满文化韵味。

8. 花露岗历史风貌区

花露岗历史风貌区为传统居住区，现存建筑仍以居住功能为主，片区内有市级文物保护单位、区级文物保护单位、区级控制文物保护单位、未列级文物保护单位、传统风貌建筑等。风貌区内原有花露岗、花露南岗、花露北岗、鸣羊街4条保存较好的历史街巷。

9. 钓鱼台历史风貌区

钓鱼台历史风貌区位于老城南门西地区，北至璇子巷，南至西干长巷，西至中山南路，东至中华门，自明清时期以来就是南京沿内秦淮河集居住、传统手工业于一体的复合功能区。区内有省级文物保护单位、市级文物保护单位、历史建筑等。

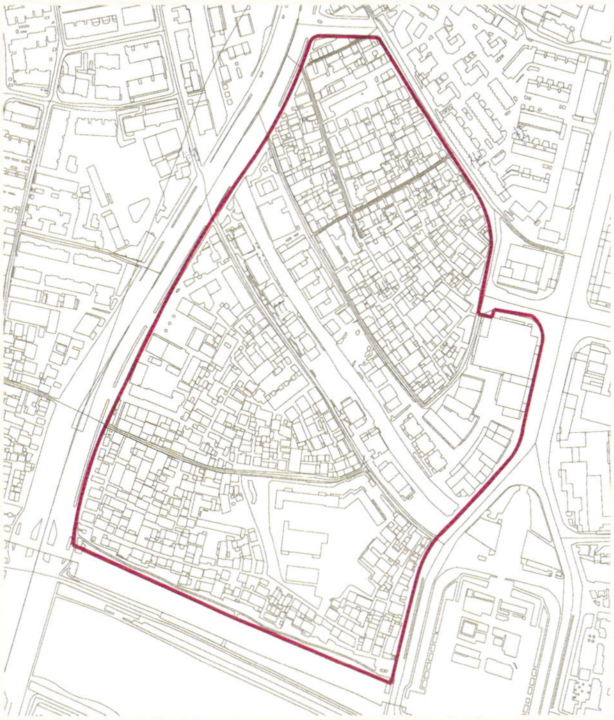

10. 内秦淮河两岸历史风貌区

内秦淮河两岸历史风貌区自东吴以来一直是繁华的商业区和居住区，汇聚了南京城市精英文化、商贸文化、市民文化等，是展现南京独特历史风貌的场所。两岸留存的文化内涵，很多已成为南京形象的代言和文化象征。

此外，秦淮区还拥有3处一般历史地段，即大辉复巷、抄纸巷、申家巷。

明故宫遗址
侵华日军南京大屠杀死难同胞丛葬地（正觉寺遇难处）
窨子山古文化遗址
阮籍墓
卞壸墓碣
韩恢墓
六朝建康都城遗址（游府西街小学）
南唐宫城及护龙河遗址
朱雀航遗址
中山门东吴墓地
天坛埂遗址
郑和府遗址
凤凰台遗址
越城遗址

The Relics of Imperial Palace of Ming Dynasty
The Burial Site of the Victims in Nanjing Massacre by Japanese Invaders at Zhengjue Temple
Yinzishan Historic Cultural Site
Ruan Ji's Tomb
Bian Kun Tombstone
Han Hui's Tomb
Jiankang City Ruins
The Relics of Southern Tang Dynasty Royal Palace and Hulong River
Zhuquehang Ruins
Eastern Wu Cemetery at Zhongshan Gate
Tiantangeng Ruins
The Relics of Zheng He's Mansion
Fenghuangtai Ruins
Yuecheng Ruins

遗址旧痕

Historical Sites

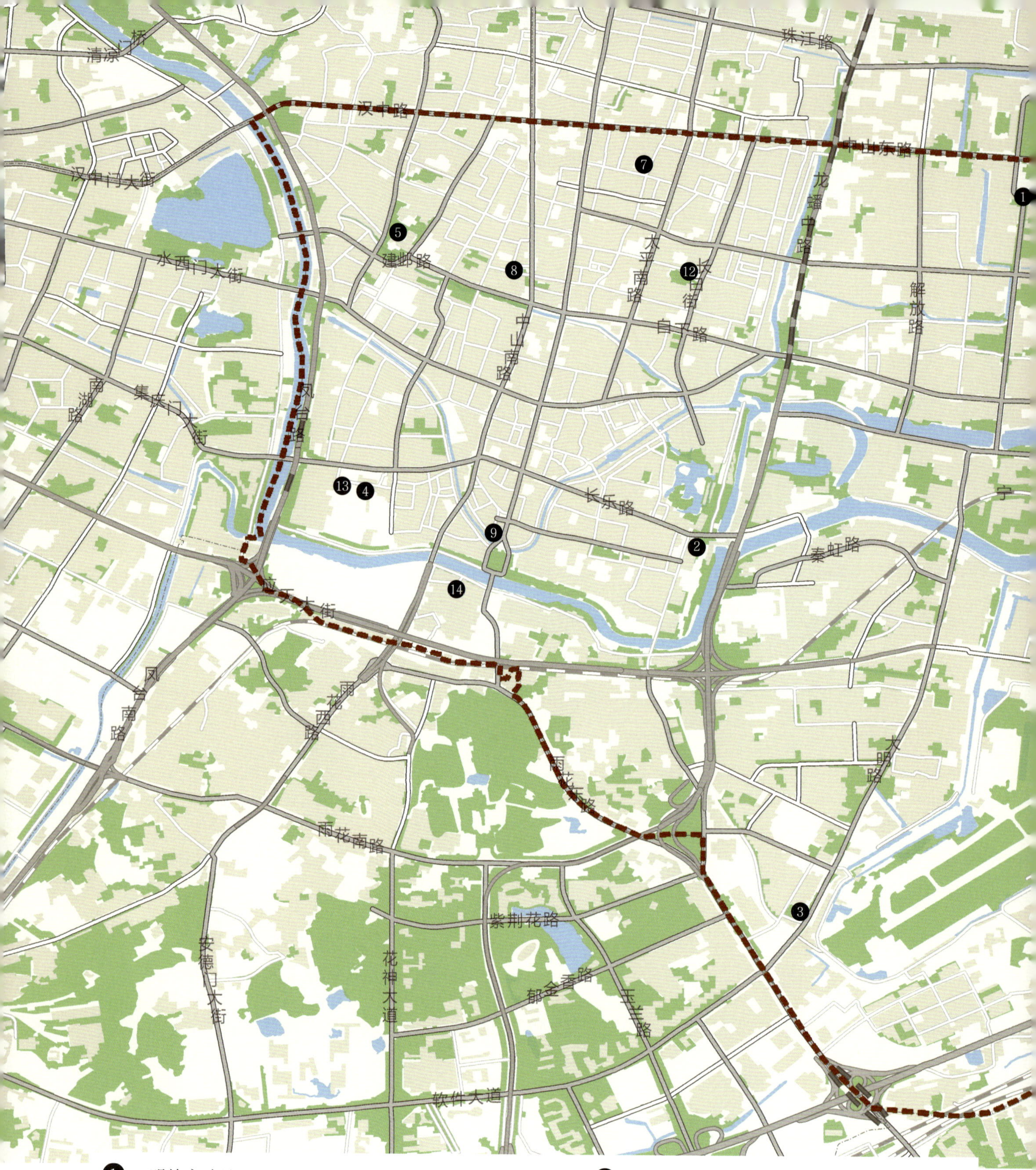

❶ 明故宫遗址
The Relics of Imperial Palace of Ming Dynasty

❷ 侵华日军南京大屠杀死难同胞丛葬地（正觉寺遇难处）
The Burial Site of the Victims in Nanjing Massacre by Japanese Invaders at Zhengjue Temple

❸ 窨子山古文化遗址
Yinzishan Historic Cultural Site

❹ 阮籍墓
Ruan Ji's Tomb

❺ 卞壶墓碣
Bian Kun Tombstone

❻ 韩恢墓
Han Hui's Tomb

❼ 六朝建康都城遗址（游府西街小学）
Jiankang City Ruins

❽ 南唐宫城及护龙河遗址
The Relics of Southern Tang Dynasty Royal Palace and Hulong River

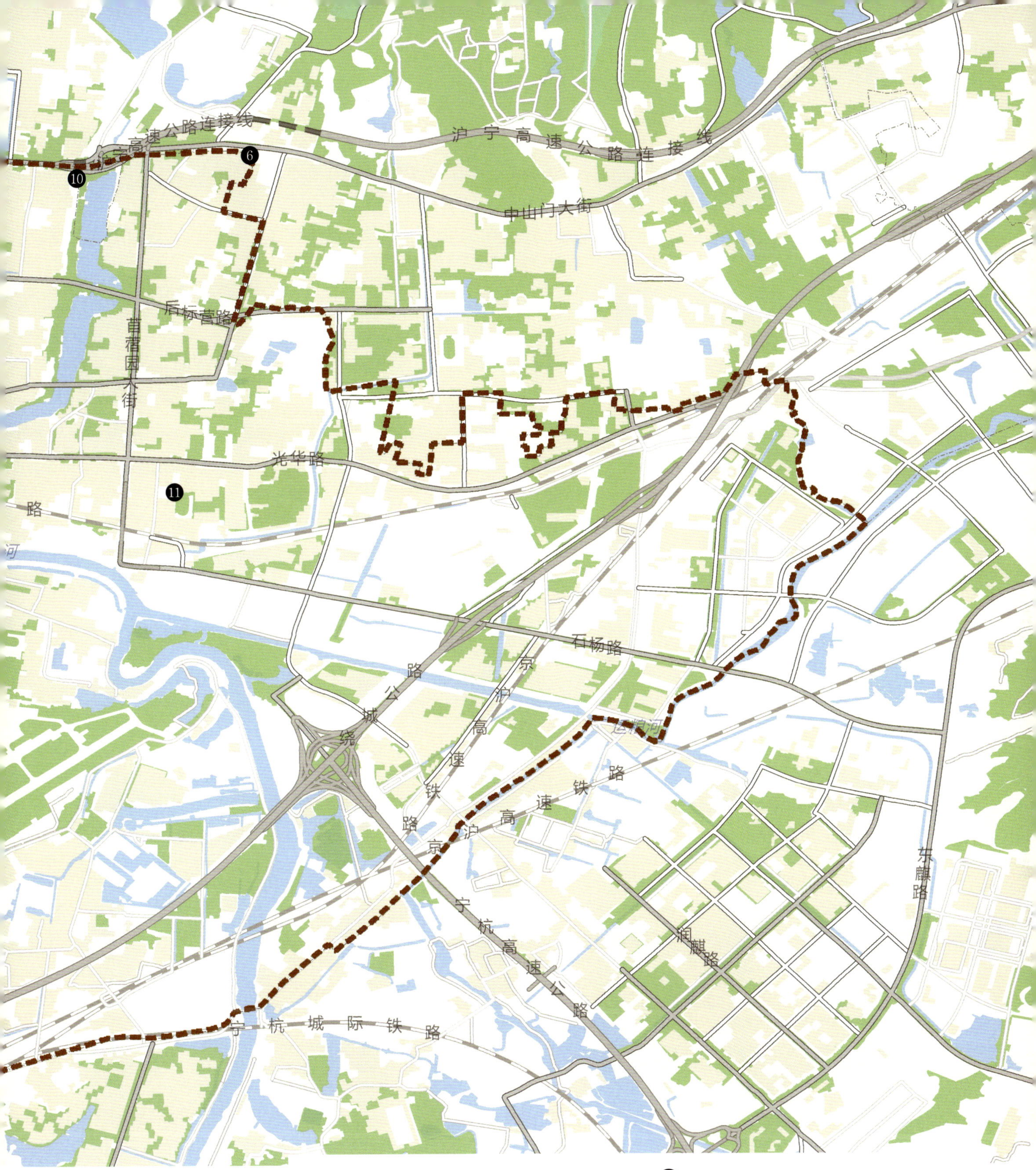

❾ 朱雀航遗址
Zhuquehang Ruins

❿ 中山门东吴墓地
Eastern Wu Cemetery at Zhongshan Gate

⓫ 天坛埂遗址
Tiantangeng Ruins

⓬ 郑和府遗址
The Relics of Zheng He's Mansion

⓭ 凤凰台遗址
Fenghuangtai Ruins

⓮ 越城遗址
Yuecheng Ruins

明故宫遗址
The Relics of Imperial Palace of Ming Dynasty

- 位置：午朝门前后。东起清溪路，西至玄津桥，南至外五龙桥，北抵佛心桥
- 年代：明代
- 级别：国家级

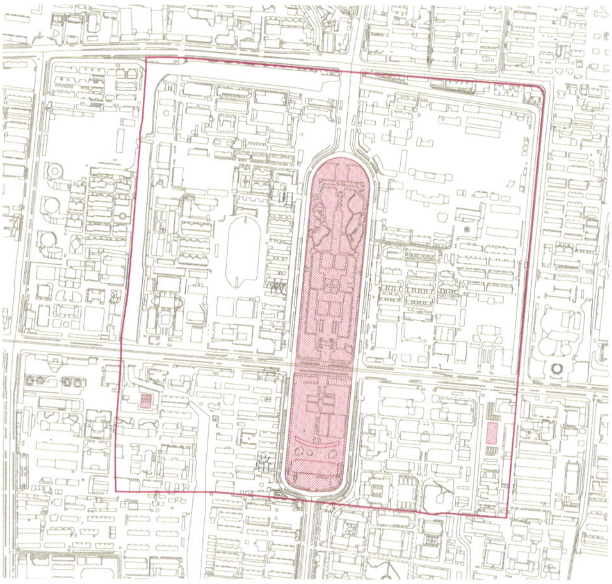

明故宫遗址为全国重点文物保护单位，明朝早期皇宫所在地。平面呈长方形，南北长2 500米，东西宽2 000米。尚存三大殿基础、奉天门基础；地面尚存内金水桥、午门、东华门、西安门、西华门遗址和后花园冷宫遗址等。桥梁2座，石碑2通，石柱础12个，石雕1个，城门3座，明御河1条。明故宫始建于元至正二十六年（1366）八月。1367年建成奉天门、奉天殿、华盖殿、谨身殿、文楼、武楼、乾清宫、坤宁宫及东西六宫等建筑；周围建皇城，设午门、东华门、西华门、玄武门。洪武元年（1368）正月初四，朱元璋在此登基。洪武八年（1375），又重建大内宫殿，辟承天、东安、西安、北安四门。永乐十九年（1421）迁都北京，此作留都。清初为八旗驻防。咸丰三年（1853），地面建筑毁于兵火。1928年开中山东路横穿明故宫。1937年侵华日军在此建机场，拆西华门，毁社稷坛、棂星门等。1984年建现有的登城砖阶。现被中山东路分割为南、北两处，南半部分辟为公园，东、西华门和西安门为街心花园。明故宫遗址为研究明朝历史提供了重要依据。

俯瞰遗址秋景

Bird's-eye View for the Autumn Landscape of the Site

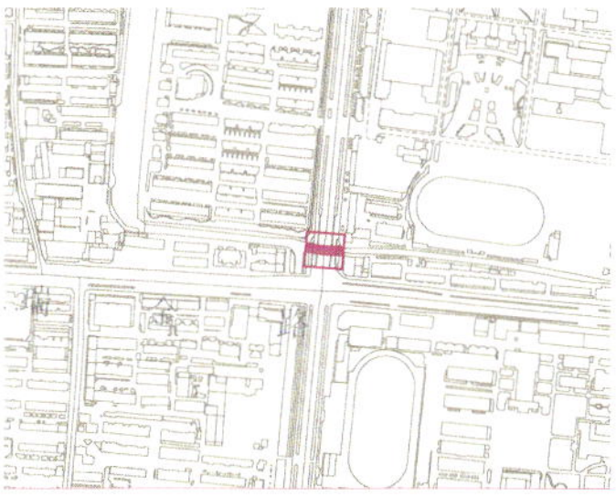

柱础遗存
Relic of Column Base

柱础遗存
Relic of Column Base

午朝门立面
The Facade of Wuchao Gate Park

公园内景（石刻及金水桥）
Interior of the Park(Carved Stones and Jinshui Bridge)

宫城一角
Edge of Imperial City

侵华日军南京大屠杀死难同胞丛葬地（正觉寺遇难处）

The Burial Site of the Victims in Nanjing Massacre by Japanese Invaders at Zhengjue Temple

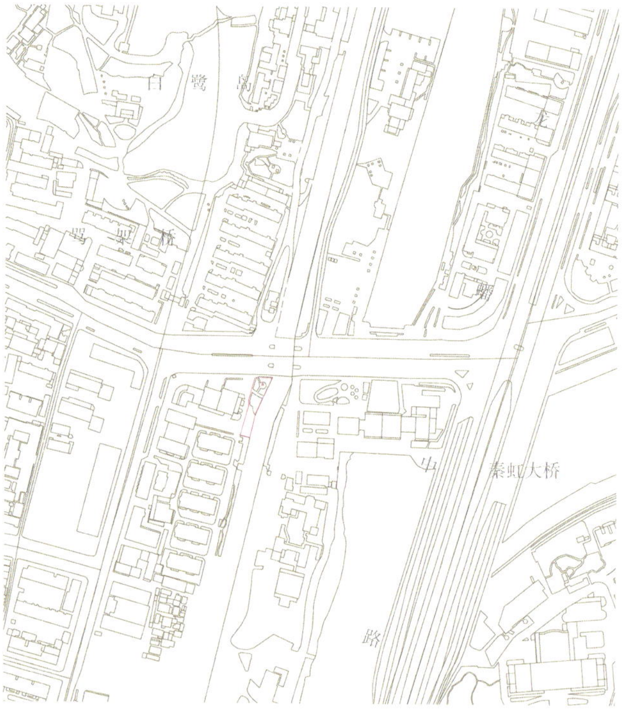

- 位置：长乐路 226 号
- 年代：1937 年
- 级别：国家级

侵华日军南京大屠杀死难同胞丛葬地为国家级重点文物保护单位，是侵华日军在中国犯下罪行的铁证，是重要的爱国主义教育基地之一。1937 年 12 月 13 日，侵华日军在武定门正觉寺将该寺僧人慧兆、德才、宽宏、德清、道禅、刘和尚、张五、源谅、黄布堂、晓侣、慧璜、慧光、源悟、能空、倡修、广祥、广善等 17 人集体枪杀。与此同时，日军还在中华门外将尼姑真行、灯高、灯光等杀害。1987 年 2 月，经市政府批准在武定门立碑，碑座为青石须弥座，上为横长方形石碑，正面阴刻隶书“侵华日军南京大屠杀正觉寺遇难同胞纪念碑”。

城门旁的纪念碑
Memorial beside the City Gate

遗址全景
Panorama of the Site

窨子山古文化遗址
Yinzishan Historic Cultural Site

- 位置：大明路 278 号
- 年代：新石器时代
- 级别：省级

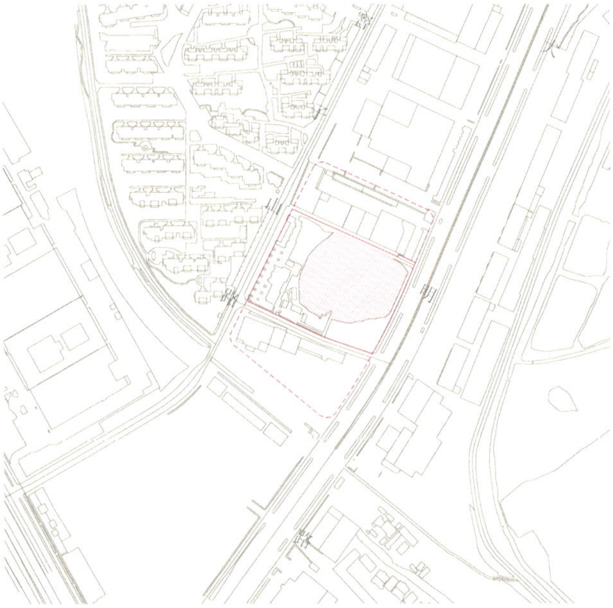

窨子山古文化遗址为省级文物保护单位。所谓“窨”，是指地室。它是古秦淮河畔的一个土墩，从地理视角纵览，即古代高出河岸 10 米以上的二级阶地。1952 年，南京博物院考古工作队在此发掘一批有价值的古代文化遗物，出土的有石锛、石镞、石斧、青铜的殷式镞、红砂陶鼎，及黑皮磨光陶器的碎片、鹿骨、兽皮和蚚壳等。经鉴定，这是一处新石器时代的古文化遗址，距今五六千年，面积 7 200 平方米，上面覆盖的文化层厚 2.8 米。当时的生产力水平相当低下，秦淮河畔的原始先民们用简陋的石器、骨器等工具，创造了令人自豪的远古文明。平日，他们大多在大林旁隙地，从事一些粗放的原始农业，用血汗浇灌了秦淮河畔这块古老的绿洲。他们或在树林丛中采摘浆果、猎取野兽，或在水中捕获鱼蚌之食，还经常到附近的雨花台高地上挑拣精美的石块，制作多种多样的器物，从这些器物上可以看出其工艺比较精细，磨工尤为惊人，可谓溢彩流光，可与北阴阳营古文化遗址出土的文物相媲美，同被赞誉为“中华民族幼年时代的艺术明珠”，折射出秦淮河畔原始先民的辉煌历史！这里是秦淮河畔原始居民最古老的家园之一，也是南京地区第一批原始村落之一。

遗址说明碑
Stele for Introducing the Site

遗址现状
Present Situation of the Site

阮籍墓
Ruan Ji's Tomb

- 位置：花露北岗 19 号
- 年代：东晋
- 级别：市级

阮籍墓为市级文物保护单位。阮籍（210—263），字嗣宗，陈留尉氏（今河南开封）人，三国时期魏国著名诗人、名士，“竹林七贤”之一。曾任步兵校尉，人称“阮步兵”。清《康熙江宁县志》记载：万历壬辰（1592）李公昭尝于台（凤凰台）畔掘地，断碣二，刻有“晋贤阮”“籍之墓”，据此定为阮籍墓。但明、清众多学者提出异疑，认为南京阮籍墓为后人所立之衣冠冢。1981年整修，封土底径约5.3米，周垒以青砖，高1.85米。墓前原有石碑，上书“先贤阮公讳籍，字嗣宗”，上款：“光绪二十四年（1898）仲冬”，下款：“记名提督江南江宁府协镇杨金龙，记名提督山西大同挂印总镇刘光才，凤游寺住持僧慧莲立”。现碑已佚。阮籍墓及有关出土文物为研究阮籍及有关的时代背景提供了实物例证。

墓碑
Tombstone

远眺墓园
Overlooking the Cemetery

墓址说明碑
Stele for Introducing the Location of Site

遗址现状
Present Situation of the Site

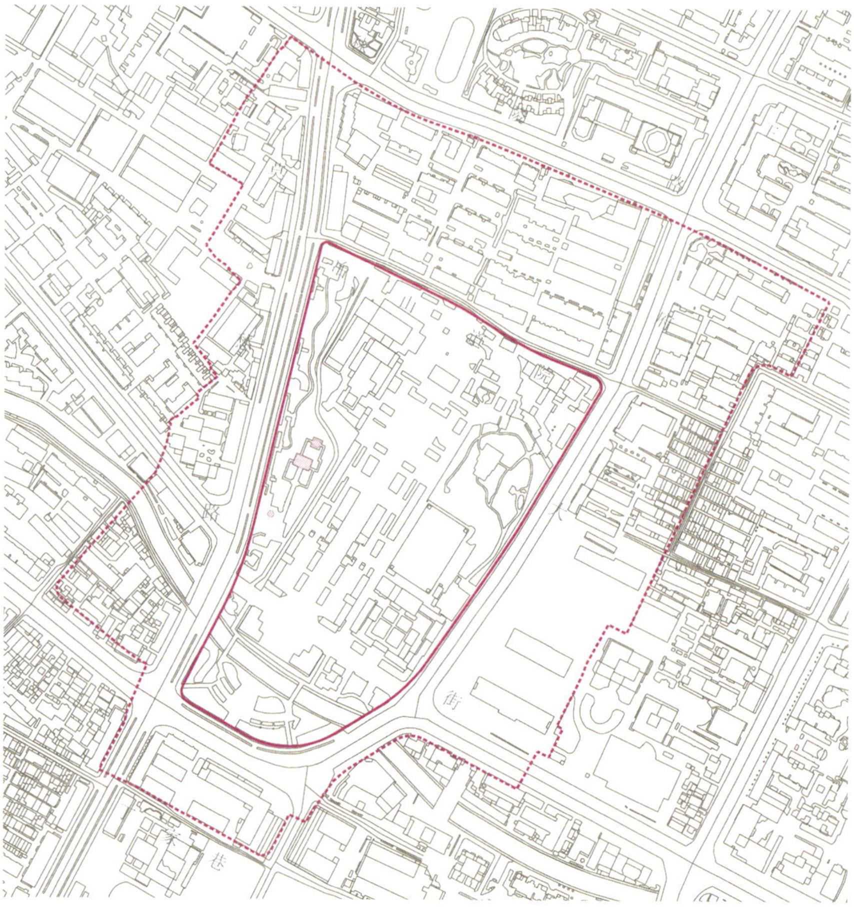

卞壶墓碣
Bian Kun Tombstone

- 位置：朝天宫后山
- 年代：
- 级别：市级

卞壶墓碣为市级文物保护单位。卞壶（281—328），字望之，济阴冤句（今山东曹县）人。东晋明帝时，官至尚书令。成帝立，太后临朝，卞壶与庾亮共辅朝政。后在平苏峻乱中与二子俱巷战阵亡，葬于冶城（今朝天宫），安帝出钱重葬。以后历代均有修葺。南唐时在墓前建忠贞亭，曾出土一块刻有卞壶字名的断碑。现存碑碣为北宋庆历三年（1043）建康知府叶清臣所书，碣高 1.73 米、宽 0.66 米，正面刻“晋尚书令假节领军将军赠侍中骠骑将军成阳卞壶墓”。碑现存于南京市博物馆。墓东原有“忠孝亭”，现无存。清末又建牌坊和卞公祠，祠宇已为民居。2008 年实施朝天宫地区西环境改造工程，卞壶墓碣周边环境已全面出新。

复建后的忠孝亭
The Rebuilt Zhongxiao Pavilion

墓道石牌坊
Stone Archway along the Tomb Passage

碑亭
Pavilion for Stele

韩恢墓
Han Hui's Tomb

- 位置：宁杭公路卫岗段南侧，卫岗西 8 号 2 幢以北处
- 年代：1928 年
- 级别：市级

韩恢墓为市级文物保护单位。1928 年韩恢殉国六周年时，遗骸从小营迁葬于此。韩恢（1887—1922），字复炎，江苏泗阳人。早年参加同盟会，1911 年参加了黄花岗起义，1913 年 7 月在南京领导讨袁斗争，曾被推为江苏都督。1914 年参加中华革命党，为江苏地区讨袁军事负责人。1922 年 10 月，被北洋军阀诱捕杀害于南京小营，年仅 35 岁。1923 年，孙中山将其追赠为陆军上将。该墓于 1928 年建造，1988 年修缮。牌坊为单门冲天式青石建筑，坊额“烈士韩恢墓道”六字由于右任手书。墓南有青石碑一块，楷书阴刻“复炎山”三字。

墓道牌坊
Archway along the Tomb Passage

遗址说明碑
Stele for Introducing the Site

墓碑
Tombstone

遗址说明碑
Stele for Introducing the Site

六朝建康都城遗址（游府西街小学）
Jiankang City Ruins

- 位置：游府西街 12 号
- 年代：六朝
- 级别：市级

六朝建康都城遗址为市级文物保护单位。2006 年 3 月，文物部门在游府西街小学校园内东南新办公大楼基建施工现场发现一处东西向的六朝时期夯土城墙，城墙外侧为城壕。城墙分东晋和南朝两个时期，其中东晋时期城墙的外侧包砖保存完好，结构独特，夯土内及其与包砖结合部都用木桩来加固城基。根据有关专家的研究，这处城墙遗迹应与六朝建康宫城（台城）的外重城墙的南墙有关，有可能是端门西侧的一段。

遗址说明碑
Stele for Introducing the Site

这里展示的一段城墙断面，即按当时考古发现的东晋时期城墙原状复原，堪称六朝建康宫城（台城）遗址的一处重要地标。

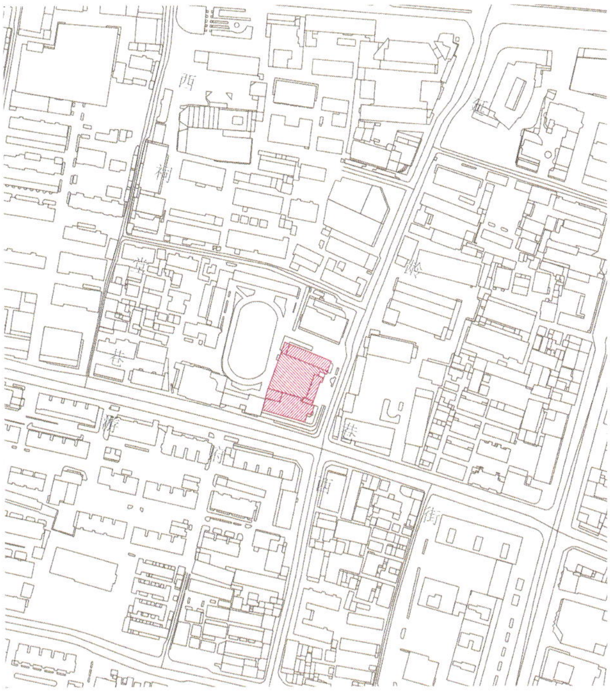

南唐宫城及护龙河遗址
The Relics of Southern Tang Dynasty Royal Palace and Hulong River

位置：张府园 17 号，建邺路之北
年代：南唐
级别：市级

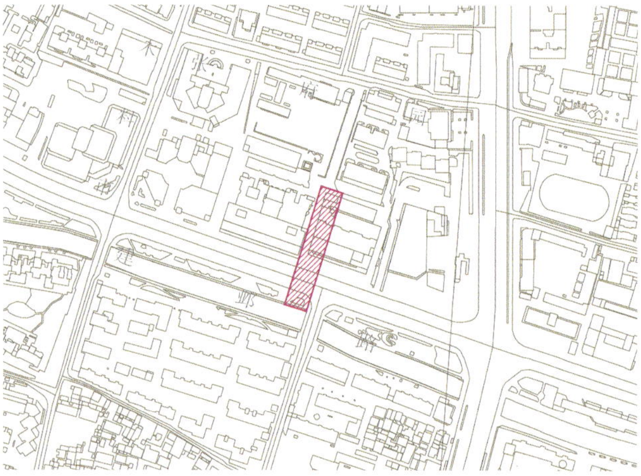

南唐宫城及护龙河遗址为市级文物保护单位，东为中山南路，南为建邺路，西为王府大街，北为三元巷。河道呈南北走向，深 2~2.4 米，宽 5.6~6 米。东西两岸均由石砌护坡组成，西侧坡壁呈石条叠涩状，较宽大，层层相叠，石条下均布满密集的木桩，排列整齐，局部开有梯形下水道以便于散水。

杨吴天祚三年（937），李昪废吴帝杨溥，自立为帝，国号唐，史称南唐（937—975）。建都金陵府，后改称江宁府。江宁府城，始建于杨吴天佑十一年（914），前倚雨花台，后枕鸡笼山，东望钟山，西带石头城，呈方形。都城内中部有子城，即宫城，由徐知浩的金陵府衙改建而成。继后，中主李璟、后主李煜大肆营建殿堂和楼台亭阁。后又为近代建筑所叠压，故难觅其原貌。1985 年在原南唐宫城之西，今张府园一带施工时，发现宫城护龙河河道及石砌驳岸。宫城及护龙河均已不存，已发掘的宫城及护龙河遗迹也被回填，这些考古发现，为研究六朝宫城、都城提供了重要资料。

朱雀航遗址
Zhuquehang Ruins

位置：中华门北广场
年代：六朝
级别：区级

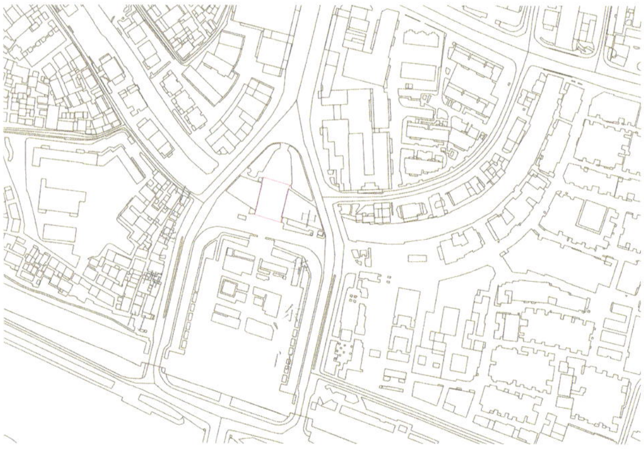

朱雀航遗址为区级文物保护单位。东晋、南朝期间，东自青溪，西至石头城，都城南郊的淮水没有固定的桥梁，由浮桥沟通往来。朱雀航遗址在今镇淮桥一带。据《建康实录》记载："晋咸康二年（336），新立（重建）朱雀航，对朱雀门。"至东晋太元三年（378），谢安置重楼并二铜雀于桥上，以朱雀观名之。此航在二十四航中规模最大，也是唯一采用杜预河桥之法构成。"桥宽 6 丈、长 90 步"，是沟通南岸市区和北岸城区的主要浮桥，也是研究南京地区古代人用浮桥渡过秦淮河的重要遗迹。

遗址现状
Present Situation of the Site

中山门东吴墓地
Eastern Wu Cemetery at Zhongshan Gate

位置：中山门南侧中山门小区东安门村 8 幢东侧靠近城墙的山坡下
年代：三国时期吴
级别：区级

中山门东吴墓地为区级文物保护单位。1985 年 2 月 14 日，在施工中发现一处墓葬群，3 月 16 日发掘其中一座墓葬，砖砌墓室，长 2.38 米，宽 1.96 米，高 1.9 米。无棺，仅有陶碗一个和锈蚀的铜片，一砖刻有“吴国夫人”四字。南京市博物馆专家确定为东吴墓葬群。为保护这一墓葬群，以待以后发掘，用虎皮石砌墙封闭，并在墙面砌有拱形石纹作为标志。

天坛埂遗址
Tiantangeng Ruins

位置：石门坎，江苏经贸职业技术学院内
年代：明
级别：区级

天坛埂遗址为区级文物保护单位，位于今天坛新村、将军塘、观门口一带。明初，朱元璋建圜丘于正阳门（今光华门）外，钟山之阳；建方丘于太平门外，钟山之阴。天坛（圜丘）建筑形制为：一座圆形建筑，共有两层，四面各有九级台阶，踏面和踢面都用琉璃砖砌成，四周为琉璃栏杆。圜丘外还有两重围墙环绕，内圆外方，暗合“天圆地方”之意。围墙四面均设有棂星门。圜丘内建有望祀殿，其西面建有斋宫、钟楼、神厨、神库等附属建筑。洪武十年（1377），朱元璋下旨，天地合祀，将对天地的祭拜活动合在一起，都在圜丘举行，太平门外的方丘从此废弃，对此在《明史》《明实录》等都有记载。明代天坛外围墙“九里三十步”，约 5 200 多米，总面积超过 100 万平方米。明朱棣迁都北京后，天坛也被废弃，今已无迹可寻。天坛被列入明金陵四十景之一，明代南京状元朱之蕃《金陵四十景·天坛勒骑》：“天衢直达帝城东，辇路透迤向法宫。自可挽鞍驰软草，还同鞍辔玩芳丛。鬣分丝柳摇新绿，蹄带余香踏落红。醉似来船归较晚，垂鞭那用驭追风。”

1980 年文物普查中，在该地区（时称“天堂村”）发现大量城砖和琉璃建筑构件，包括两个青绿色琉璃螭首、一个高浮雕龙凤纹饰石栏望柱头、一个云龙纹饰彩色琉璃柱头，这些文物都被认为是明代天坛的遗物。当时明代天坛的外墙尚存一条土埂，位于石门坎乡将军潭东塘东侧，宁芜铁路之北，距光华门约 3 000 米。土埂呈南北走向，残长约 77 米，塌成“上窄下宽”的梯形。断面下方有一石涵洞遗址，东西两侧洞口均有拱形石支撑。

郑和雕像
The Statue of Zhenghe

郑和府遗址
The Relics of Zheng He's Mansion

- 位置：太平巷中段南侧
- 年代：明
- 级别：未定级

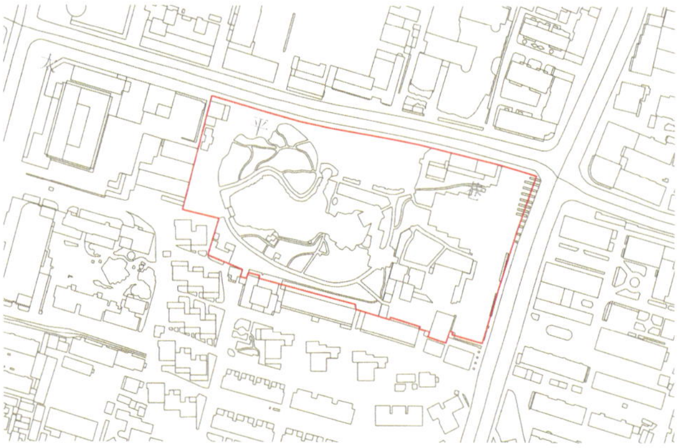

郑和府邸在今马府街（西至太平南路，东至长白街）一带，北隔太平巷，与常遇春府第为邻。据说曾有房舍72间，毁于太平天国战争。民国时期一度为新安会馆、奉直会馆。1953年辟为太平公园。1985年为纪念郑和首次下西洋580周年，更名为郑和公园。1990年建马府新村时，建有碑亭，内立一碑，正面书“郑和府遗址”，背面为郑和生平简介。郑和公园南北长105米，东西宽208米，园内有郑和纪念馆。纪念馆内有一幢两层楼房，占地面积126平方米，上下共8间。该遗址是研究郑和的实物例证之一。

郑和（1371—1433），明朝宦官、航海家。本姓马，小字三保，回族，云南昆阳（今云南晋宁）宝山乡知代村人。其祖父与父亲都到过伊斯兰教圣地麦加，幼时就对外洋情况有所了解。郑和明初入宫做宦官，从燕王起兵，被赐姓郑，任内官监太监。永乐三年（1405），他率舰队通使“西洋”，两年而返，以后又屡次航海，总计28年间七次出国，最远曾达非洲东岸和红海海口。

郑和雕像
The Statue of Zheng He

遗址说明碑
Stele for Introducing the Site

铁锚
Anchor

碑亭
Pavilion for Stele

凤凰台遗址
Fenghuangtai Ruins

- 位置：位于门西花露岗，与瓦官寺遗址东相邻
- 年代：六朝
- 级别：未定级

相传在刘宋元嘉十六年（439），有三只状似孔雀的大鸟翔集于花露岗，并引来无数鸟类，统治者认为这是“百鸟朝凤”，天下太平的祥瑞之兆，于是在此建高台，称为“凤凰台”。唐代李白登临此台，留下了“登金陵凤凰台”著名诗篇。北宋初，曹彬军队攻克金陵，将凤凰台焚毁，至南宋，又历经数次重建，最终圮废。现存一台形夯筑遗址，长约120米，宽约50米。

越城遗址
Yuecheng Ruins

- 位置：中华门外雨花路西侧，南倚雨花台高地，北濒秦淮河水域
- 年代：春秋时代
- 级别：未定级

越王勾践雕像
The Statue of Gou Jian, King of Yue

当时古长江在城西北不远处滚滚奔流，据此可控制秦淮河入江之孔道，是一个重要的军事要塞。金陵地处吴头楚尾，其形胜之险历来为政治家、军事家所看重。春秋时期，越王勾践“卧薪尝胆”，发愤图强，将吴国消灭。公元前472年，勾践派大臣范蠡在今中华门前的秦淮河南岸筑起一座土城，作为越国攻打楚国的屯兵之地，史称越城，又叫“范蠡城”。东南设有国门，名曰望国门。明清之际，越城遗迹犹存。那块略高于四周的土坡，在南京被称为“越台”。《大清一统志·江苏省·江宁府·古迹》：“〔越城〕在江宁县南。晋王敦遣王含、钱凤奄至南岸；温峤遣段秀乘夜渡水，战于越城，大破之。义熙六年（410），卢循至蔡洲，刘裕修治越城，使王仲德屯守。梁天监七年（508）作国门于越城南。《寰宇记》：古越城，在江宁县西南七里，越相范蠡所筑，在今瓦官寺东南，国门桥西北。《建康志》：古越城，一名范蠡城。《图经》云：在秣陵县长干里，今江宁县尉廨后，遗址犹存，俗呼为‘越台’。《（江苏）通志》：在聚宝门外，报恩寺西。”越城城周长二里八十步（古旧制以六尺为步），相当于现在的942多米，占地面积只有6万平方米。越城虽不大，但它却是南京地区有确切年代可考的最早的古城。

眺望越城遗址
Overlooking the Site of Yuecheng

越王勾践雕像
The Statue of Gou Jian, King of Yue

大报恩寺遗址公园
朝天宫
江南贡院
周处读书台
夫子庙
愚园（胡家花园）
桃叶渡

The Relic Park of Dabao'en Temple
Chaotian Palace
Jiangnan Examination Hall
Zhou Chu's Reading Mound
Confucius Temple
Yu Garden (Hujia Garden)
Taoye Ferry

风景名胜

Scenic Attraction

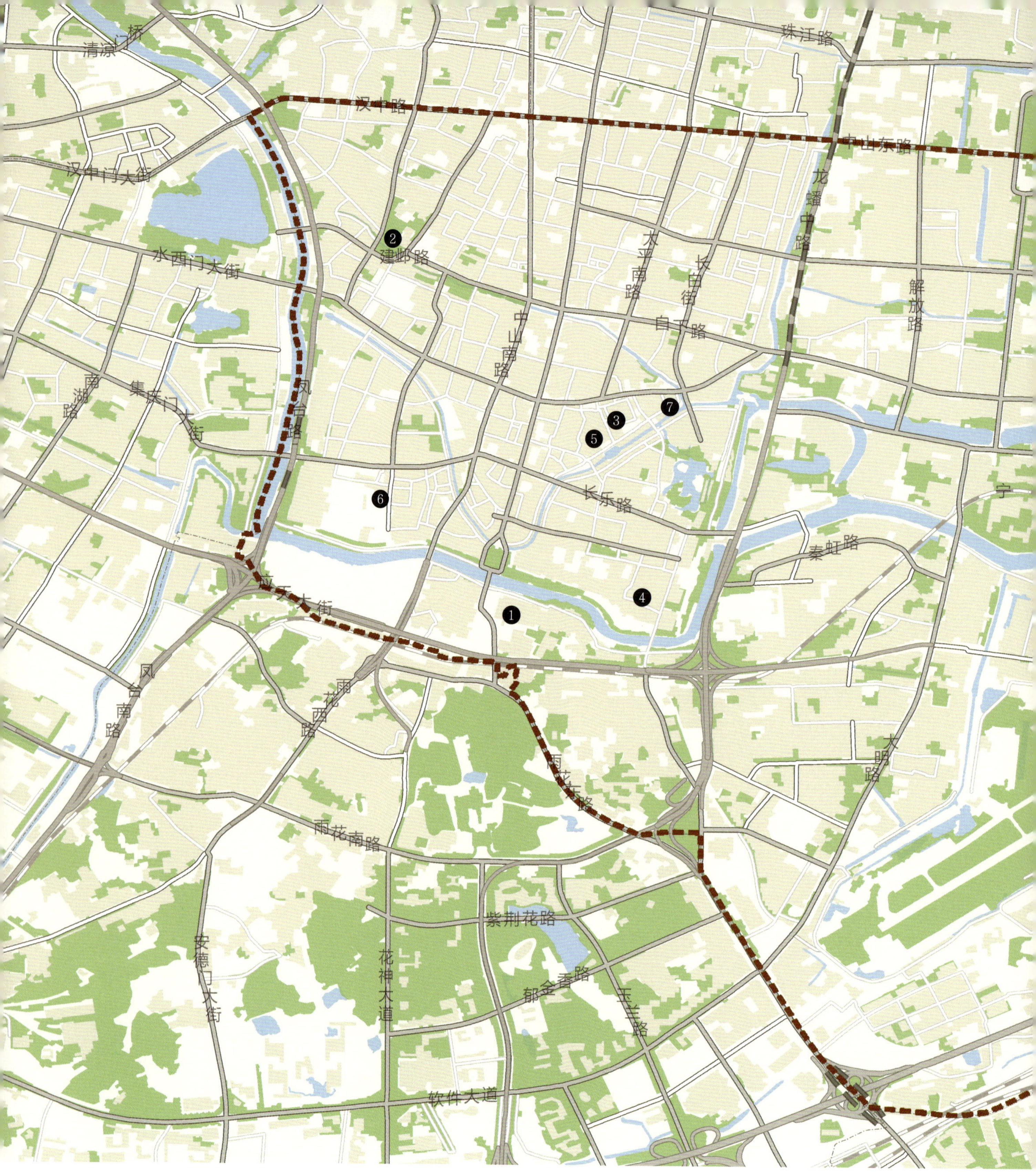

1 大报恩寺遗址公园 The Relic Park of Dabao'en Temple

2 朝天宫 Chaotian Palace

3 江南贡院 Jiangnan Examination Hall

4 周处读书台 Zhou Chu's Reading Mound

5 夫子庙 Confucius Temple

6 愚园（胡家花园） Yu Garden (Hujia Garden)

7 桃叶渡 Taoye Ferry

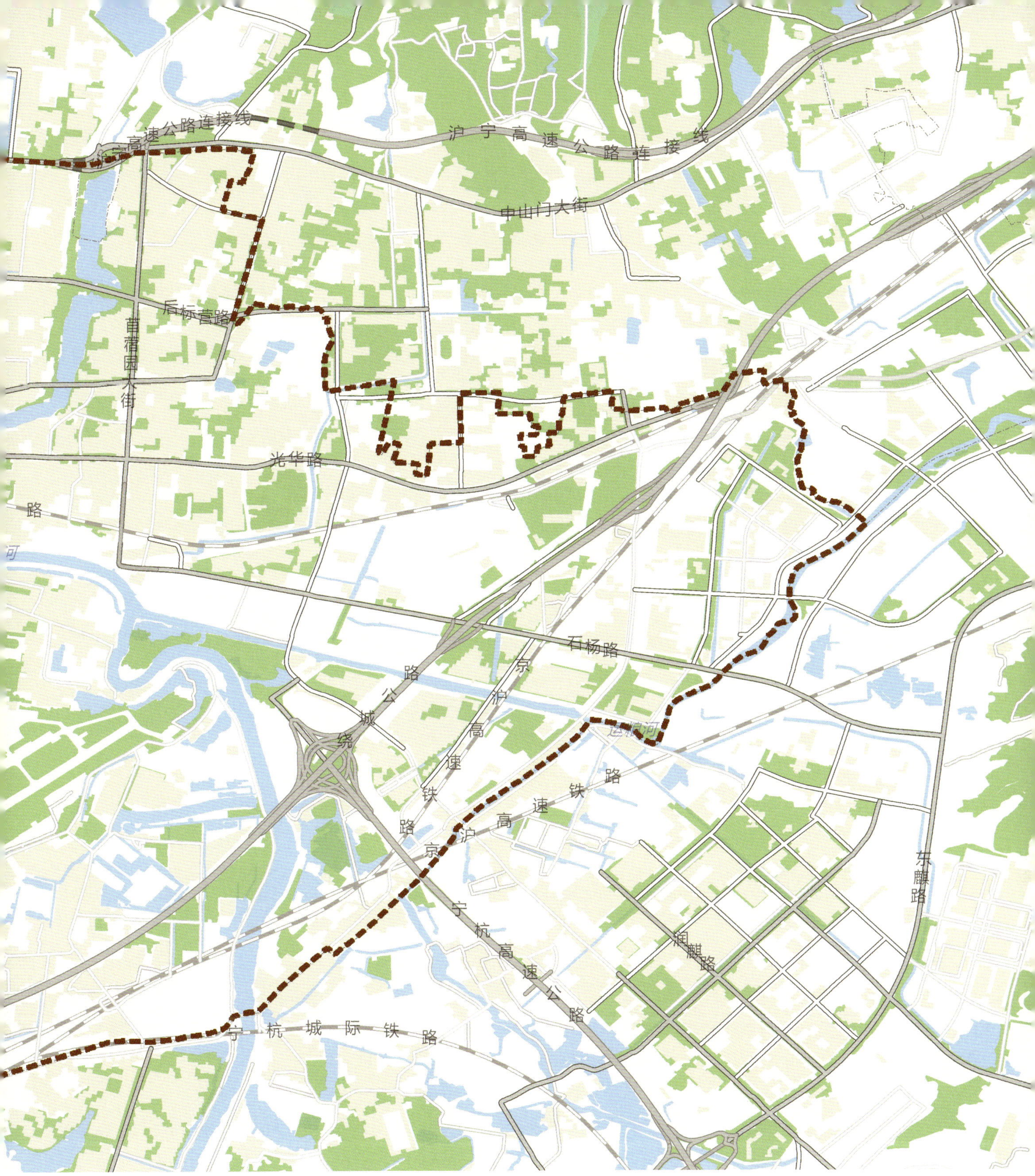
高速公路连接线
沪宁高速公路连接线
中山门大街
后标营路
苜蓿园大街
光华路
路
石杨路
绕城公路
京沪高速铁路
京沪高速铁路
宁杭高速公路
运粮河
润麒路
东麒路
宁杭城际铁路

大报恩寺遗址公园
The Relic Park of Dabao'en Temple

- 位置：中华门外，南为正学路、西为雨花路、北为扫帚巷
- 年代：东晋至清
- 级别：国家级

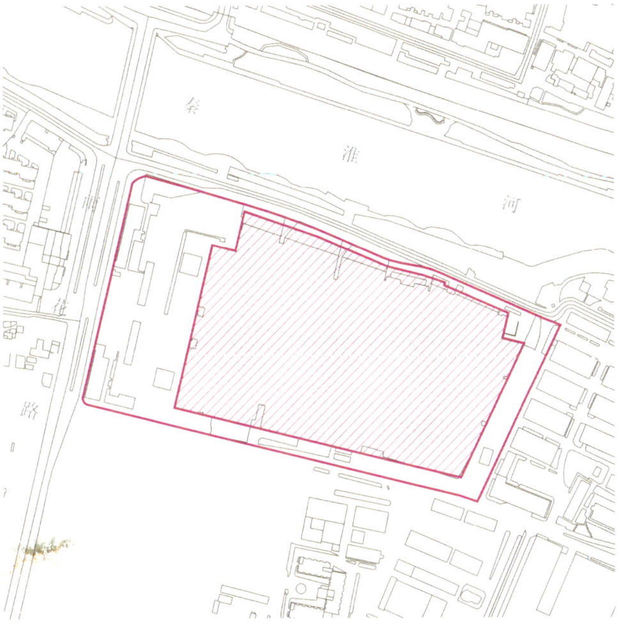

三国赤乌年间在此建长干寺，据《南史》卷六十八载：康僧会“领徒至长干里，致如俨舍利，帝神其事，为置寺及阿育王塔，江南佛寺之始也”。后屡有兴废，宋改名天禧寺，元毁于兵火。明永乐十年（1412）重建，寺名大报恩寺，并建九级琉璃宝塔，是永乐皇帝朱棣为纪念生母碽妃而建。咸丰六年（1856）毁于战火。寺原规模宏大，东起今晨光厂，西至雨花路，南起雨花台山脚，北抵秦淮河扫帚巷，周长约 4.5 千米。平面布局分南北两院，以墙隔开。北院为东西向轴线分布，西起顺序为山门（金刚殿）、香水河桥、天王殿、大雄宝殿、琉璃塔、观音殿、法堂。桥南北两侧各一御碑亭，南院为僧房和禅堂等建筑。今存香水河桥、北宝塔根古井、宣德三年立的大报恩寺碑和三藏殿，还有新发现的大报恩寺塔基及地宫遗址。

大报恩寺碑为省级文物保护单位，寺内原有二碑。南碑为永乐二十二年（1424）立，已毁，存龟趺，青石质，高 2.06 米，长 4.25 米，宽 2.06 米，龟身浮雕纹饰尚清晰。北碑为宣德三年（1428）立，通高 8.55 米。碑首高 2 米，宽 2.1 米，厚 0.82 米，篆书“敕建大报恩寺志”，尾记宣德年款，少数字迹尚依稀可辨；碑身面南背北，高 4.45 米，宽 1.91 米，厚 0.62 米，曾用水泥修补黏合，碑文已模糊不清。龟趺缺头，残长 3.2 米，高 2.1 米，宽 2.1 米。此碑规模宏大，在南京只有明代中山王徐达墓碑可与之媲美。

香水河桥
Bridge of Xiangshui River

宣德三年（1428）“敕建大报恩寺志”北碑
The Northern Stele of the Record of Constructing the Dabao'en Temple as the Order of Emperor of the Third Year of Xuande Period (1428)

永乐二十二年（1424）南碑
The Southern Stele of the Twenty-second year of Yongle Period (1424)

全国重点文物保护单位
大报恩寺遗址
中华人民共和国国务院

朝天宫为国家级重点文物保护单位，现为南京市博物馆馆址。

朝天宫占地面积7万余平方米，建筑面积约3.5万平方米，坐北朝南，沿中轴线自南而北为照壁“万仞宫墙”、泮池、东西拱门砖坊、棂星门、戟门、大成殿、崇圣殿、敬一亭；东侧有飞云阁、飞霞阁等，阁前有御碑亭，方碑的四面与额正北面均刻有乾隆帝六巡江南时为朝天宫所题御制诗。

东晋太元十五年（390）在此建冶城寺，元兴三年（404）桓玄废寺为别苑。刘宋时改为总明观，作为全国最高科学研究机构。唐更名为太清宫。杨吴武义二年（920）建紫极宫。南唐建武烈帝庙。北宋立文宣王庙，继又改为天庆观。大中祥符时改为祥符宫。元元贞元年（1295）为玄妙观，至顺二年（1331）改为永寿宫。明洪武年间重建，作为祭祀天地和国家大典前官员们净身及官僚贵族子弟袭封前学习演练朝贺天子礼节的地方，故称朝天宫。清初至道光间为道观，咸丰中毁。同治五年至九年（1866—1870）扩建，形成中为文庙，西为卞公祠，东为府学的格局。其所用木材均采自海外，所用琉璃采自江西景德镇。民国时期为中央教育馆所在地。民国二十五年（1936）曾改为北平故宫博物院南京分院，尊经阁、顾亭林祠等建筑也于此时被拆除。民国三十四年（1945）为首都高等法院。

朝天宫是江南地区文庙建筑的典范，基本上保留了明代宫殿式体制。为江南地区最大、保存最为完好的古建筑群之一。

朝天宫
Chaotian Palace

- 位置：朝天宫6号
- 年代：国家级
- 级别：明、清

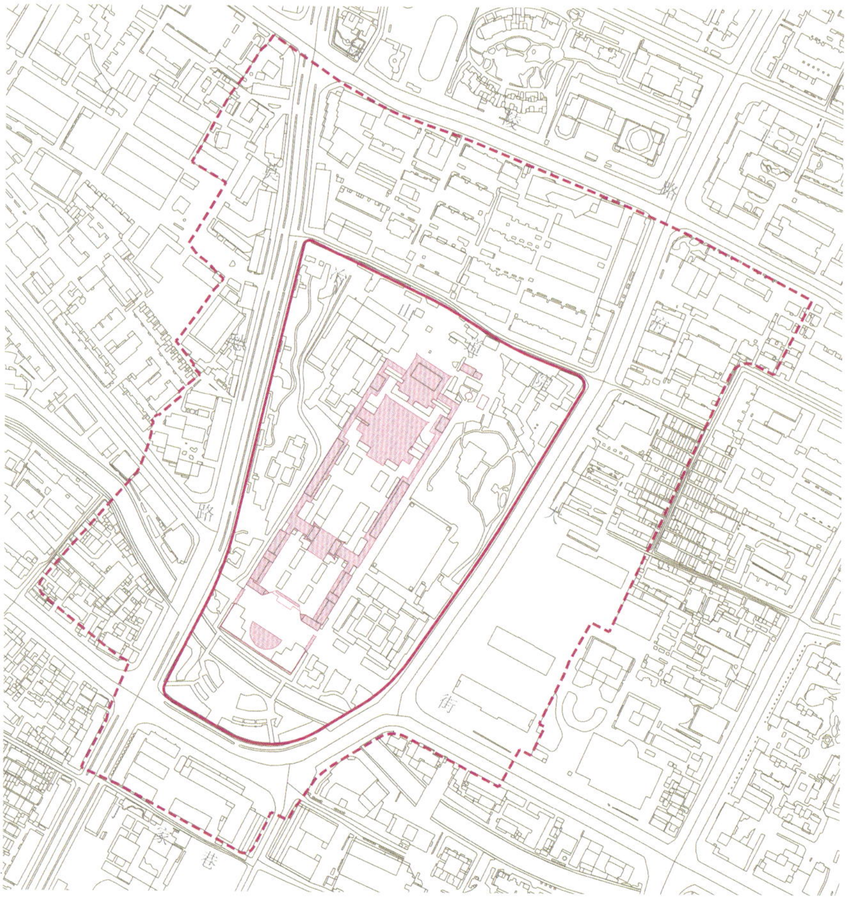

棂星门
Lingxing Gate

西拱门砖坊
The Western Archway of Brick

崇圣殿
Chongsheng Hall

华威大厦

“万仞宫墙”照壁
Screen Wall marked The Most Highest Palace Wall

"江南贡院"牌坊

Archway Marked Jiangnan Examination Hall

江南贡院

Jiangnan Examination Hall

- 位置：金陵路 1 号
- 年代：明
- 级别：省级

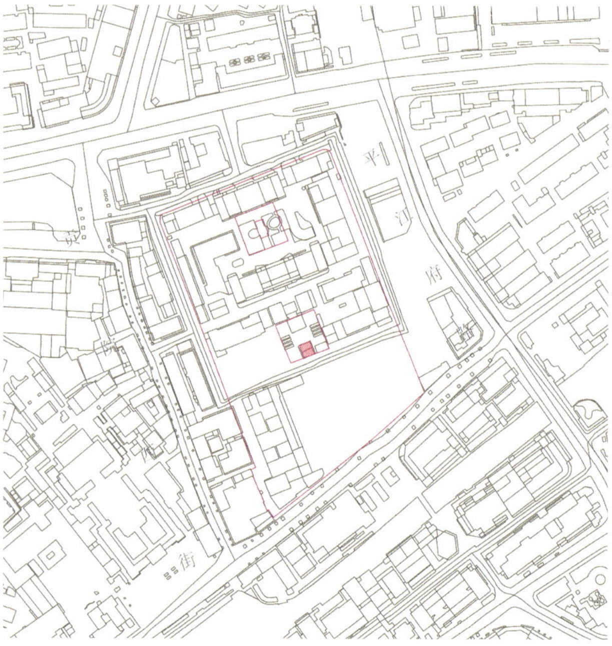

中国科举博物馆馆名碑

Stele of the Name of Imperial Examination Museum of China

恢复后的号舍

The Rebuilt Examination Cabin

明远楼夜景

Nightscape of Mingyuan Tower

大金榜
The Grand Golden List of Admission

明远楼前的水池
The Pool before the Mingyuan Tower

飞虹桥
Feihong Bridge

至公堂
Zhigong Hall

秦淮河畔的名人雕塑
The Statues of Celebrates alongside the Qinhuai River

周处读书台砖坊
Archway of Brick at Zhou Chu's Reading Mound

周处读书台
Zhou Chu's Reading Mound

- 位置：江宁路西侧老虎头 44 号
- 年代：西晋
- 级别：市级

周处读书台为市级文物保护单位，是周处当年刻苦攻读的地方，简称“周处台”。因周处字子隐，故又名“子隐台”。台为一略高出四周平地的高墩，形似土台，占地面积约 1 132 平方米。现存大殿面阔五间 17.8 米，进深七檩 19.6 米，硬山顶，有清光绪七年（1881）所立“周处读书台”碑 1 通。东厢房、西厢房两处，面阔都为三间 12 米，进深 4.5 米，硬山顶。读书台是著名的人文胜迹之一，周处读书台也是江苏阅读遗存的重要实例之一。

周处（240—299），字子隐，晋吴郡阳羡（江苏宜兴）人，豪族周舫之子，少时称霸乡里，当地人把他同南山猛虎、长桥蛟龙合称为地方“三害”。故周处在杀死猛虎蛟龙后幡然悔悟，砥砺正行，后以战功封孝侯，并到南京拜陆机、陆云为师。周处著有《默语》30 篇、《吴书》若干篇，所撰《阳羡风土记》是我国最早记述地方习俗和风土民情的著作，已散失，幸有明朝周鸿轩辑录《风土记拾遗》136 条传于世。

大成殿
Dacheng Hall

夫子庙
Confucius Temple

- 位置：内秦淮河的文德桥旁，其东为贡院西街，南为大石坝街，西为来燕路、瞻园路、四福街，北为状元境
- 年代：明
- 级别：市级

夫子庙为市级文物保护单位。“十里秦淮”在南京城市的发展史上具有独特的作用，曾是漕运要道，亦为古城南部的主要军事屏障。

夫子庙遗迹由文庙遗迹和学宫遗迹组成。目前遗迹主要有：大照壁、泮池、石栏、碑刻2通（《孔子问礼图》碑1通、《集庆孔子庙》碑1通）、大成殿、大成门，两庑及碑廊、棂星门、“天下文枢”坊、明德堂、明德堂两厢、聚星亭、尊经阁、崇圣祠、青云楼、尊经阁石狮1对。

文庙始建于北宋景祐元年（1034），系按“前庙后学”的统一形制与学宫同时兴建，以供学子们祭祀孔子。当时称“文宣王庙”，因世人尊称孔丘为夫子，故俗称“夫子庙”。明清期间，文庙为东南各省之冠。其逾百米的大照壁，堪称全国之最。

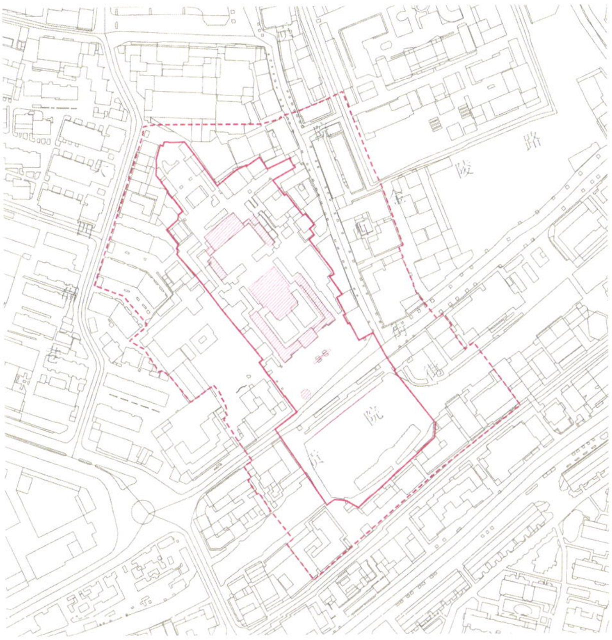

秦淮河泮池
Qinhuai River Pan-chi

夫子庙布局分为内、外两部分：内部为庙宇构筑，即大成殿及廊房等设施组成的四合院；外部为附属构筑，主要包括牌坊、甬道、护栏、泮池、照壁、聚星亭、奎星阁等。文庙内外部分的主体建筑与学宫的主体建筑均在同一条轴线上，由大成门的单层单檐到大成殿的单层重檐过渡到尊经阁的三层重檐，呈现南低北高、渐次递增趋势；自大照壁至敬一亭为一中轴线，长 310 米，方位东南向约 135 度。

学宫又称泮宫，名称源于战国时期，鲁国于泮水河边筑学宫，取其“教化黎民如泮水一样源远流长”之意，后来各地仿之，故称泮宫。北宋景祐元年（1034）“徙府学于古浮桥东北”，学宫迁至秦淮北岸现址以后，未再变动，且历代均得以维修和增补。南宋绍兴九年（1139）修建康府学。嘉熙元年（1237），府学置房廊始立贡士库。淳祐元年（1241），修府学，淳祐六年，于明德堂东西两侧建六斋，东曰“守中、进德、说礼”，西为“常德、育材、兴贤”。元大德四年（1300），学宫发生火灾，仅存尊经阁及东西二厅，大德五年重建。明宣德七年（1432）重建学宫。清顺治九年（1652）增修学宫。清同治四年（1865），“改建江宁府学”，同治八年，重修学宫。民国时期，学宫曾辟为小学、市立民众图书馆、通志馆等。

中华人民共和国成立以后辟为人民游乐场。

【大照壁】位于泮池南岸。始建于明万历三年（1575），清代重修。全长110米，宽10米，厚0.5米。现为全国照壁之最。

【明德堂】面阔五间30米，前带轩，进深七檩14.5米，歇山顶。是古代祭奠伟大教育家和思想家孔子的庙宇，又是教育重地之一。

【大成殿】位于大成门北面，是祭祀孔子的正殿。大成殿始建于北宋景祐元年（1034），南宋建炎年间毁于战火，绍兴九年（1139）重建。明永乐六年（1408）毁于地震，宣德七年（1432）重建；成化七年（1471）毁于火灾，十六年重建。清咸丰年间毁于兵火，同治八年（1869）重建。民国二十六年（1937）被日军焚毁，1984年重建。

【棂星门】位于大成门前。始建于明成化十六年（1480），几经兴废，至清同治九年（1870）重建。此门为石结构，六柱五楹三门，门柱呈华表式，柱脚前后饰抱鼓回纹石，坊额为王澍书写。因年代久远，石柱风化，于中华人民共和国成立初期拆除。1983年1月重建，原棂星门遗留下的一只抱鼓石和石坊上的两只云纹望柱镶嵌其中。

【天下文枢坊】始建于明万历十四年（1586），清初王澍重书坊额。同治年间以柏木仿旧制重建，端木埰重书坊额，“周以赤栏，荫以嘉树，坊额青质，光芒四射”。此坊为步入文庙的甬道端点，民国初期辟文庙广场时被拆除。1988年按原址向南推移至临石栏处重建。

【聚星亭】位于文庙前广场西南角，始建于明万历十四年（1586），清康熙年间重修，咸丰战乱中损坏，同治八年（1869）整修，亭额有石刻“聚星亭”三篆书。至1968年被拆除。1983年9月重建。

【思乐亭】于民国二十六年（1937）被侵华日军摧毁。1986年，在文庙东北角与学宫相邻处建亭，题名“思乐亭”。

【尊经阁】位于明德堂北面，是学宫第二进的主体建筑。此阁始建于宋代，明嘉靖年间重建，都御史陈凤梧平蹔卫山冈阜的一部分建尊经阁，阁上下两层，各五楹。清顺治十七年（1660）冯如京重修。尊经阁及阁内文物于嘉庆十年（1805）五月二十八日毁于大火。其后由总督铁保、藩司康基田重建，辟为尊经书院。咸丰年间又毁于战火，同治九年（1870）十一月重建，1974年因白蚁危害而拆除。1987年重建。

棂星门
Lingxing Gate

天下文枢牌坊
Archway Marked the Core of the Literacy of the World

洋池照壁

Screen Wall alongside the Pan-chi

俯瞰文庙

Bird's-eye View of Confucius Temple

尊经阁
Zunjing Pavillion

学宫
Study Hall

明德堂
Mingde Hall

卫山
Wei Hill

玉兔泉
Yutu Spring

愚园（胡家花园）
Yu Garden (Hujia Garden)

- 位置：胡家花园 2 号
- 年代：清
- 级别：市级

愚园为市级文物保护单位。宋称凤台园，内有南轩和览辉亭。明初称魏国公园，为徐达的西花园，清时为胡煦斋所得，名胡家花园，后经改建成为清代南京最大的私人花园之一，有“南京狮子林”之称。1937 年遭侵华日军极大破坏，宅仅存三进。宅北为堂楼，第三进面阔五间，进深五檩带前轩后廊。园残败后，尚存零星松、柏、杨柳数株，池畔散置石雕花盆 8 只，石柱础 4 只，残石构件数只。占地面积约 2 000 平方米。近年已修复并开放。

1 号院现存共三进二院，占地面积约 1000 平方米，坐北朝南，砖木结构，前二进为一层，第三进为楼房。2 号院有一进一院，

愚园大门
The Main Door of Yu Garden

门向东，砖雕门楼，“紫气东来”四字依稀可辨。

1 号院，第一进平面呈“凹”字形，原为胡家花园对厅，面阔五间 14 米，进深七檩 7.3 米，硬山顶，两侧为厢房，建筑面积为 215.6 平方米。第二进原为胡家花园正厅，面阔三间，进深七檩 16 米，硬山顶；梁架用料粗大，望砖、木板隔墙保存完好。第三进原为胡花花园正楼，平面呈倒“凹”字形，面阔五间，进深五檩带前轩后廊；施覆水椽，梁柱木雕精美。在第二进与第三进之间院子，原正厅与正楼间有走廊相连，现已隔开。二楼木楼梯、木护栏、木地板基本保存完好，仍然可以正常使用。

2 号院建筑的梁架保存基本完好，除第一进屋面、墙面部分被损坏，其他基本保持原样，地面方砖部分保存完好，部分门窗为后期之物。

胡家花园 1 号西古建筑现存二进平房，砖木结构、硬山顶。通面阔三间 9.7 米，通进深 20 米，占地面积 194 平方米。愚园为南京地区硕果仅存的古典园林之一。

清远堂
Qingyuan Hall

补善堂
Bushan Hall

俯瞰愚园
Bird's-eye View of Yu Garden

愚湖
Yu Lake

铭泽堂
Mingze Hall

庭院
Yard

大厅
Main Hall

大门内侧
Interior of the Main Door

城市山林
As the Forest in the City

水石居
Shuishi Chamber

无隐精舍
Wuyin Abode

水石居
Shuishi Chamber

庭院
Yard

桃叶渡
Taoye Ferry

- 位置：东水关西面，青溪与秦淮河交汇处
- 年代：东晋
- 级别：区级

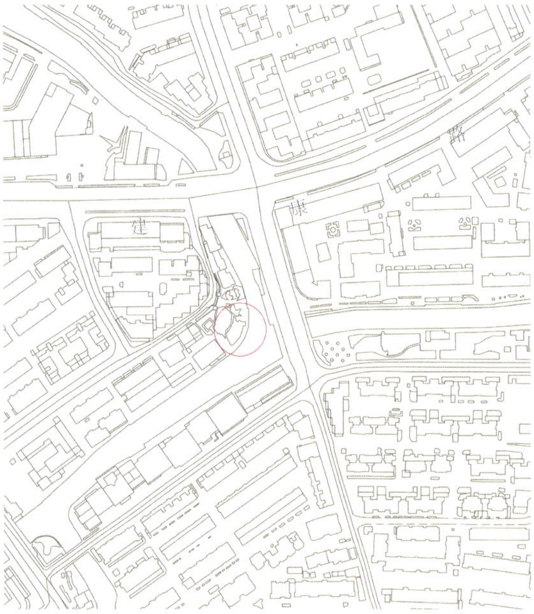

碑刻
Inscription

桃叶渡系六朝古渡，渡名因东晋书法家王献之曾在此迎送爱妾桃叶而得名。王献之作有《桃叶歌》：“桃叶复桃叶，渡江不用楫。但渡无所苦，我自迎接汝。”至明代，桃叶渡是金陵四十景之一。明都城北迁以后，桃叶渡成为赋闲达官贵人的游乐闹市区。桃叶渡畔的“玉壶坊”，原名“御河房”，曾是明武宗朱厚照南巡时在此观灯船的水榭，渡口小船往来如织。名妓征歌，侑酒酬唱，喧歌达旦，终夜不歇。余怀《续板桥杂记》载：“桃叶渡在青溪曲处，渡头坊表金碧焕如。每当夕阳西沉，酒舫喧阗，与竞渡声相间。对岸为御河房，水榭外，垂柳千丝，拖烟漾月，暑窗徙倚，清风徐来，不待帷展紫销，始消尘燠也。”明末，名妓李香君曾在桃叶渡设宴饯别侯方域。明末著名大说书家柳敬亭曾在其旁长吟阁说书。渡口曾有一高阁，可眺望全城。民国期间，桃叶渡渐衰败，牌坊已圮废。1987 年结合夫子庙游览区的建设，在桃叶渡北岸建成一座镌有“桃叶渡”三字的石牌坊和套亭一座。该遗址成为历代人文传说的载体。

石坊
Stone Archway

渡口
Ferry

码头
Wharf

金陵刻经处
净觉寺
天主教堂
基督教莫愁路堂
基督教圣公会圣保罗堂
基督教青年会旧址
李鸿章祠堂
曾公祠
曾国葆祠堂
天后宫
草桥清真寺
光宅寺
瓦官寺遗址
鹫峰寺
三藏殿
水草庵
小王府巷清真寺
花露南岗尼姑庵
三圣庵

Jinling Buddhist Woodblock Publishing House
Jingjue Mosque
Cathedral of Nanjing
Christ Church in Mochou Road
The Episcopal Church of St. Paul
The Former Site of the Young Men's Christian Association
Li Hongzhang Memorial Hall
Zenggong Memorial Hall
Zeng Guobao Memorial Hall
Tianhou Palace
The Caoqiao Mosque
Guangzhai Temple
Ruins of Waguan Temple
Jiufeng Temple
Sanzang Hall
Shuicao Buddhist Nunnery
The Mosque at Xiaowangfu Lane
Buddhist Nunnery of Hualu'nan'gang
Sansheng Buddist Nunnery

寺庙祠堂

Temples and Memorial Halls

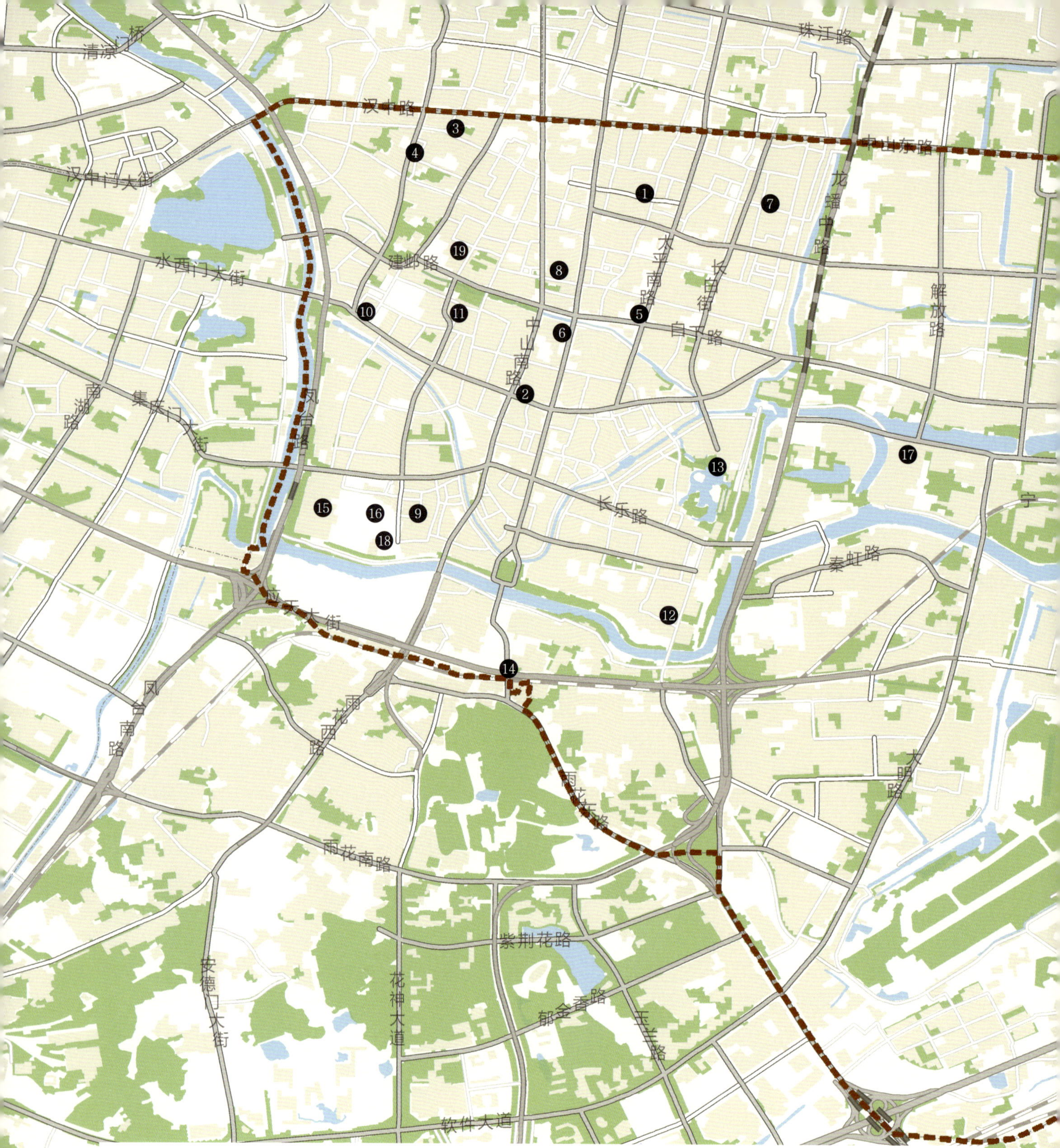

❶ 金陵刻经处
Jinling Buddhist Woodblock Publishing House

❷ 净觉寺
Jingjue Mosque

❸ 天主教堂
Cathedral of Nanjing

❹ 基督教莫愁路堂
Christ Church in Mochou Road

❺ 基督教圣公会圣保罗堂
The Episcopal Church of St. Paul

❻ 基督教青年会旧址
The Former Site of the Young Men's Christian Association

❼ 李鸿章祠堂
Li Hongzhang Memorial Hall

❽ 曾公祠
Zenggong Memorial Hall

❾ 曾国葆祠堂
Zeng Guobao Memorial Hall

❿ 天后宫
Tianhou Palace

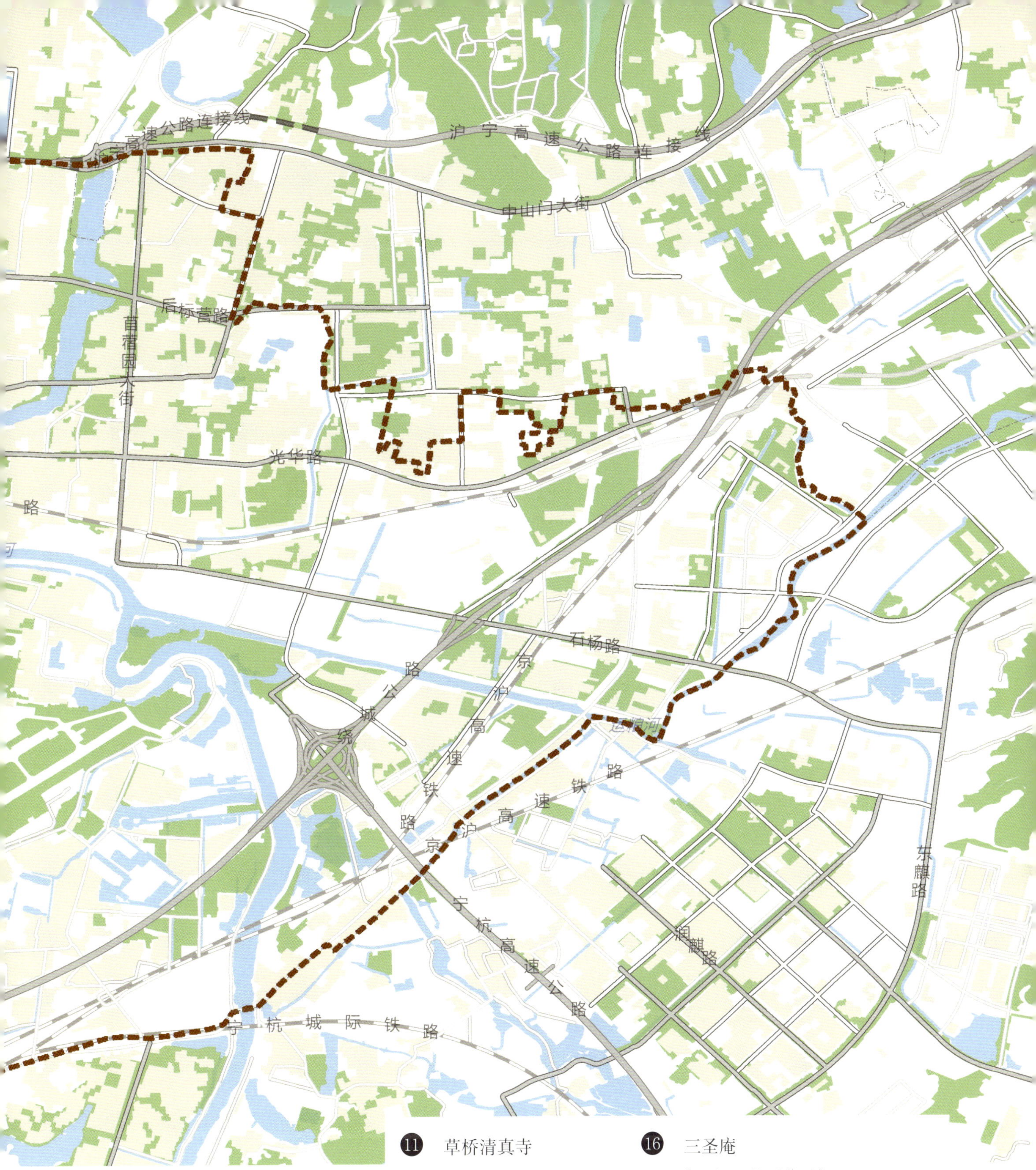

⓫ 草桥清真寺
The Caoqiao Mosque

⓬ 光宅寺
Guangzhai Temple

⓭ 鹫峰寺
Jiufeng Temple

⓮ 三藏殿
Sanzang Hall

⓯ 瓦官寺遗址
Ruins of Waguan Temple

⓰ 三圣庵
Sansheng Buddhist Nunnery

⓱ 水草庵
Shuicao Buddhist Nunnery

⓲ 花露南岗尼姑庵
Buddhist Nunnery of Hualu'nan'gang

⓳ 小王府巷清真寺
The Mosque at Xiaowangfu Lane

金陵刻经处
Jinling Buddhist Woodblock Publishing House

- 位置：淮海路 35 号
- 年代：清
- 级别：国家级

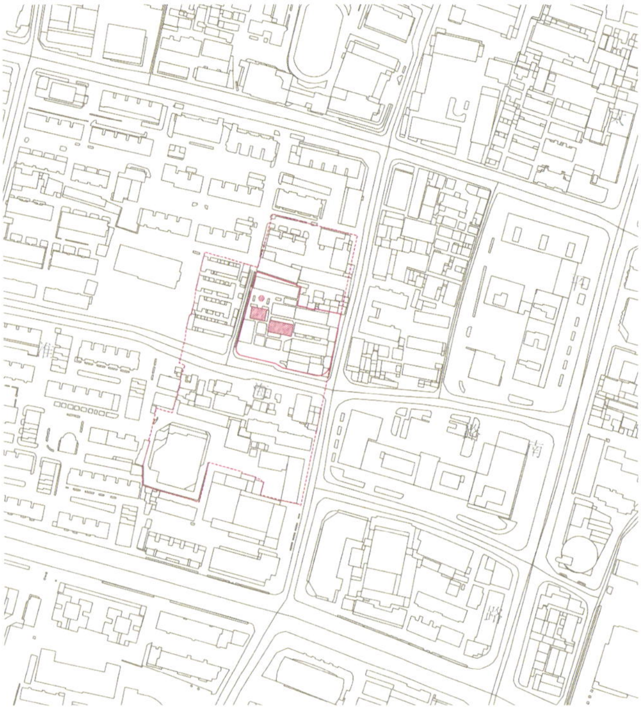

经版楼
Buddhism Woodblock Building

金陵刻经处大门原在延龄巷 49 号，有砖刻的“金陵刻经处”门额。20 世纪 50 年代初大门改在淮海路。现藏经版 12 5318 片，是我国收藏、刻印、流通木板佛教经典图书的中心。

原占地面积约 42 000 平方米，房屋 60 余间。现占地面积 4 286 平方米，建筑面积 2 143.1 平方米。主要建筑有深柳堂、祇洹精舍、经版楼、杨仁山居士墓塔等。深柳堂 1954 年重建，面阔三间 11.7 米，进深九檩 8 米，高 6 米；坐北朝南，硬山顶，小瓦屋面；正中悬挂杨仁山居士画像和赵朴初题写的“深柳堂”匾额。经版楼是在原来平房被拆除后的房基上新建的两层楼房；通面阔九间（二层 18 间）34.8 米，进深十一檩 8.44 米，高 8.84 米；水泥结构，硬山顶，小瓦屋面。墓塔建于 1918 年，为六角喇嘛塔，水泥砌筑，塔高 8.88 米；上刻“杨仁山居士之塔”；塔周围建有花窗围墙，塔院面积 165 平方米。居士孙女杨步伟女士旅居美国，卒后于 1982 年将部分骨灰运回葬在墓塔前，并刻石为记。2006 年 5 月，金陵刻经雕版印刷技艺被列入国务院公布的首批国家级非物质文化遗产名录。

此处乃杨仁山居士于清同治五年（1866 年）创办的一处佛教文化学术研究、印刷、出版发行综合机构，最初设在北极阁，光绪二十三年（1897）迁至今址。1897 年，杨仁山居士将位于延龄巷的 60 多间私宅，改建为金陵刻经处，从此他便在此从事传播佛学活动，直至 1911 年去世。金陵刻经处是一座环境雅致的佛教文化宝库，对振兴佛教、推进中外文化交流做出了重大的贡献。

居士乃安徽石埭（今石台县）人，因其父与曾国藩同榜进士，故曾在湘军中任职。又随同曾纪泽（曾国藩之子）、刘芝田两次出使英、俄等国。二十七岁（1864 年）时得《大乘起信论》，从此属意佛学，为此数次婉拒李鸿章邀其入京为官。他于英国结识日本佛学家南条文雄，得其帮助，收集到不少流落于日本的经书。他亦将其中一些佛学名著

金陵刻经处大门
The Main Gate of the Jinling Buddhist Woodblock Publishing House

杨仁山居士墓塔
The Stupa of Honored Laity Mr. Yang Renshan

深柳堂
Shenliu Hall

祇洹精舍
Qihuan Abode

赠与日本茂经学院，中日两国佛学得以交流。中年后，他竭尽全力于刻经事业与讲学，与门人欧阳竟无完成《大藏辑要》3 300 多卷，另有《玄奘法师译撰全集》1 374 卷，以及刻有很多艺术价值极高的画像。谭嗣同的《仁学》一书就是光绪二十二年（1896）在刻经处完成的。同时于刻印处内亲自讲授佛学，旁听者多为一时俊杰名流，如陈三立、谭嗣同、张通典、狄楚青，及欧阳竟无、桂伯华。鲁迅青少年时曾就读南京“江南水师学堂”，对金陵刻经处印象深刻，后返北京，购得一部《百喻经》，十分珍爱，便于 1914 年（此时居士业已仙逝）汇来银元 60，委托刻经处刻印 100 部，分赠亲友。

1910 年，南京佛教协会成立，杨仁山被推举为会长。1911 年 8 月，居士病殁于南京。

此后，由于战争、“文革”以及人事变化的影响，金陵刻经处历经磨难。房屋被占用，刻印的许多经书和三万多片经版被焚毁，许多珍贵文物和手稿散失。1973 年周恩来总理下达保护恢复金陵刻经处的指示。经赵朴初、徐平轩等佛教界人士与各部门领导的努力，1981 年恢复刻印流通业务，赵朴初撰有《金陵刻经处重印经书因缘略记》以记之。赵朴初曾 10 年 9 次亲临南京，1990 年协调，并于 1990 年通过法律诉讼，收回被占用的房产，使金陵刻经处得以彻底恢复。

照壁
Screen Wall

净觉寺
Jingjue Mosque

- 位置：升州路 28 号
- 年代：清
- 级别：省级

至诚堂
Zhicheng Hall

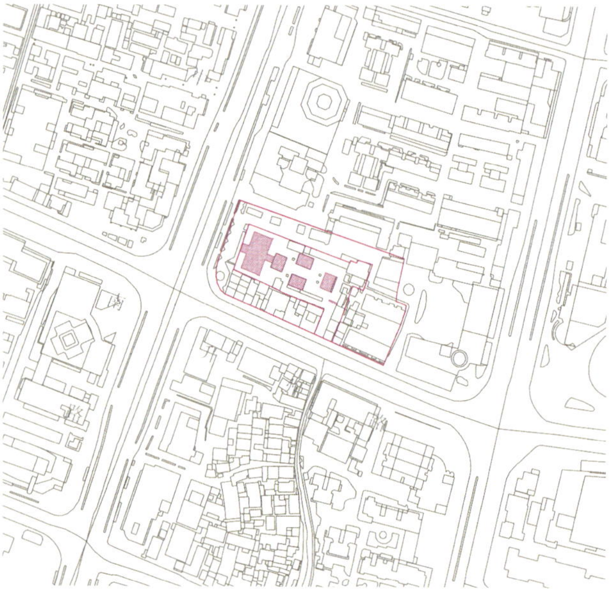

净觉寺为省级文物保护单位。该寺始建于明洪武二十一年（1388），由明太祖朱元璋下令敕建。宣德五年（1430）失火被毁，同年，郑和第七次下西洋前奏请重建。重建后南临升州路，东至中华路，西至马巷，北至砂珠巷，占地面积约 6 700 平方米，为我国八大清真寺之一。咸丰年间毁于战火。光绪三年（1877）重建。民国初年回族富商又修建厅楼和南北讲堂。1985 年重建砖雕牌坊。2008 年，整体维修保护。原占地面积约 1 万余平方米，现占地面积 4 000 平方米，建筑面积 2 152 平方米，大门坐北朝南，主体建筑坐西朝东。主要建筑有望月楼、南北讲堂、大厅、无像殿等。无像殿即礼拜殿，平面呈凸字形，面阔五间 27.7 米，进深九檩 14.75 米，三面设双步廊，廊宽 2.2 米，高 12 米，硬山小瓦顶，穿斗式梁架。大殿两侧围墙为明代遗物。大殿北侧存乾隆四十七年（1782）《重修净觉寺沿街店房捐款碑》一通。

净觉寺是南京最早的一座清真寺，也是我国东南沿海地区最大、最古老，保存最完好的清真寺之一。

砖雕门楼
Bride-sculpture Archway

一真堂
Yizhen Hall

无像殿内景
Interior of Wuxiang Hall

无像殿
Wuxiang Hall

礼拜堂外立面
Facade of the Church

天主教堂
Cathedral of Nanjing

- 位置：石鼓路 112 号
- 年代：清
- 级别：省级

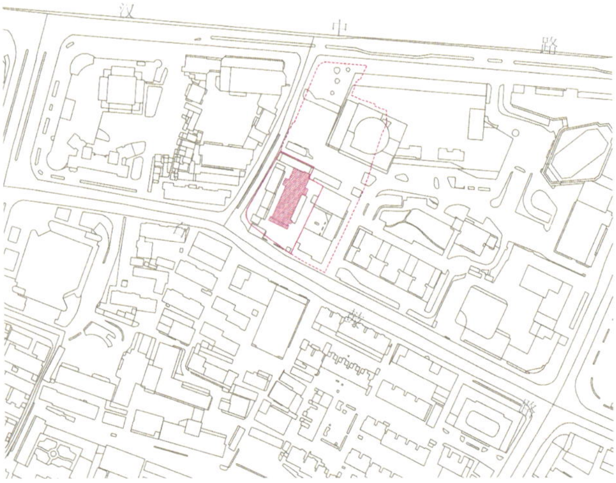

天主教堂为省级文物保护单位，为法国哥特式建筑，平面呈十字形，长 21 米，宽 13 米，高 20 米。占地面积 561 平方米，堂内面积 500 平方米。砖木结构、木屋架，瓦楞镀锌铁皮屋面，内部呈弧形拱顶，方砖地面，10 根砖砌大圆柱，入口有哥特式的门廊，其上为唱经楼。堂内设一尊圣母像，左右各有一副祭台，祭台后部中央有一座钟楼，内有大钟一口。堂顶和钟楼均有十字架。

石鼓路天主教堂是由最早来中国传教的意大利传教士利玛窦创办。1599 年利马窦在城西罗寺湾购买私宅，略加改造，作为个人进行宗教活动的场所。1618 年，由于南京教案的原因，教堂被拆除。清同治七年（1868），法籍耶稣会传教士雷通俊在罗汉寺旧址建造教堂，同治九年（1870）建成，定名为“圣母无染原罪始胎堂”。1928 年，国民政府拨款重修北伐战争中遭到严重破坏的天主堂。1993 年曾大修。堂内有清代碑刻四通，其中镶于教堂内壁的《天津条约》碑，呈十字形，上段平刻云纹、蝙蝠，下段平刻卷草、菊、莲，中段宽 0.94 米，通高 1.85 米，刻《中法天津条约》第六、第八、第十三款，这是重要的近代史文献资料。1991 年天主教堂被建设部和国家文物局评为优秀建筑。

教堂内景
Interior of the Church

基督教莫愁路堂
Christ Church in Mochou Road

- 位置：淮海路 35 号
- 年代：国家级
- 级别：清

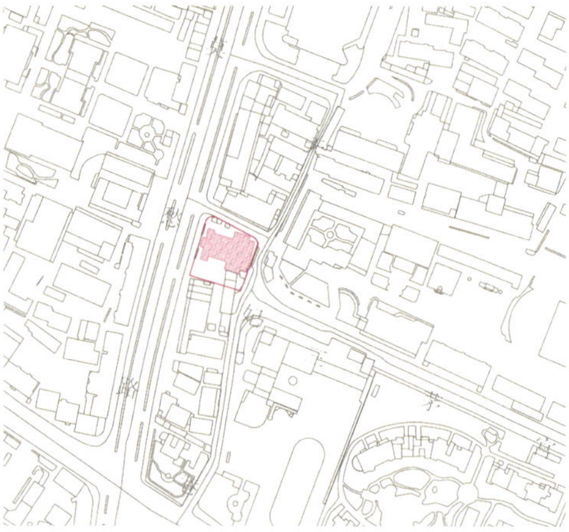

庭院
Yard

基督教莫愁路堂为省级文物保护单位，原在四根杆子（今省中医院临汉中路一带）建有中华基督教自立会汉中堂，后因扩路，将教堂迁至现址重建。工程由牧师孙希圣主持，工程师陈裕华设计，陈明记营造所承建，1936 年开工，因战争缘故，1942 年建成。

1981 年大修后开放。2000 年，大修，采取钢混整体加固。此教堂属于英国都铎风格的宗教建筑，整幢建筑典雅秀美，现为南京市基督教主要的传教、布道场所。

其建筑面积 1 800 平方米，平面呈十字形。入口为高大的门楼，达 17 米。拱形顶，堂内有 10 根人字形柱，屋顶覆以方形水泥瓦。墙角嵌 1936 年冯玉祥为建汉中堂题写的石碑，碑文 3 行，内容为“因为那立好了根基的就是耶稣基督。哥林多前书三章十一节”。门面西，楼额题刻“基督教莫愁路堂”。下面是门廊，进深 4 米，廊上有钟楼。中间圣殿即礼拜堂，砖木结构，南北面阔 19 米，东西进深 33 米，此外还有布道所、宿舍等建筑。

钟楼
Bell Tower

礼拜堂内景
Interior of the Church

庭院
Yard

基督教圣公会圣保罗堂
The Episcopal Church of St. Paul

- 位置：太平南路 396 号
- 年代：1922 年
- 级别：省级

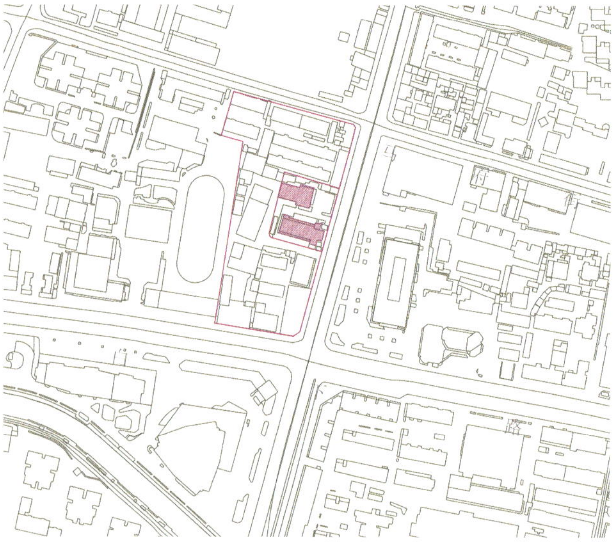

基督教圣公会圣保罗堂为省级文物保护单位。主建筑大礼拜堂坐北朝南，当时占地面积 2 000 平方米，建筑面积 1 232.8 平方米。其用料考究，下半部为古城墙砖，上半部为磨光青砖。教堂的内柱脚、拱座、窗座、墙垛、读经台、圣坛和栏杆望柱等均采用镇江高资白矾石砌筑。圣保罗堂高 11 米，通面阔八间 34 米，进深 11 檩 13.47 米，包括钟楼，建筑面积 485 平方米。钟楼高 18.2 米，钟楼阶梯为螺旋式，钟楼内悬大钟一口，直径 2 米。

从 1910 年始，美籍传教士季盟济就在马府街、门帘桥（今太平南路）一带赁屋传教，1912 年购置现址，1913 年动工建造一座小礼拜堂，约可容纳一百人聚会，命名为圣保罗堂。1920 年季盟济回美国时，有一位美国圣公会的信徒为纪念在第一次世界大战中牺牲的儿子，捐资请季盟济在中国建一座教堂以祈祷和平，反对战争。季盟济 1921 年重返南京，即以此款扩建圣保罗堂。他聘请金陵大学建筑工程师齐兆昌负责教堂设计并担任监造，并由陈明记营造厂承建全部工程。1922 年开工至 1923 年 6 月竣工，历时一年半。1937 年侵华日军将圣保罗堂的诊疗所、布道所、书报室、主日学课屋及部分宿舍焚毁，仅主体部分未殃及而幸存。抗战胜利后重建大门，修缮房屋，始复旧观。“文革”期间，圣保罗堂被工厂占用，院内建有一座六层楼，圣坛、讲台遭破坏，1984 年修复，1985 年重新开堂。1985 年 7 月 28 日举行复堂感恩礼拜，全市有 650 多位基督徒赶来参加，中国基督教三自爱国运动委员会主席、中国基督教协会会长丁光训主教亲临祝贺。

钟楼
Bell Tower

教堂大门
The Main Gate of the Church

礼拜堂内景
Interior of the Church

礼拜堂内景
Interior of the Church

基督教青年会旧址
The Former Site of the Young Men's Christian Association

位置：中华路 26 号
年代：民国
级别：市级

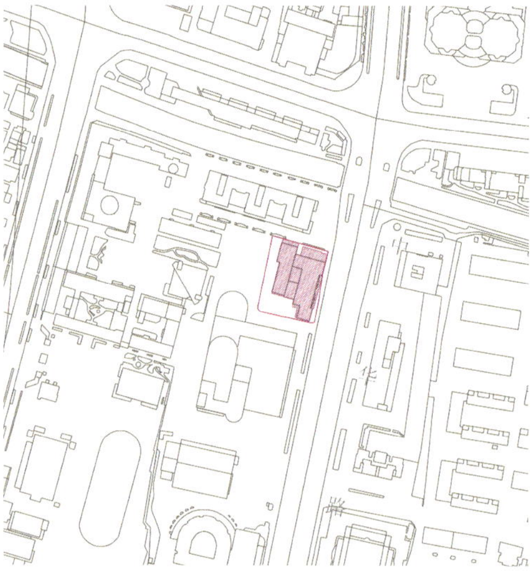

基督教青年会旧址为市级文物保护单位，现存 2 幢两层楼房，皆坐西朝东，占地面积 840 平方米。该建筑内部部分为仿木结构，外墙水泥拉毛粉饰，青瓦屋面。前楼东立面一层中间门窗上部均为三层拱形，下部中间层做方形立柱形，柱头有四道立柱线，在两边 2 个窗上部分有高浮雕花饰，窗前有石砌花坛，门窗为欧式。门前有 6 级石质台阶。

基督教青年会简称青年会，是基督教社会活动机构之一。1844 年英国人乔治·威廉创立于英国伦敦，后传至美国，1885 年由美国传入中国。1912 年南京的基督教青年会成立。孙中山任临时大总统期间，曾出席过南京基督教青年会的会议，并写贺词表示勉励。1925 年 4 月，青年会迁至中华路现址。1937 年南京沦陷后，大楼上层遭严重焚毁。1946 年 11 月修复被毁部分。该建筑为民国时期欧式风格建筑，有一定的文物保护价值。

李鸿章祠堂
Li Hongzhang Memorial Hall

位置：四条巷 77 号
年代：清
级别：市级

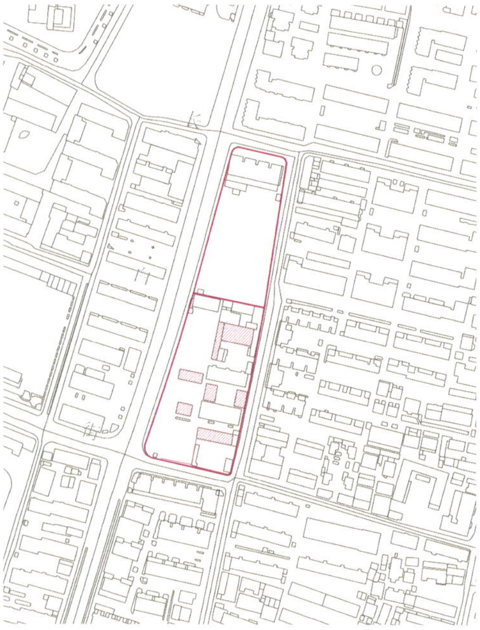

祠堂内景
Interior of the Memorial Hall

李鸿章祠堂为市级文物保护单位，坐北朝南，南北长 144 米，东西宽 61 米，占地 8 784 平方米。原整座建筑分东、西两组。东组为祠宇建筑，前后共五进，有两厢。西组为住宅用房，共三进，主房、厢房各 24 间，大小照壁各一座，御碑一通。后为花园、鱼池，前后由西廊相连。现存大小照壁、门厅、享堂。二厅、三厅被拆。享堂面阔五间 23 米，进深九檩 13.3 米，高 8.3 米，硬山顶、小瓦屋面，空斗墙，明、次间为抬梁式。

李鸿章（1823—1901），号少荃，安徽合肥人，清末大臣，洋务派首领。咸丰三年（1853）在家组织团练抵抗太平军，且按湘军编制，在团练基础上建立了一支淮军，曾为曾国藩幕僚。此后，同戈登的常胜军夺取苏州、常州，升任江苏巡抚。同治四年（1865）任两江总督。同治九年（1870）继曾国藩任直隶总督兼北洋大臣，掌握了外交、军政大权，开始大办洋务，创建北洋舰队。李鸿章卒于光绪二十七年（1901）九月二十七日。光绪帝奉慈禧太后之命下诏书，在安徽、浙江、江苏、上海、江宁、天津各处建祠以祀。此祠便为江宁府奉诏而建。民国时期曾为军医署。中华人民共和国成立后，先后为南京军区后勤部护士学校、卫生学校、干部训练大队、工程总队使用，毁建颇多。现祠中尚有御碑一通，原立于院中，宽约 1 米，高约 4 米。现碑座、碑身、碑额分置三处，碑身断裂，碑文残缺，其内容为清德宗奉慈禧皇太后之命下的诏书。

李鸿章祠堂为清朝时期祠堂建筑，是南京地区同类建筑代表作。

砖雕牌楼
Bride-sculpture Archway

曾公祠
Zenggong Memorial Hall

- 位置：九条巷 8 号
- 年代：清
- 级别：市级

俯瞰祠堂建筑
Bird's-eye View of Building of the Memorial Hall

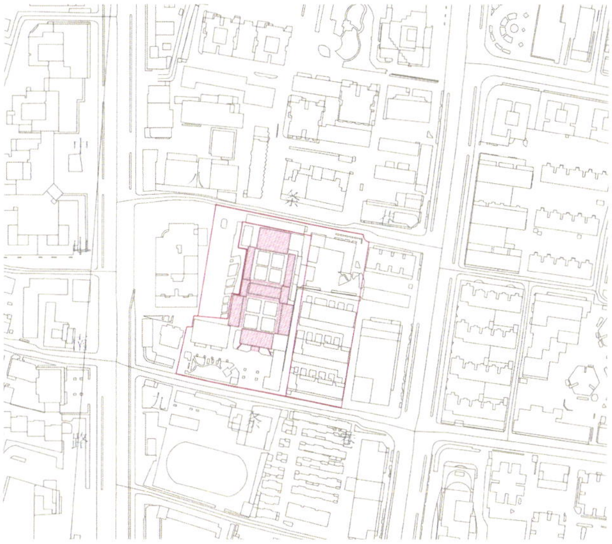

曾公祠为市级文物保护单位。曾国荃（1824—1890），湖南湘乡人，字沅甫，贡生出身。1864 年 7 月率部攻陷天京。1866 年调湖北巡抚。1875 年后又历任陕西、山西巡抚，署两广总督。1884 年任两江总督兼通商事务大臣。1890 年卒于两江总督任，清廷下诏，谥忠襄，建专祠奉祀。

曾公祠建于清光绪十七年（1891），整个建筑坐北朝南，共三进两厢，长 99 米，宽 51 米，占地面积 5 049 平方米。第一进面阔五间 24.2 米，进深四檩 10.3 米，前墙为一座高十余米“八”字形雕花砖砌的牌楼，“山”形脊顶，筒瓦覆盖，檐口下为砖雕斗拱，工艺精绝。第一进之后，院之东西各为五间偏厅。第二进面阔五间，为正厅。第三进为大殿，面阔五间 22.5 米，进深九檩 14.5 米，硬山斗墙，小瓦屋面。牌楼前有一水泥平台，为民国增建之物。

1927 年，国民政府蒙藏委员会设在此处。1952 年前是南京市立师范学校校址，1953 年二十三中由南捕厅迁此，现为钟英中学。曾公祠为清朝时期祠堂建筑，是南京地区同类建筑代表作之一。

曾国葆祠堂
Zeng Guobao Memorial Hall

- 位置：荷花塘 12 号、孝顺里 20 号
- 年代：市级
- 级别：清

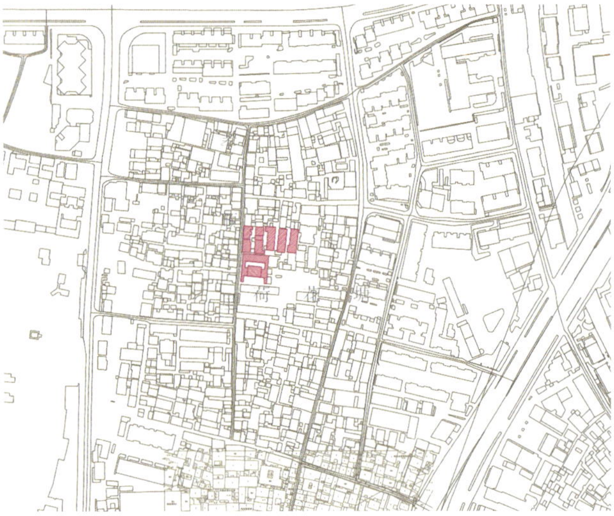

曾国葆祠堂为市级文物保护单位。第三次文物普查称其为“曾静毅故居”。

曾静毅是曾国藩五弟。曾国葆，字季洪，易名贞干，字事恒，封静毅公，在曾国藩攻打太平军的湘军中任职效力，其后人在城南置业，建造房舍祠堂，此处院落就是曾国葆的儿子曾广泰所建，是供奉曾国藩的五弟曾国葆的祠堂。曾静毅公祠，已收入《江苏省第三次文物普查新发现》一书。

现存大厅一进，三开间 19.2 米，坐北朝南，硬山顶，砖木结构。房屋七檩，进深 9 米，抬梁式结构，大厅高 7.7 米，屋梁用料粗大，四排 12 根粗大的木立柱支撑房顶，前厅船篷轩，梁上木雕保存完好。现存的二楼跑马楼为砖木结构，原为曾静毅后人来宁暂住地。通面阔五间 25 米，通进深 18 米，平面呈“凹”形。

这是一处晚清官员的祠堂遗构，是研究晚清南京地区祠堂建筑的实物例证之一。

天后宫
Tianhou Palace

- 位置：升州路 488 号
- 年代：清
- 级别：市级

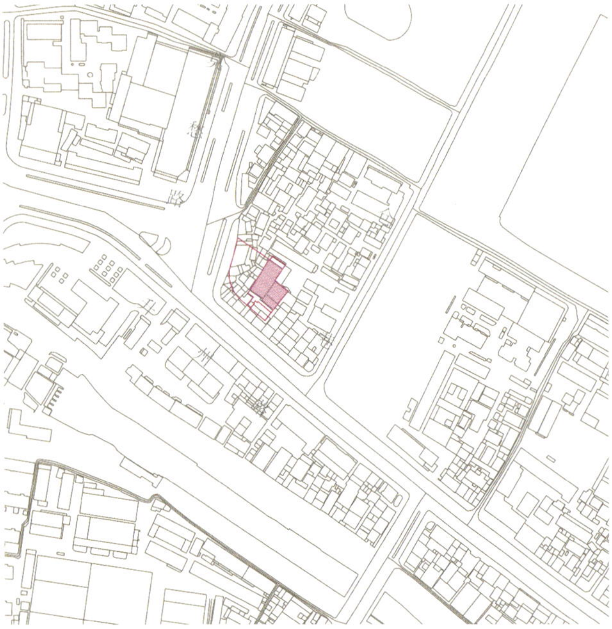

天后宫门楼
Archway of Tianhou Palace

天后宫为市级文物保护单位，又称福建会馆或全闽会馆，由清代仕商蔡长云等人捐建，是当时福建省工商业者群聚之所。2007 年修复。

现仅存大殿、配殿、厢房，建筑面积 500 平方米。在大殿北墙上有石碑一通，为清代乾隆年间所立。因 1985 年前为腌腊加工厂的腊肉仓库，碑长期受盐渍侵蚀，碑文模糊，依稀可辨“乾隆戊寅二十三年”字迹。大殿西南角房内有石碑两通，一通系清乾隆戊寅年立，“兹羊皮巷老会馆已拆迁水西门内”。另一通是嘉庆十七年（1812）立，内容是从羊皮巷拆迁及建立天后宫的情形，石碑上刻有皇帝赐封“敕封天后宫圣母宫地府江水西门内系福建仕商捐建”的碑文。

天后宫是研究南京地区会馆建筑的重建实例之一。

财神殿
Caishen Hall

天后宫大殿
Main Hall of Tianhou Palace

庭院
Yard

草桥清真寺
The Caoqiao Mosque

- 位置：甘雨巷 26 号、28 号
- 年代：清
- 级别：市级

草桥清真寺（原太平路清真寺）为市级文物保护单位，始建于明代，原称花牌楼清真寺，是南京最早的清真寺之一。

旧址在今太平南路 256 号左面后进，清咸丰年间毁于战火。清同治年间重建，再毁。民国十三年，由回族富商蒋彬、蒋国榜兄弟捐资移建于太平南路 296 号及 298 号。“文化大革命”中被占用，1980 年修复。太平路清真寺占地面积 1 272.1 平方米，建筑面积 880 平方米。全寺分南北两个部分。南面前后三进，第一进门楼于 1931 年拓宽太平路时被拆除；第二进为大厅，前后有廊；第三进为大殿，通面阔 16.5 米，进深 13.5 米，高 9 米，歇山顶，小瓦屋面，穿斗架梁，梁柱有云纹雕刻，为穆斯林礼拜之处。2006 年迁至甘雨巷 26 号、28 号，现寺占地面积 4 500 平方米，建筑面积 880 平方米，前后仍为三进，其建筑结构布局同太平路清真寺。

该寺是研究南京清真寺的实物例证之一。

门楼
Archway

大殿内景
Interior of the Hall

光宅寺
Guangzhai Temple

- 位置：江宁路西侧老虎头 44 号
- 年代：南朝梁
- 级别：市级

光宅寺入口
The Entrance of Guangzhai Temple

光宅寺为市级文物保护单位。始建于南朝梁天监七年（508 年），原为梁武帝萧衍故宅，故又名萧帝寺。萧衍称帝后，即舍宅为寺，名光宅寺。当时寺内供奉有僧祐所造高一丈八尺的无量寿佛像，帝诏镌金像花趺，且命周兴嗣、陆倕等文人各制寺碑以记之。寺内有井，称“郗氏窟”。相传帝后郗氏善妒，美丽任性，因亵渎圣僧宝志大师，遭帝当众训斥，羞愤投井自尽，化为蟒蛇，托梦于帝。帝为之悔悼不已，遂册封郗氏为龙天女。寺之所在地，至今民间仍呼为“蟒蛇仓”或“回龙里”。隋唐后，寺庙日渐荒废。南唐保大年间仅存地数亩，更名法光寺。北宋时寺僧募资重修，正殿依岩而筑，塑佛像十六尊，改称鹿苑寺。元代著名书画家赵孟頫及管仲姬曾在寺内画观音大士像，将之刻石成像。明代永乐（1403—1424）年间，西域回光大师以修建大报恩寺的余款重修此寺，更名回光寺。据《金陵梵刹志》记述：当时寺庙基址广达五十丈，寺内建筑有山门一座，金刚殿一间，正殿三间；右侧有关圣殿三间，大悲殿五间，天妃殿一间，玄帝殿三间，地藏殿三间；左侧有五显殿三间，观音殿三间；另有伽蓝殿一间，祖师殿一间，藏经阁三间，禅堂六间及僧院四房。明神宗万历元年（1573）重修，并立碑记事。此后几经战乱，名寺复成废墟。清代乾隆四十六年（1781），一游方和尚偶然在废墟中掘得一尊石观音像，即募资重建寺庙，以石观音寺为名。至清咸丰年间毁于兵火，同治以后有所修复，且香火不断。“文化大革命”时期，摩崖石刻观音头部被毁，香火消失。现存正殿一座，三开间一厅。寺内仅有一尊孤立的石观音像，置于一口深井之畔。该寺是研究南京地区寺庙文化的实物例证之一。

瓦官寺遗址
Ruins of Waguan Temple

- 位置：凤台山花露岗
- 年代：东晋
- 级别：未定级

山门
The Main Door

《建康实录》记载："晋哀帝兴宁二年（364），诏移陶官于淮水北，遂以南岸窑处之地，施僧慧力造瓦官寺。"当时此地前瞰大江，后倚崇冈，登眺最胜，是六朝时著名的寺庙。南朝瓦官寺号称有三绝：即顾恺之的维摩诘居士像壁画、戴逵（安道）铸造的五尊铜像和师子国赠送的白玉佛像。该寺在南朝期间佛事非常兴旺，有僧众上千，寺院规模得以不断拓展，以瓦官寺为依托的定期庙市在江东一带享有盛名。至梁朝，增建瓦官阁。天台宗创始人智顗法师居此，创立天台教观之说，后人又以瓦官寺为天台宗发祥地。《金陵世纪》记载："瓦官寺后有三井，汲一井则二井俱沸，因名其地为三井岗。"

隋灭陈，瓦官阁毁于兵燹，瓦官寺犹存。"唐时复于故处建阁，自是寺阁俱存"。该寺在唐代几经整修，至唐末南吴顺义年中，改寺为吴兴寺，阁为吴兴阁。南唐升元二年（938）六月，改寺为升元寺，阁为升元阁。宋开宝八年（975）十一月，宋军克金陵、灭南唐，瓦官阁复毁于兵燹。宋太平兴国五年（980），重建为崇胜戒坛院，每度僧于此受戒。元末毁于兵燹。明初寺址半为魏国公园，半入骁骑仓。明万历十九年（1591），僧募赎其隙地，建丛桂庵，后改称"凤游寺"，在凤游寺南尚有集庆庵等寺庙小筑，均处于瓦官寺遗址。明清时期，该地的寺庙构筑已失去以往的壮观气势。清初诗人邢日方赋有《瓦官寺》："南朝当日瓦官寺，每到山门感废兴。骁骑仓边寻古井，夕阳重话白头僧。"民国二十六年（1937），侵华日军侵占南京，凤游寺等寺庙被毁。1990年，僧人复在遗址续香火，即今金粟庵，是城南唯一拜佛敬香的去处。1997年，仓顶尚存南京市规格最大的一口古井，相传为瓦官寺遗物。南京博物院现存一对南唐石烛擎，出土于市第四十三中学，为瓦官寺遗物。寺内一铜钟保存在南京市博物馆。

该遗址为了解南京地区第一寺庙提供了一些实物例证。

庭院
Yard

鹭峰寺
Jiufeng Temple

- 位置：白鹭洲公园内
- 年代：明
- 级别：市级

鹭峰寺为市级文物保护单位。明天顺五年（1461），宦官进保（又名祖定）择其地创建寺庙，英宗朱祁镇书赐其额“鹭峰寺”。寺基址 6 700 平方米，另有公产地 3 800 平方米。寺面南，进山门即金刚殿三间，其东西各有钟、鼓楼。进而为天王殿三间，东有伽蓝殿三间、祖师殿三间，西以画廊接轮藏殿三间，僧房九间。明礼部尚书邹干撰写《鹭峰寺碑记略》。寺后有水池，传为唐颜真卿放生池，有《鱼极乐国碑》，明礼部祭司郎中葛寅亮撰写《复颜鲁公放生碑》，这些碑刻现已不存。清中叶，鹭峰寺失修近颓圮。乾隆六十年（1795），达宗法师云游金陵，任鹭峰寺住持，经十余年努力，寺院恢复如初。嘉庆年间，明彻和尚嗜花，于寺中砌筑花坛栽植牡丹、芍药，为金陵一绝。道光年间，曾改寺为老民堂，当时正殿因年久失修行将圮废。道光十五年（1835），乡绅甘静斋、冯耀先捐资修葺，并在殿前台基上围以石栏，极为坚固。太仆蔡友石撰记，学使祁春浦书碑。民国初，火灾焚毁殿堂大半。民国二十五年（1936），修建市内小火车铁路，路基从此穿过，鹭峰寺仅存东侧一小部分。至中华人民共和国成立前夕，殿堂只剩破屋数椽，此景况一直维持到 1966 年。“文化大革命”开始后，寺内佛教设施悉数被毁，仅剩两进破屋，一断首石趺，破屋被第五毛纺厂改作职工宿舍。现存房屋二进，第一进面阔 10 米，进深 5 米，第二进面阔五间 12 米，进深九檩 10.3 米，高 5.8 米，硬山顶。

鹭峰寺是南京地区古代寺庙遗存之一，是研究该地区寺庙建筑和佛教文化的实物例证之一。

大雄宝殿
Mahavira Hall

山门
The Main Door

三藏殿
Sanzang Hall

位置：清洁村 43 号
年代：明
级别：市级

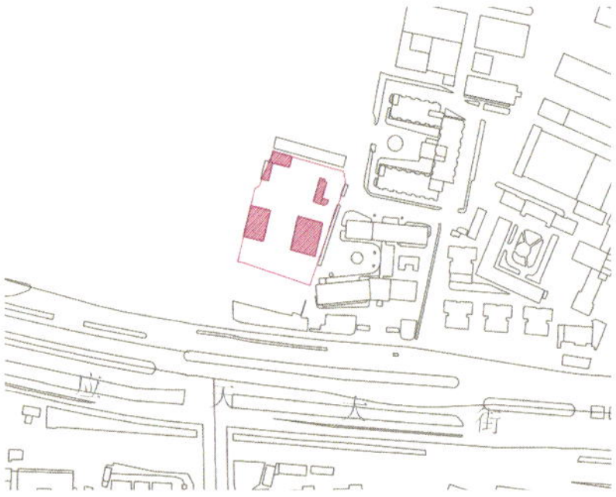

三藏殿为市级文物保护单位。原为报恩寺之别院，祀三藏法师。现存两进，前殿即三藏殿，面阔五间 19.8 米，进深十三檩 15.5 米，后殿面阔五间 18 米，进深九檩 12.7 米，硬山顶。建筑分布面积 891 平方米。殿后有方塔，塔中藏有唐玄奘法师舍利。北宋天禧寺的和尚可政，从陕西紫阁寺得玄奘顶骨，迁葬于此。后塔毁于战火，三藏殿遗址尚存。三藏殿是大报恩寺内的重要遗存，是研究大报恩寺的实物例证。

水草庵
Shuicao Buddhist Nunnery

位置：象房村 4 号
年代：明
级别：未定级

庵门
Door of the Nunnery

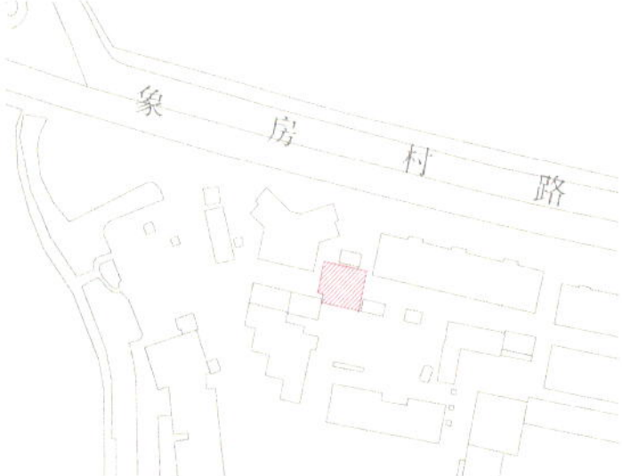

据文献资料记载，水草庵初建于明万历年间。中华人民共和国成立初水草庵尚有三进坐北朝南房屋：第一进为天王殿，第二进为大雄宝殿，第三进为三圣殿（即念佛堂），两侧尚有东西厢房，计 13 间，占地面积约 2 000 平方米。1980 年代在象房西村建造住宅区，水草庵原有建筑全部被拆。一年后在原址一座新建高楼前重建三间小瓦平房作为尼庵，门朝西，开在西侧墙上，由一条窄道通至临街外门，外门额有“水草庵”三字。三间屋内供如来、地藏、观音、弥勒等 14 尊佛像，十分拥挤。旧有泥塑观音一尊，重加修整，据说已有 200 多年历史。

小王府巷清真寺
The Mosque at Xiaowangfu Lane

位置：小王府巷 5 号
年代：清
级别：未定级

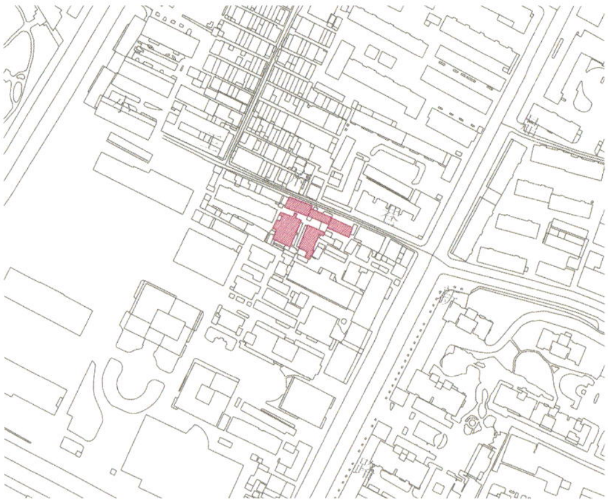

小王府巷清真寺建于清同治年间，原为邢氏绿园旧址，后为太平天国翼王府的一部分。坐南朝北，全部建筑占地面积 444 平方米，青砖青瓦，木质门窗。今存两殿，坐西朝东者为礼拜大殿。面阔三间 17.2 米，进深九檩 11.9 米，高 8.5 米，硬山顶，小瓦屋面。大殿木阳刻米哈拉布真主尊名及其古兰经文部分残件存净觉寺。另一殿长 15 米，宽 10 米。门厅长 25 米，宽 4 米，石门框，门外有 1 对抱鼓石。门首阴刻镏金隶书礼拜寺，砖刻依存徽派砖雕配饰。

同治十三年（1874），建寺，信众以安徽、山东籍人士居多。辛亥后建小板巷寺，后乡老则以本市人居多。建寺十年后开义学教授海力法，首任尤光裕经师，继后刘金璜、方竹如、郑积恩等阿訇教学。1917 年停办。1958 年被南京第七木器厂占用。

砖雕门楼
Bride-sculpture Archway

花露南岗尼姑庵
Buddhist Nunnery of Hualu'nan'gang

位置：花露南岗 18 号
年代：清
级别：未定级

花露南岗尼姑庵为清代建筑。原为一座尼姑庵，现存房屋二进，为砖木结构平房，硬山顶。通面阔三间 12 米，通进深 20 米，占地面积 240 平方米。第一进与第二进中间为天井，两侧为厢房。

三圣庵
Sansheng Buddist Nunnery

位置：花露岗 48 号
年代：清
级别：未定级

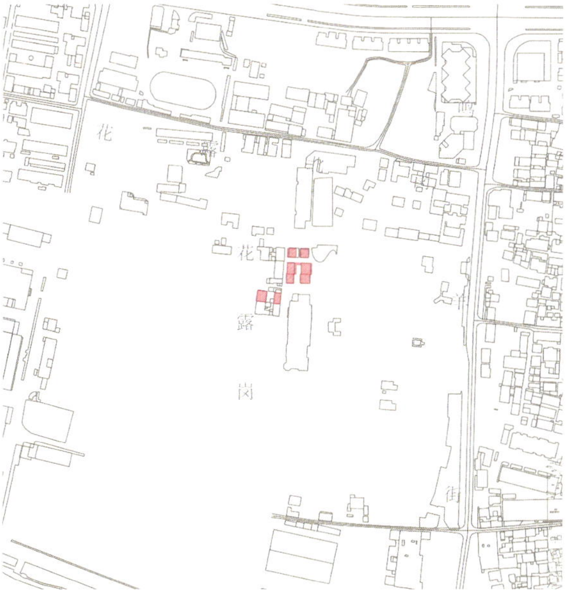

三圣庵原为胡家花园内建筑。其坐东朝西，为二进平房，硬山顶、砖木结构。面阔三间，每进七檩，通面阔 10.5 米，通进深 22 米，占地面积 231 平方米。天井北侧有厢房，第二进后院内有古井一口。井栏圆形，为青石质，内径 42 厘米，外径 57 厘米，高 46 厘米。花露岗位于中华门内西南隅，古称凤凰山、仓山、花露岗等。东与胡家花园毗邻，西南侧与明城墙相近。早年其地势高呈“工”字形布局。中华人民共和国成立后随着这里人口的不断增多而划分成花露岗、花露南岗和花露北岗。从魏晋以来，这里逐渐建有别墅、亭台楼阁以及众多寺庙，到了明代已成为达官贵人的聚居区和游览胜地。仅近现代花露岗庵堂款院就有四座之多，分别为慧月居、神州庵、三圣庵、妙悟庵。近代著名高僧原中国佛协名誉会长应慈法师于 1898 年在三圣庵出家。

外门
Exterior Gate

庭院内景
Interior of the Yard

明城墙（含聚宝门）

南唐城墙遗址

明外郭城墙（沧波门遗址）

明外郭城墙（上坊门遗址）

Ming Dynasty City Wall (including Jubao Gate)

The Relics of Southern Tang Dynasty City Wall

Ming Outer City Wall (Relics of Cangbo Gate)

Ming Outer City Wall (Relics of Shangfang Gate)

城垣门关

City Gates and City Walls

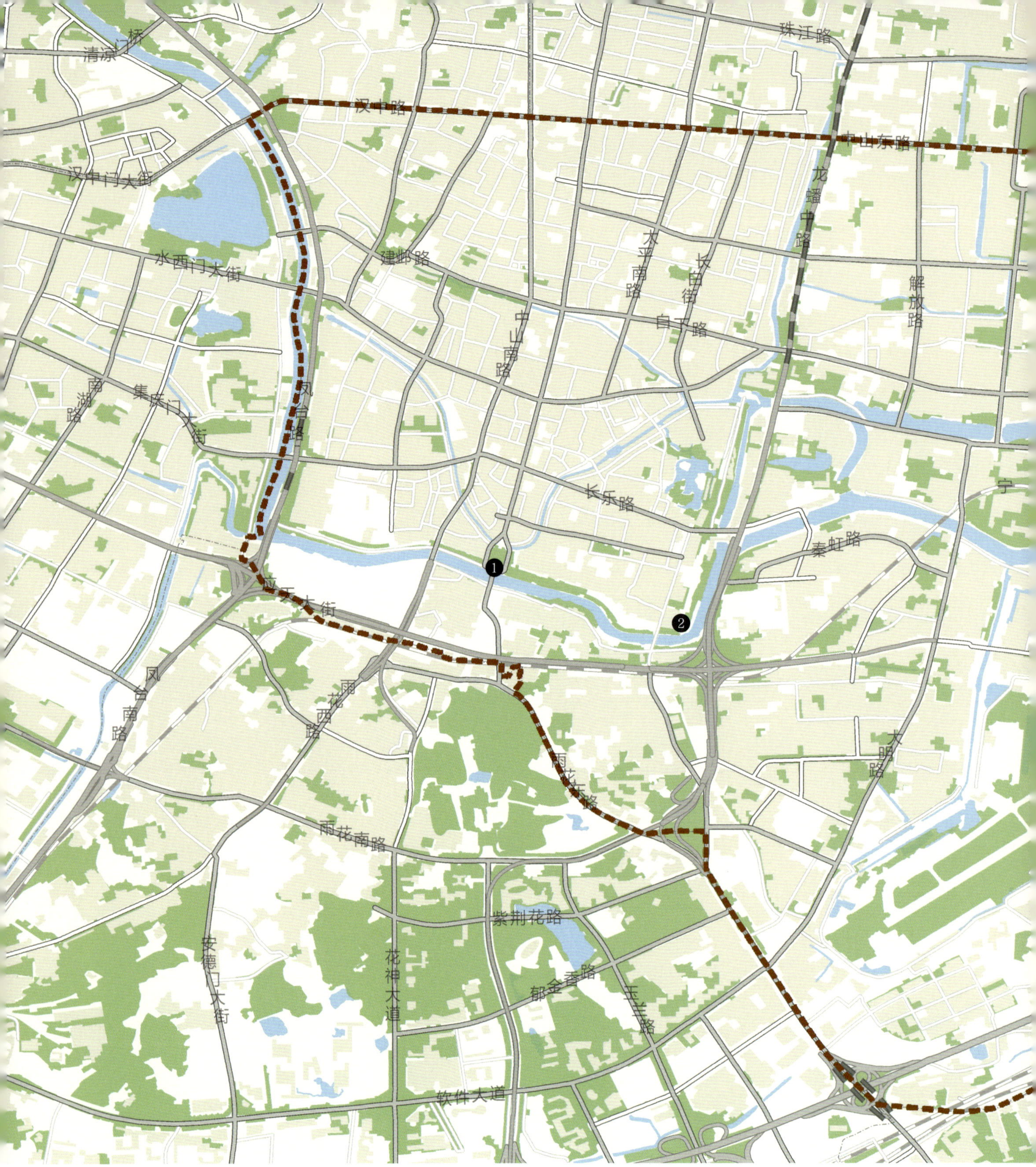

❶ 明城墙（含聚宝门）
Ming Dynasty City Wall (including Jubao Gate)

❷ 南唐城墙遗址
The Relics of Southern Tang Dynasty City Wall

❸ 明外郭城墙（沧波门遗址）
Ming Outer City Wall (Relics of Cangbo Gate)

❹ 明外郭城墙（上坊门遗址）
Ming Outer City Wall (Relics of Shangfang Gate)

高速公路连接线
沪宁高速公路连接线
中山门大街
后标营路
苜蓿园大街
光华路
路
石杨路
绕城公路
京沪高速铁路
运粮河
京沪高速铁路
宁杭高速公路
宁杭城际铁路
润麒路
东麒路
3
4

俯瞰聚宝门
Bird's-eye View of the Jubao Gate

明城墙（含聚宝门）
Ming Dynasty City Wall (including Jubao Gate)

- 位置：长干桥北
- 年代：明
- 级别：国家级

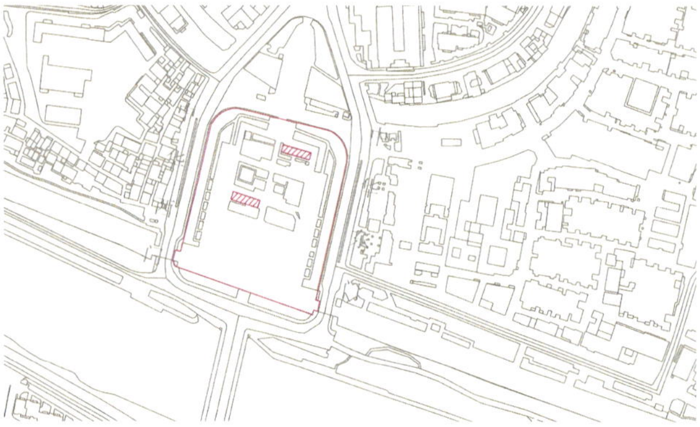

聚宝门为国家级重点文物保护单位，位于镇淮桥南岸，因面对聚宝山（今雨花台），故称聚宝门。南唐时是都城的南大门，南宋扩建，明初在南唐南门的基础上重建，民国时期改称中华门。中华门坐北朝南，北偏西 9 度。此门南接长干桥，以 120 米宽的外秦淮河（杨吴城濠）为护城河；北对镇淮桥，以 28 米宽的内秦淮为内堑。整个城堡东西长 128 米，南北深 129 米，占地面积 16 512 平方米。由 3 道瓮城、4 道城门、27 个藏兵洞、2 条登城马道和 1 条坡道组成。相传可藏兵 3 000 人。明代以后，城楼屡经损毁，清末所建城楼于 1937 年日军侵占南京时，被日军炮火摧毁。它是古都南京明代城墙的重要组成部分，也是研究明代南京城的重要实物例证之一。

明城墙为国家级重点文物保护单位。秦淮东段全长 6 792 米，其中基本完好者 2 383 米，遗迹 75 米，遗址 4 334 米。1997 年 10 月至 1998 年 3 月，现存城墙中山门至后标营段维修加固；2003 年中山门段城墙加固；2005 年月牙湖公园后标营段城墙进行维修。该城墙外侧平均高约 15 米，城顶宽 3~6 米。南京明城墙建于元至正二十六年（1366），完成于洪武二十六年（1393），全长 35.267 千米。1988 年被公布为全国重点文物保护单位，是明代南京城墙的重要组成部分，为研究南京明代古都提供实物例证。

远眺中华门东门
Overlooking of the Eastern Gate of Zhonghua Gate

中山门
Zhongshan Gate

标营门
Biaoying Gate

远眺月牙湖畔的明城墙
Overlooking of Ming Dynasty City Wall Beside the Yueya Lake

明城墙城垛
Battlement of Ming Dynasty City Wall

登城坡道
Rampway to the top of City Wall

朱雀雕塑
Statue of Zhuque

远眺明城墙
Overlooking of Ming Dynasty City Wall

陈列展厅内景
Interior of Exhibition Hall

南唐城墙遗址
The Relics of Southern Tang Dynasty City Wall

- 位置：江宁路西侧
- 年代：南唐
- 级别：市级

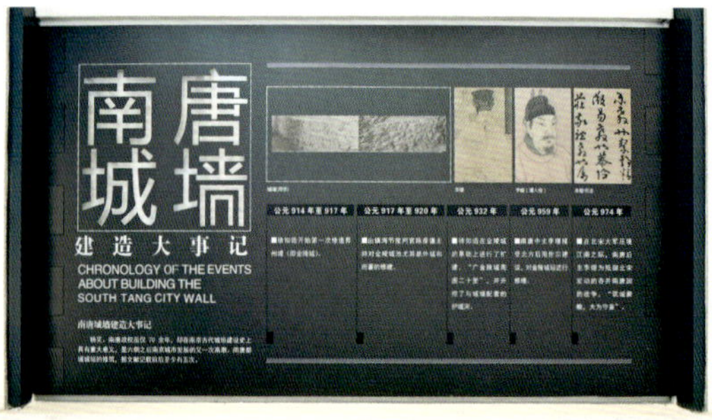

陈列馆展板
Display Board of Exhibition Hall

据清《同治上江南县志》记载，南唐建都金陵府，后改称江宁府。于杨吴天祐十一年（914）建城，前依雨花台，后枕鸡笼山，东望钟山，西带石头城，呈方形，城周二十五里四十步（约14千米），开陆门5座：东门、南门（中华门）、西门（今石城门）、北门和龙光门。水门3座，即上水门、下水门和栅寨门。城中为子城（即宫城），虹桥（今内桥）正对宫城南门。宋代江宁府城、建康府城及元集庆路城皆因南唐都城之旧。明初兴建南京城，对南唐旧都未有大改，城西、南两面就其城垣加高增厚，更作城门；向东、北两面扩城而拆除旧有城垣。在武定门和中华门之间的明城墙内侧，还有多处南唐城墙遗址的存在。这些遗址由青灰色的长方形砖每两层交缝平铺而成。测量后发现，每块青砖长36.5厘米，宽19厘米，厚5.6厘米，而明初制作城砖的基本规格为长40厘米，宽20厘米，厚10厘米，显然南唐城墙城砖和明城墙城砖尺寸大小明显不同。南唐在砌筑砖石的过程中，每层皆错缝平铺，砖缝抹以黄泥砂浆；而明初在砌筑明城墙过程中，砖石之间采用石灰、桐油、糯米（或秫米）汁调和成夹浆并勾缝，区别十分明显。遗址目前保存完好。由此可见，当年修筑明城墙时，利用原有存在的南唐城墙遗物，并在它的基础上加宽。其中一处南唐城墙遗址位于武定门至雨花门之间明城墙东南转角内侧土岗上，这处长方形的实心砖砌台基东西残长15.85米，南北残宽7.61米，残高1.6米，内外均用长方形青灰大砖构筑，上下共计21层，每层皆错缝平铺，砖缝抹以黄泥砂浆。从其形制及构筑特征看，应为一处大型建筑台基。此遗址是研究南京城区古代南唐都城的重要实物例证之一。

明外郭城墙（沧波门遗址）
Ming Outer City Wall (Relics of Cangbo Gate)

- 位置：万达紫金明珠小区、牌楼村、蒋家街之间的道路所在地
- 年代：明
- 级别：区级

明外郭城墙（沧波门遗址）为区级文物保护单位，现存约4.4千米。外郭，又称外城、罗城、郭垣，为明代南京四重城垣由里向外的第四道城垣，是朱元璋营建南京城墙最后一道城垣。外郭的建造，是对原有南京三重城垣的补充和完善。洪武二十三年（1390）四月庚子，为加强南京城防，开始补建外郭。于洪武二十四年二月甲子，建成外郭城门，郭垣亦初显其廓。外郭利用丘陵岗阜的有利地势和人工建造，墙体以土墙为主。清末，由于疏于修葺，外郭渐为荒芜。民国政府定都南京后，以外郭遗存作为公路基础，因筑路关系，外郭城门渐次拆毁。此遗址是研究明代南京城外郭的实物例证之一。

明外郭城墙（上坊门遗址）
Ming Outer City Wall (Relics of Shangfang Gate)

- 位置：广洋社区
- 年代：明
- 级别：区级

明外郭城墙（上坊门遗址），位于燕西线秦淮河畔，城门因附近上坊镇而得名，附近筑有上坊桥。

上坊门，明代称上方门，始建于明洪武二十三年（1390），为南京明城墙外郭城的十八座城门之一，是为弥补和加强南京明城墙京城的防卫，在城门等防守的薄弱地段加筑而建。城垣本体以丘陵、垒土为主，城高大概在8~10米，城墙上则宽6~8米。清末民国时期，上坊门逐渐衰败，地表城门现已不存，仅存地下遗址，地名沿用至今。

上坊门外郭遗址
Site of Outer City Wall of Shangfang Gate

瞻园
金沙井太平天国建筑
天朝总圣库、英王府遗址
原天山协会旧址
原国民政府财政部旧址
原国民政府宪兵司令部旧址
原首都电话局旧址
原国民政府国史馆旧址
原国民政府军事委员会调查统计局旧址
上元县署旧址（白下路清代建筑）

Zhan Garden
The Building of the Taiping Heavenly Kingdom at Jinshajing
The Site of the National Treasury of Taiping Heavenly Kingdom , the Site of Prince Ying's Mansion
The Site of Former Tianshan Association
The Site of the Former Treasury Department of National Government
The Site of the Former Provost Marshal Department of National Government
The Site of the Former Capital Telephone Office
The Site of the Former National Historiographic Institute of the National Government
The Site of the Former National Military Statistics Bureau
The Site of Shangyuan County Government

宫殿府邸

Palaces and Mansions

❶ 瞻园

Zhan Garden

❷ 金沙井太平天国建筑

The Building of the Taiping Heavenly Kingdom at Jinshajing

❸ 天朝总圣库、英王府遗址

The Site of the National Treasury of Taiping Heavenly Kingdom , the Site of Prince Ying's Mansion

❹ 上元县署旧址（白下路清代建筑）

The Site of Shangyuan County Government

❺ 原国民政府财政部旧址

The Site of the Former Treasury Department of National Government

❻ 原国民政府宪兵司令部旧址

The Site of the Former Provost Marshal Department of National Government

❼ 原天山协会旧址

The Site of Former Tianshan Association

❽ 原国民政府军事委员会调查统计局旧址

The Site of the Former National Military Statistics Bureau

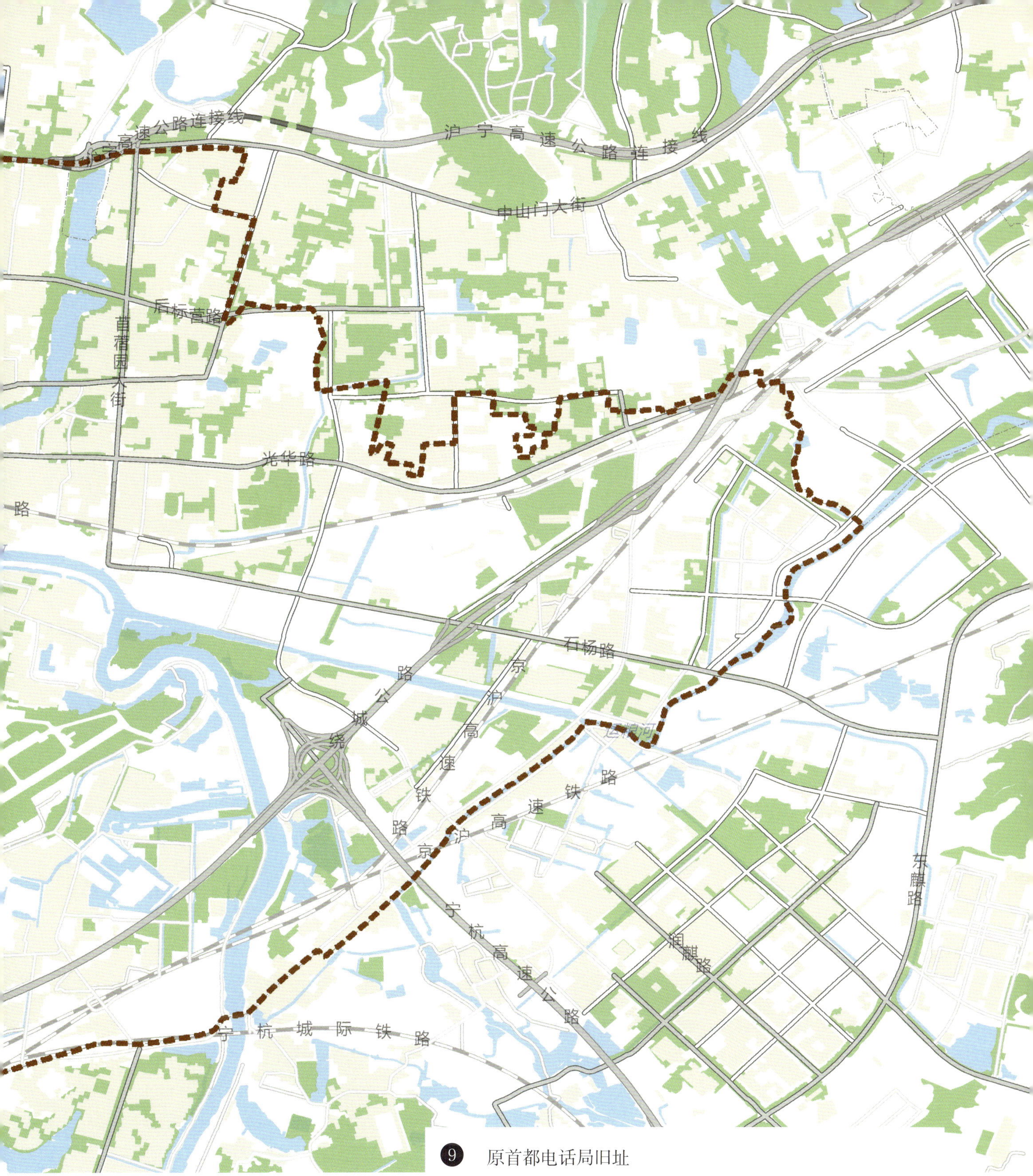

❾ 原首都电话局旧址

The Site of the Former Capital Telephone Office

❿ 原国民政府国史馆旧址

The Site of the Former National Historiographic Institute of the National Government

瞻园
Zhan Garden

- 位置：瞻园路 128 号、130 号、132 号
- 年代：明
- 级别：国家级

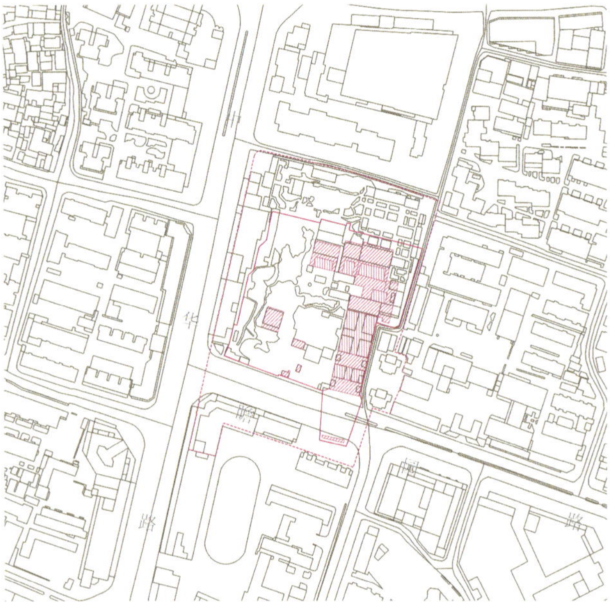

瞻园建于明嘉靖初年，系明中山王徐达府邸一部分，东宅西园。清代曾为江宁布政使衙署。乾隆驻跸此园时题“瞻园”匾。太平天国时期东王杨秀清住此，后改为西王府，咸丰间遭破坏，同治、光绪间曾修，民国年间曾是江苏省长公署。太平天国时，瞻园先后为东王杨秀清府、夏官副丞相赖汉英衙署和幼西王萧友和府。清同治三年 (1864)，清军夺取天京，该园毁于兵燹。同治四年 (1865)、光绪二十九年 (1903)，瞻园两度重修，但已非原园景况。民国时，江苏省长公署等政府机关曾设园内。瞻园历经侵削，范围日狭，花木凋零，峰石徙散，虽曾几度修葺，均不能制其圮落。1958 年，中共南京市委书记彭冲指示重修瞻园。同年修缮工作开始，一期工程为修建瞻园西部。1985 年二期工程开始，1987 年竣工。共增园林面积近 4 000 平方米，修建楼台亭阁 13 间，建筑面积 2 882 平方米。2009 年 5 月，瞻园北扩工程竣工，该工程 2007 年开始拆迁，2008 年开始建设，工程面积 7 800 多平方米，占瞻园现有面积的三分之一。此次扩建主要是根据清代袁江所

假山石
Rockery

碑刻
Inscription

陈列展厅内景
Interior of Exhibition Hall

岁寒亭
Suihan Pavilion

明志楼
Mingzhi Hall

北园水榭
Waterside Pavilion of Bei Yuan

画的《瞻园图》为蓝本。

现园坐北朝南，占地面积1.56万平方米，建筑面积4 260平方米，水面面积855平方米。东部有建筑六进，其中大厅面阔五间22.4米、进深11.7米，硬山顶。西部园林由南北假山、水池、静妙堂、玉兰院、海棠院、桂花院、回廊、草坪等组成。北假山为明、清王府遗物，凹凸曲折、高低错落、堪称江南古典园林石矶之上品，南假山为刘敦桢遗作，以绝壁瀑布、群峰跌宕、气势磅礴而著名。“瞻园”匾今仍存。还有清江宁布政使石阡成书《瞻园雅集记》等碑刻7方。瞻园包括江宁布政使衙署建筑、静妙堂、北假山、南假山、“籁爽风清”堂、花篮厅、“一览阁”、碑刻4块、古树名木二株等。建筑主体梁架结构保存完好，门窗、屋面、墙面、地面均已修旧如旧、修缮一新。碑刻保存较好。瞻园是南京硕果仅存的明代园林，亦是国内夙负盛名的古典园林，园内保存刘敦桢先生的假山杰作，成为国内仅有的古今杰作交相辉映的优秀园林，也是研究晚清官邸和民国衙署的重要实物例证之一。

一览阁
Yilan Pavilion

回廊
Cloister

假山石
Rockery

回廊
Cloister

俯瞰水池
Bird's-eye View of the Pool

金沙井太平天国建筑
The Building of the Taiping Heavenly Kingdom at Jinshajing

- 位置：金沙井 34 号、36 号
- 年代：清
- 级别：省级

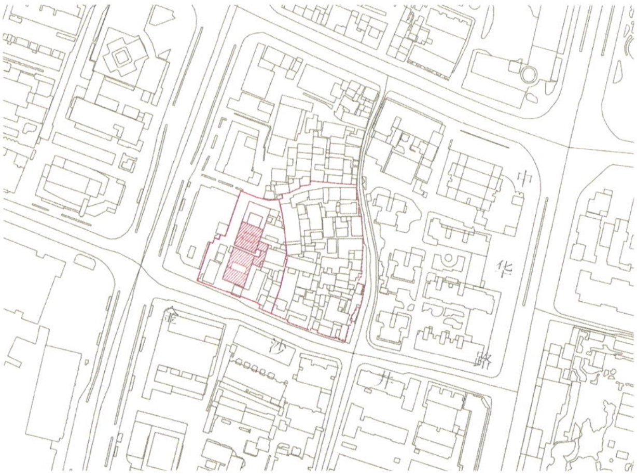

“崇善堂”石刻
Inscription of Chongshan Hall

金沙井太平天国建筑为省级文物保护单位。此处原为晚清著名历史地理学家汪士铎故居，太平天国时为干王府（干王洪仁玕及其六部官衙之一）。太平军占领南京时，被汪族人放火烧毁，后太平天国在废墟上重建官邸，传为干王洪仁玕六部官衙之一。太平军失败后，汪氏将其屋入官，改为城隍庙。后官府又将其一分为二，前两进改作向荣和张国梁的祠堂，计有门头三间，享殿三间，房屋两间，走廊二道。后面老屋三重作慈善机构“崇善堂”。抗战胜利后，这里一度改为私立崇善小学，并由秦良仪女士主持校务。中华人民共和国成立后，汪士铎故居几经改造，目前基本原貌仍保存完好。建筑坐北朝南，马头白墙，黑色小瓦，共为五进，前四进均为平房，最后一进为二层楼房，占地面积 1 156 平方米，建

系列石刻
Series of Inscription

筑面积923平方米，计有房60余间，为典型的太平天国时期风格建筑，是目前研究太平天国风格建筑的重要参照。现34号为秦淮区成人教育培训中心用房，36号则为中共秦淮区党校使用。

现存五进，第一、第二进属金沙井36号，第三、第四、第五进及东西附属建筑为34号。建筑坐北朝南，自南往北为大殿、二厅、三厅、四厅和后檐房，头门呈“凹”字形，即所谓“八字毫”，占地面积1 156平方米，建筑面积923平方米。每进均面阔三间17米，进深七架，最后一进为二层楼房。通进深68米。头门左右石柱呈八角形，柱上刻有：“三羊开泰”“眼前见喜”“蝠（福）在眼前”“丹凤朝阳”“雀（爵）鹿（禄）”“喜豹（报）”，以及山水花草、暗八仙等。大门右屋尚存中门，门联书“谋贻唐宰相、绪衍汉将军”。大厅三间，其大梁、月梁雕卷叶、檐头刻凤头龙身兽。后堂月梁刻花卉袱锦。二堂五间六架，大梁、月梁刻花。1987年11月，有关部门在对其进行重修时，在该宅发现太平天国时期石碑4通。二进门前的石鼓上尚留有镶刻于清同治十年（1871）的碑文；第四进则有清光绪元年（1875）立的石碑，碑面上还有梅启照题写的“崇善堂”三字。梁架保存完好，屋面已更改，墙面、门窗、地面多为后期物。现存的四块石碑字迹清晰，保存完好。在第二进门前石鼓两侧的墙壁上，嵌有同治年间石碑三方，上刻“同治十年（1871年）正月二十四日据兴善堂……”

抱鼓石
Drum-shaped Bearing Stone

系列石刻
Series of Inscription

天朝总圣库、英王府遗址
The Site of the National Treasury of Taiping Heavenly Kingdom , the Site of Prince Ying's Mansion

- 位置：升州路 416 号
- 年代：太平天国
- 级别：省级

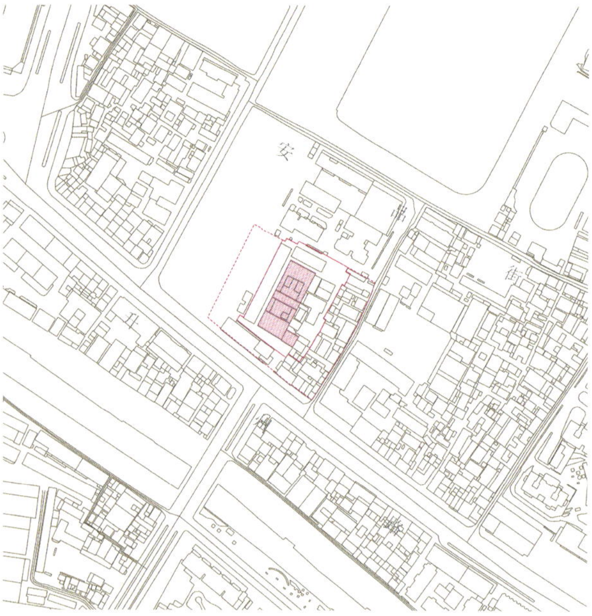

俯瞰屋脊
Bird's-eye View of the Roof

天朝总圣库、英王府遗址为省级文物保护单位。明朝初期为中山王徐达之别苑，又称西园，后为桐城吴中丞的花园。清朝乾隆时期为桐城富商姚友梅之宅园。天朝总圣库原在青溪里巷，清咸丰九年（1859）迁至现址。该遗址建于 1859 年，原来规模很大，南起升州路，北至安品街，东至登隆巷，西至仓巷。太平天国政权实行平均分配的“圣库”制度，该处作为天朝总圣库，储存金、银、绸缎等。太平天国后期为英王陈玉成之王府，太平天国失败后李鸿章将此处改为安徽会馆。1949 年以后其西部及北边为南京毛巾厂所改建，南部为南京药材公司所用。

现存建筑系清咸丰九年（1859）前后所建，均坐北朝南，可分为三组三路：东路仅存前厅、后厅；中路一组三进，第一进面阔为五开间 21.3 米，进深 11 檩 13.8 米，高 4 米；第二进面阔五开间 21.3 米，进深 11.4 米；第三进面阔五开间 21.3 米，进深 9.3 米。外墙总长 58.7 米。西右侧尚存楼房两进，平房 1 座。此处建筑为太平天国时期衙署建筑，壁画为南京发现的极为珍贵的太平天国时期彩绘壁画，是研究太平天国历史以及文化艺术发展状况的重要物证。

原天山协会旧址
The Site of Former Tianshan Association

- 位置：利济巷 30 号
- 年代：民国
- 级别：市级

原天山协会旧址为市级文物保护单位。其建于民国时期，天山协会与蒙藏委员会曾在此办公。建筑为一幢砖木结构的二层楼房，院落占地面积 480 平方米，建筑占地面积 282.1 平方米，通面阔五间 21.7 米，两层共 10 间，进深 13 米，高 14 米，青瓦屋面，水泥墙面，木质地板和门窗，为一座欧式风格建筑。门前左右各有一只 1 米多高的石狮，雕刻生动精致。

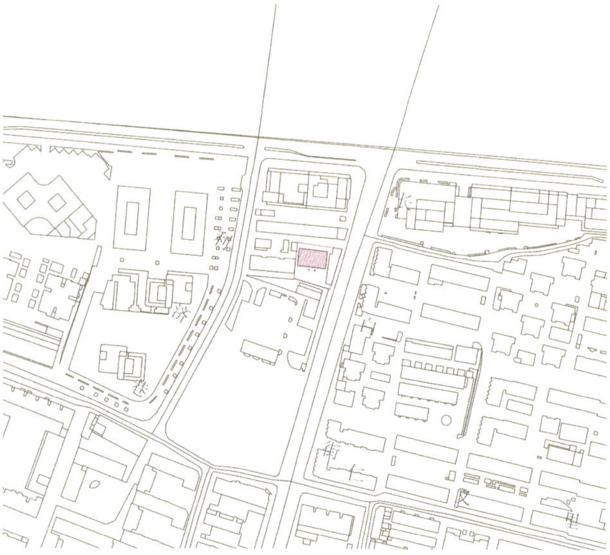

正立面
Facade

原国民政府财政部旧址

The Site of the Former Treasury Department of National Government

- 位置：中山东路 128 号
- 年代：民国
- 级别：市级

原国民政府财政部旧址为市级文物保护单位。现院内的 1、10、15、16、18、23、24、25、31、41 号 10 幢建筑皆为原国民政府财政部办公用房和职工宿舍。共 10 幢 425 间，办公楼面积达 2 363 平方米，建筑面积共计 10 268 平方米。31 号楼面积最大，为 2 363 平方米，系钢筋混凝土结构。11 号三层楼曾是财政部部长孔祥熙的寓所。11 号楼坡顶，砖木结构，门厅铺马赛克，正中有半圆凉台，下以圆柱支撑。此处原为清末两淮盐运使丁乃扬的私人住宅。1927 年北伐军攻克南京，南京成为首都，财政部设此，拆除旧屋，建造新楼。大门原向南，在铁汤池，1929 年辟中山东路，大门才改为北向。昔日铁汤池甚长，现仅剩洪武路至抄纸巷一段，长不足百米。该旧址为民国时期重要机构旧址，为研究民国时期政府机构情况提供了依据，有较高的文物保护价值。

旧址建筑侧面
Profile of the Site Building

别墅入口
Entrance of the Villa

原国民政府宪兵司令部旧址
The Site of the Former Provost Marshal Department of National Government

- 位置：瞻园路 126 号
- 年代：民国
- 级别：市级

瞻园路大门
The Main Gate of Zhanyuan Road

庭院
Yard

原国民政府宪兵司令部旧址为市级文物保护单位。大院及其附近地域原是明太祖吴王时的府邸。朱元璋称帝后，将此处赠与明开国功臣中山武宁王徐达。现大院就是当时府邸的一部分，为徐达处理政务工作的办公地点。清朝初年，此处为安徽布政使驻地，成为藩署，主管人事财政工作。太平天国时期，东王杨秀清和副丞相赖汉英的衙署先后设此。清末为两江衙署所在地。1912 年中华民国成立，始为江苏省官邸。1927 年后，为民国军队驻地，并先后为“戒严司令部”“首都卫戍司令部”和“宪兵司令部”。1938 年，此处改为“首都地方法院”。1945 年至中华人民共和国成立前夕，仍易为民国的“宪兵司令部”。中华人民共和国成立后，此处是南京警备司令部 306 团的驻地。后改为“装甲兵司令部后勤部瞻园路招待所”。1976 年，改为“第七机械工业部第 4 设计部”，1980 年，由“南京科技干部进修学院”更名为“航天部南京管理干部学院”，1986 年，又更名为“南京航天干部管理学院”。

该址原为明徐达西花园一部分，清为江安督粮道署，咸丰三年（1853）衙署毁于战火。同治八年（1869）重建，新造正署、花园、大小房屋 183 间，六角亭 1 座，半亭 2 座，前设工坊。另有宪兵司令部大门、门楼、礼堂；5 号、10 号、11 号 3 幢楼房，审讯室 5 间，地牢在 14 号楼下。整个建筑总面积约 1.74 万平方米。该旧址是研究南京地区明清官邸和民国政府衙署的实物例证之一。

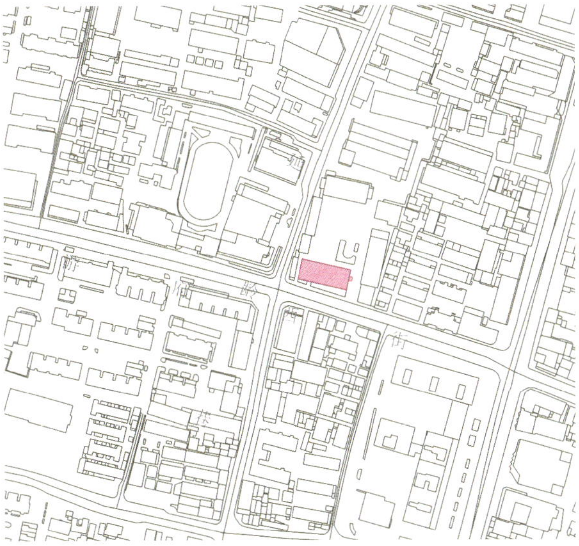

旧址建筑东侧
Eastern Side of the Site Building

楼梯铁艺
Stair of Wrought Iron Art

原首都电话局旧址
The Site of the Former Capital Telephone Office

- 位置：游府西街 8 号
- 年代：民国
- 级别：区级

原首都电话局旧址为区级文物保护单位，其大楼为四层西式风格的砖墙建筑，建于 1918 年，1920 年竣工。抗战前，这里是首都电话局的办公大楼，大楼内除了办公用房外，安装有供电式电话交换机和自动电话装置，是民国期间南京市的电话运转中心。抗日战争胜利后，南京电报局从太平南路迁到这里，与首都电话局合并为南京电信局。

电信局大楼坐北朝南，地上三层，半地下一层，坡屋顶，后加盖一层。电信局大楼北侧有一幢三层大楼，原为电报大楼。电信局大楼后西侧有一幢二层小楼，原为卫生所，北侧一排平房为车库。目前两大楼均作为电信局办公用房。

1930 年 2 月南京电报局建立了中国共产党支部，是年 7 月 26 日，共产党员陈继昌、李传夔、蒋宗銮、冯柏六被捕，8 月 18 日英勇就义于中华门外雨花台。1949 年，在全局 1800 名员工的共同努力下，维护了通信电路畅通，把全局的通信机器、设备、器材、物资，完整地移到了人民手中，取得了护局的胜利。

首都电话局旧址为民国时期重要历史事件和重要机构旧址，为研究民国时期电信发展的基本情况提供了重要物证。

原国民政府国史馆旧址
The Site of the Former National Historiographic Institute of the National Government

- 位置：体育里 7 号
- 年代：民国
- 级别：未定级

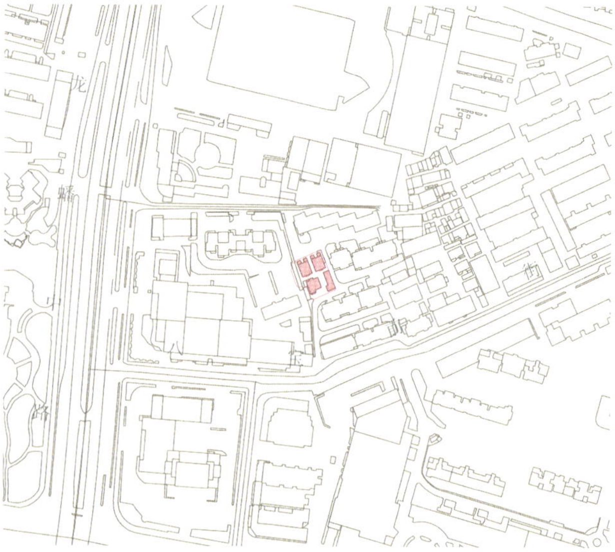

原国民政府国史馆旧址有 3 幢两层小楼，青砖青瓦，原为木质门窗，现已改为钢窗，每幢楼 8 间房屋，3 幢小楼呈鼎足之势，故人们又称这个小院为“鼎园”，1947 年国史馆正式成立。国史馆成立后，在鼎园设署办公。国史馆隶属国民政府（1948 年 5 月后改隶于总统府）。设馆长、副馆长兼任总纂、副总纂，综理纂修各事宜。国史馆成立之后，忙于接收整理重庆各机关档案史料，编纂了中华民国大事年表草稿、中华民国开国英烈和抗日战争阵亡烈士事迹等史料。1949 年 4 月南京解放前夕，国史馆部分人员迁台，留南京人员及史料被人民政府接收。1951 年，在旧址上成立了南京史料整理处。现为居民住宅。该建筑是研究民国政府官邸的重要实例之一。

原国民政府军事委员会调查统计局旧址
The Site of the Former National Military Statistics Bureau

位置：洪公祠1号
年代：民国
级别：区级

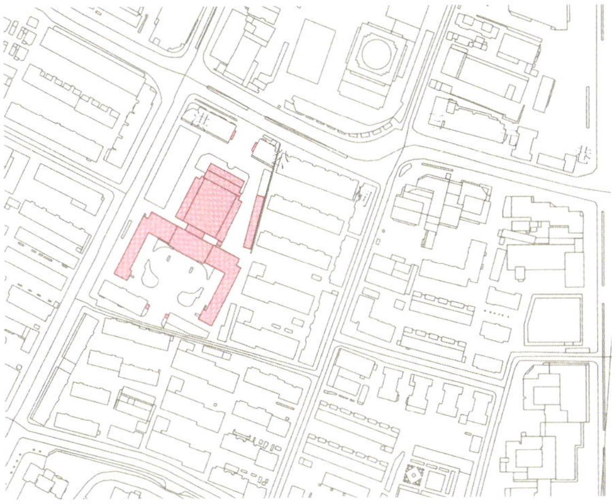

（此图片由胡剑明先生提供）

原国民政府军事委员会调查统计局旧址为区级文物保护单位，其建筑为1945年戴笠命沈醉在洪公祠修建的卧虎形钢混五层大楼，坐北朝南，主楼与两侧副楼连成南向“U”字形，北有大礼堂建筑，占地面积3 060平方米。该建筑风格独特，具有较高的文物保护价值。据文献资料记载，国民政府军事委员会调查统计局简称“军统”，和“中统”一样，是个特务组织。其前身是“中华复兴社”的特务处，1934年改组扩大，地址由鸡鹅巷53号迁至今址，占地4万平方米，有两个大厅和大小百余个房间，1937年毁于战火，1938年改组为“军统”。

该旧址是研究民国时期官府建筑的实物例证。

上元县署旧址（白下路清代建筑）
The Site of Shangyuan County Government

位置：白下路101号
年代：清
级别：市级

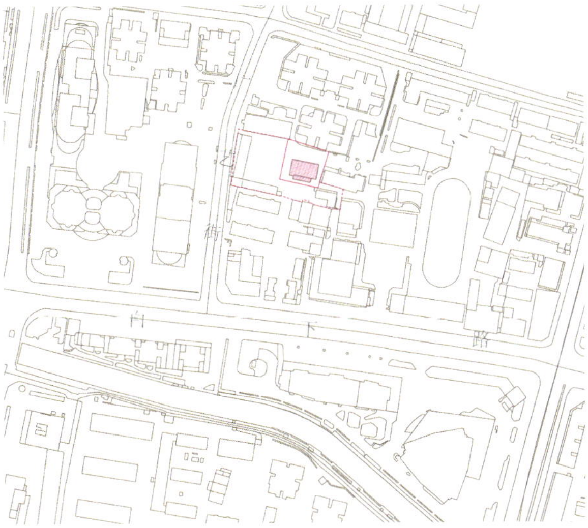

上元县署旧址为市级文物保护单位，建于清同治八年（1869）。据史料记载，唐高宗上元二年（675）改江宁县为上元县，五代杨吴时又分上元县的一部分为江宁县，自此至清，南京皆为两县同城分治。民国元年（1912）上元县又并入江宁县，结束两县同城分治的历史。上元县署所在，前后变迁8次。南宋建炎三年（1129）至清末（1911），除明代迁淳化镇一年外，县署都设在中正街惪平桥西今址，长达780年。民国元年，黄兴在上元县旧署创办开国纪念贫儿第一教养院，收容贫苦孤儿，由黄兴夫人徐宗汉和周其永女士负责筹办，徐宗汉任院长。1922年又改名为江苏省贫儿教养院（现该处仍保留一块贫儿院捐款石碑），至1937年抗日战争爆发南京沦陷止。1945年民国首都地方法院设此。

原共有房屋170间，廊36间，典史署24间，廊2间，又添储仓旧屋造驿舍18间，披二厦，役舍10间。现仅存大堂1座，坐北朝南，通面阔五间21.35米，进深九檩10.7米，高8.04米。明次间为抬梁形式，并前廊庑成硬山，勾连搭屋架，小瓦屋面。

此旧址是研究晚清府衙和民国史的实物例证之一。

大华大戏院旧址

棋峰试馆

明德书院

行知馆

原国立中央政治大学门楼

育群中学旧址

工兵学校旧址

国民大戏院旧址

南京市立第一中学旧址

中华书局旧址

公共体育场旧址

兵工专门学校旧址

The Site of Former Dahua Grand Theater

Qifeng Examinee Hostel

Mingde College

Xingzhi Hall

The Archway of Former National Central Chengchi University

The Site of Former Yuqun Middle School

The Site of Former Army Engineer School

The Site of Former National Grand Theater

The Site of Former Nanjing Municipal First Middle School

The Site of Former Zhonghua Book Company

The Site of Public Stadium

The Site of Former Ordnance College

文教建筑

Cultural and Educational Buildings

❶ 大华大戏院旧址
The Site of Former Dahua Grand Theater

❷ 棋峰试馆
Qifeng Examinee Hostel

❸ 行知馆
Xingzhi Hall

❹ 明德书院
Mingde College

❺ 育群中学旧址
The Site of Former Yuqun Middle School

❻ 工兵学校旧址
The Site of Former Army Engineer School

❼ 原国立中央政治大学门楼
The Archway of Former National Central Chengchi University

❽ 育才学校旧址
Former location of Yucai college

❾ 南京市立第一中学旧址
The Site of Former Nanjing Municipal First Middle School

❿ 国民大戏院旧址
The Site of Former National Grand Theater

⓫ 中华书局旧址

The Site of Former Zhonghua Book Company

⓬ 公共体育场旧址

The Site of Public Stadium

⓭ 兵工专门学校旧址

The Site of Former Ordnance College

大华大戏院旧址
The Site of Former Dahua Grand Theater

- 位置：中山南路 67 号
- 年代：民国
- 级别：省级

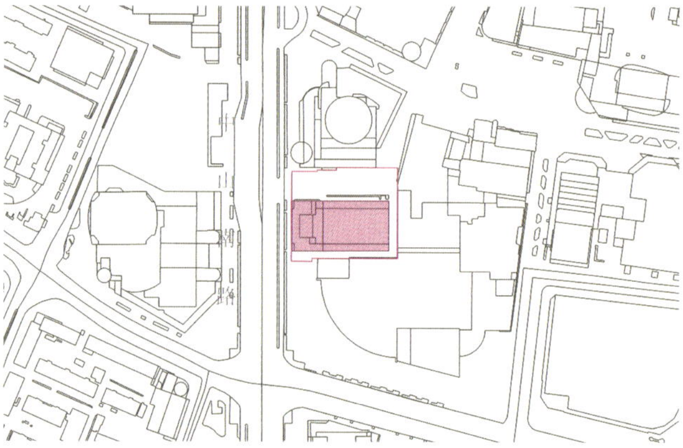

戏院内景
Interior of Theater

大华大戏院旧址为省级文物保护单位，建于民国二十四年（1935），由著名建筑家杨廷宝设计。大华大戏院为中西合璧式建筑，坐东朝西，总长 66 米，宽 33 米，平瓦屋面，钢混结构，占地面积 2 300 平方米，建筑面积 3 728 平方米。门厅高大宽敞，有 12 根喷漆红柱承托屋顶，装饰富丽典雅。下设售票窗口，上设休息室，供应咖啡等饮料。原放映厅入口建有喷水池。戏院上下层共设 1 070 个座位，有冷暖设备。门厅内的天花、墙壁、梁枋、彩绘以及栏杆扶手雕饰等具有丰富的层次变化和浓厚的民族特色，立面为对称式，下部分入口大门有台阶，上有突出的雨篷，中为宽大的招牌幕墙，上部为横向排列的采光高窗。剧场外墙为清砖，内为水磨地面。现一楼大剧场改为商用，其他内部格局基本未变，二层改为小剧场放映电影。大华大戏院当时是南京最好的剧院，平时以放映外片为主，有时也上演戏曲。开业不久，梅兰芳就在此处演出京剧。中华人民共和国成立初曾一度称军人电影院。大华大戏院为南京市尚存为数不多的民国时期大型的中西合璧式公共娱乐建筑，有较高的文物保护价值。

棋峰试馆
Qifeng Examinee Hostel

位置：钞库街 52 号
年代：清
级别：省级

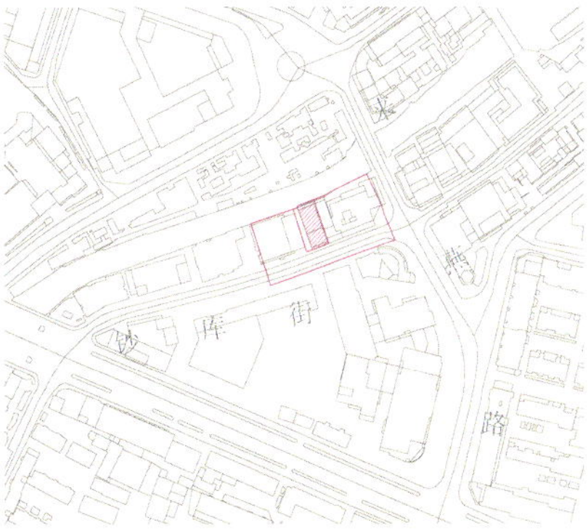

棋峰试馆为省级文物保护单位，现存两座院落，建筑面积 503 平方米。西院三进，每进面阔三间，二三进为楼房，后进楼下设河厅。东院两进楼房，每进面阔三间，进深五檩。后进楼下河厅，门头有砖刻，为典型的江南多进式水乡风格建筑，是徽派建筑与苏州水乡建筑的结合体。棋峰试馆又名“朱棋峰宅”。朱棋峰原籍安徽泾县黄田村，早年曾旅居金陵，并在秦淮河夫子庙西南侧置地建房。朱棋峰宅占地颇广，坐北朝南，十分气派。朱宅建好后，除他家人居住之外，另辟部分房产用以族人来宁考试住宿之用，同时兼作乡人来此经商的住所，故时人又称这里为“安徽会馆”。朱棋峰宅在媚香楼的西侧，分为三进两院，北面最后一进临河而立，前面则临街迎市。院落门额上原有的“棋峰试馆”牌匾，惜已在“文革”中被毁，现在南面的墙面上新镌有“棋峰会馆”的字样。中华人民共和国成立后，朱棋峰宅为普通市民所聚居，里面住了 6 户居民。1992 年 3 月，被列入南京市文物保护单位名单。1993 年，有关单位对朱棋峰宅进行整修，住在里面的居民相继搬出。1997 年，重修竣工，并被秦淮区政府列为民间艺术馆，亦名东方艺术院。其一楼前厅为民间艺术陈列室，临河大厅为茶社，二楼则为艺术茶社和包间餐室。

明德书院
Mingde College

位置：莫愁路 419 号
年代：1912 年
级别：区级

明德书院，是一所教会学校，始创于 1884 年，是由美国基督教北美长老会派出传教士来南京，在莫愁路购得土地创办的，首任校长为美籍李满夫人。2003 年按原“淑德堂”的外观重建明德楼。该建筑宽 41 米，深 18 米，建筑占地面积 738 平方米，原为砖混结构，现已改为钢混结构，红瓦屋面，仿砖石墙面，粉灰色，窗白色塑钢，上下推拉。该旧址现为南京幼儿高等师范学校所在地。

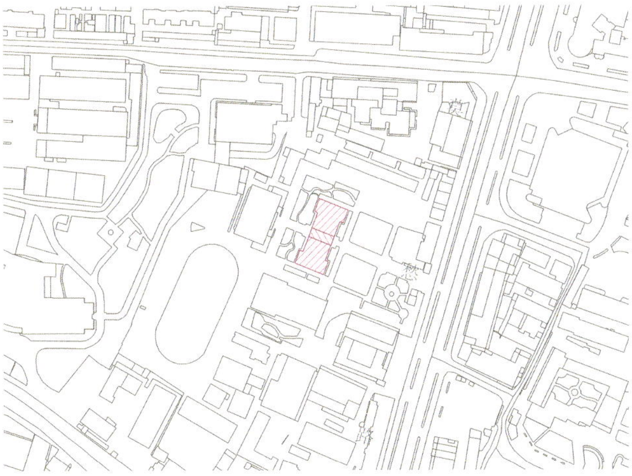

明德楼立面
Facade of Mingde Building

行知馆
Xingzhi Hall

- 位置：白下路 193 号
- 年代：1924 年
- 级别：市级

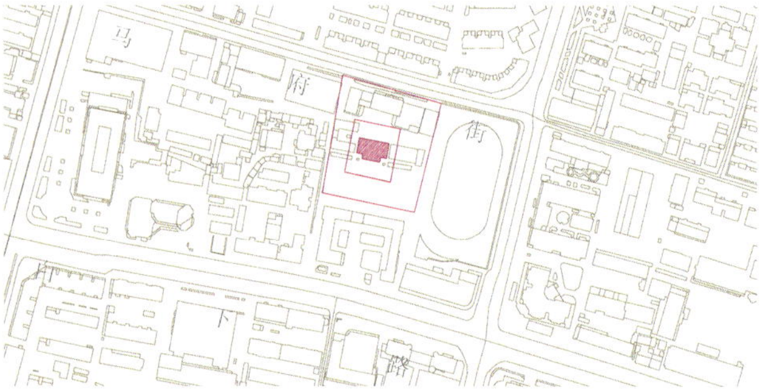

行知馆外立面
Facade of Xingzhi Hall

行知馆为市级文物保护单位，建筑坐北朝南，通面阔五间 22.4 米，进深五檩 11.64 米，高 15 米，硬山顶，小瓦屋面。清同治十二年（1873）由安徽士绅集资修建上江考棚，此原为考棚的明恕堂。1904 年，安徽人士在此创办安徽旅宁公学，1912 年，更名安徽旅宁中学。1923 年经陶行知、姚文采等人努力，恢复办学，更名为安徽公学。1929 年又改为安徽中学，陶行知辞职去郊区办晓庄师范，姚文采继任校长。1947 年陶行知逝世一周年，安徽中学将大礼堂（即明恕堂）改为行知馆。1981 年恢复行知馆。2004 年修缮。行知馆，为清代学堂书院建筑，具有一定的代表性，也是研究陶行知先生的实物例证。

原国立中央政治大学门楼
The Archway of Former National Central Chengchi University

- 位置：建邺路 174 号
- 年代：民国
- 级别：市级

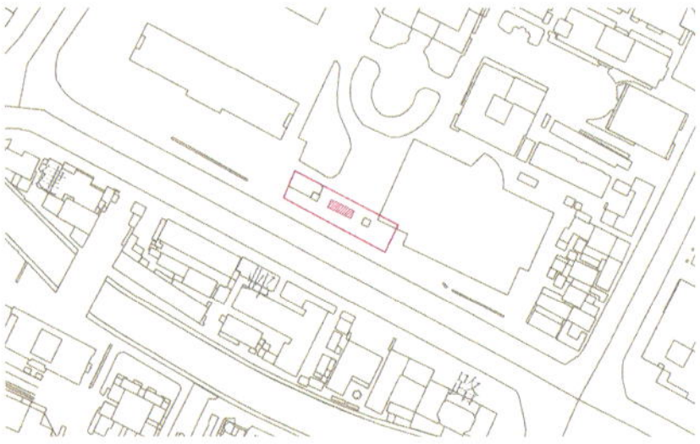

原国立中央政治大学门楼为市级文物保护单位，是民国学校建筑遗存之一。

1929 年 6 月将中国国民党中央党务学校改名中央政治学校，校址几经迁徙。1947 年改称国立中央政治大学，校长由蒋介石担任。旧址为本部（分校设于孝陵卫，占地面积 5 000 余平方米）占地面积 3.3 万平方米，计有西式楼（4 幢）、图书馆大楼、平房（7 栋）、大礼堂等。现仅存校门为三拱券门，西侧有方形门亭，四面开拱券门。此门楼为砖混结构，罗马风格。该校与中央陆军军官学校一文一武，被形象地称之为国民党的“文武两兄弟”。现为江苏省省级机关办公所在地。

育群中学旧址
The Site of Former Yuqun Middle School

- 位置：中华路 369 号
- 年代：民国
- 级别：市级

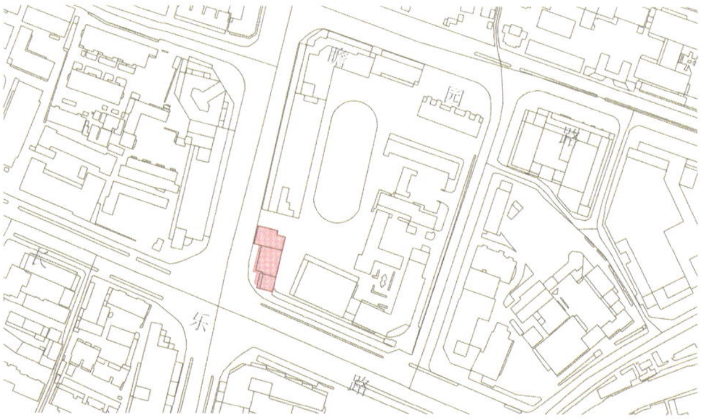

育群中学旧址为市级文物保护单位。现存 1 幢西式砖混结构楼房，东西走向，占地面积 910 平方米。中间四层，两端五层，有房 60 间，建筑面积 2 924 平方米。木门窗、平屋顶、青灰涂料墙。1899 年美国基督教人士马林博士在此创办基督中学，1926 年改名爱群中学，1927 年和旺育女中合并，名育群中学，1981 年更名为中华中学。

工兵学校旧址
The Site of Former Army Engineer School

位置：海福巷 1 号
年代：民国
级别：市级

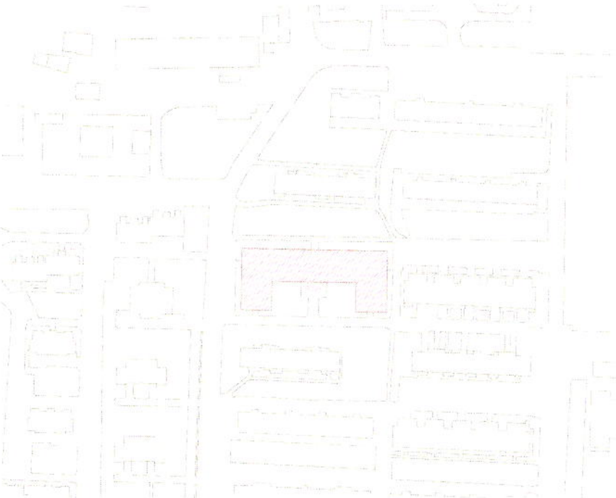

工兵学校旧址为市级文物保护单位。1930 年蒋介石提议创办兵工专门学校。1937 年抗日战争爆发，10 月该校迁往重庆。1946 年，工兵学校迁回原址，直到 1949 年，该校经广州迁往台湾。中华人民共和国成立后，中国人民解放军工程兵工程学院建于此址。2003 年改为中国人民解放军理工大学工学院。

现民国建筑主要有 53 号楼、院务部、工程学院办公楼等 3 幢楼房。53 号楼为一“匚”字形二层楼房，占地面积约 700 平方米，上下共 72 间，青砖青瓦，一楼有门厅。工程学院办公楼，占地面积约 400 平方米，平顶，水泥外墙。院务部楼为二层楼房，占地面积 500 平方米，上下共 56 间，青砖青瓦，外墙涂有黄色涂料。

该旧址建筑为民国时期军事教育机构建筑，对研究民国时期军事教育情况有重要价值。

国民大戏院旧址
The Site of Former National Grand Theater

位置：杨公井 25 号
年代：民国
级别：区级

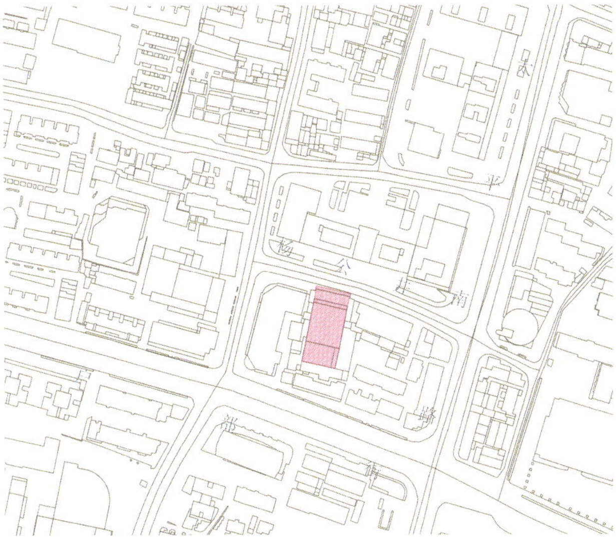

国民大戏院旧址为区级文物保护单位。1930 年前后由新金记营造厂（厂主康金宝）承建，建筑占地面积 1 508 平方米。以放电影为主，有时也演戏剧。

中华人民共和国成立后改称人民剧场，现为江苏演艺集团江苏人民大剧院。目前建筑整体较完整，大门处有 4 个欧式风格立柱，外墙采用橘黄色涂料粉饰，内部已经装修改造。

其建筑为南京市尚存为数不多的民国时期大型的中西合璧式公共娱乐建筑，有较高的文物保护价值。

南京市立第一中学旧址
The Site of Former Nanjing Municipal First Middle School

- 位置：中山南路 301 号
- 年代：1936 年
- 级别：区级

旧址建筑入口
The Entrance of the Site Building

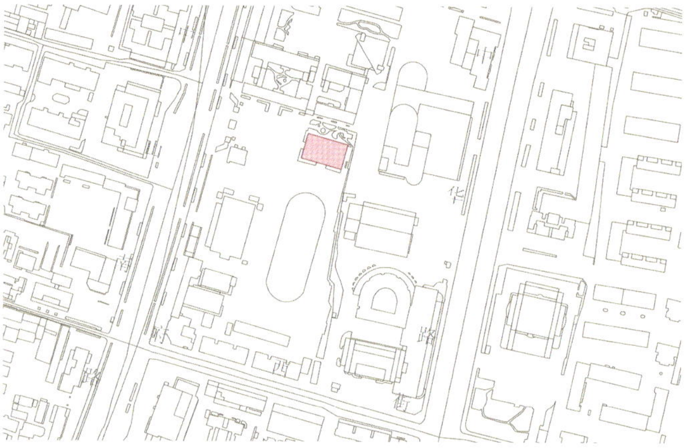

南京市立第一中学旧址为区级文物保护单位，原为清代江宁府署。光绪三十三年（1907），江宁士绅在府署的旧址上，创办了崇文学堂，是为该校之始。1927 年，在陶行知、陈鹤琴两位教育家的关怀指导下，创建南京市立中区实验学校，首任校长为李清悚。1932 年，改称“南京市立第一中学”。

南京市立第一中学旧址现存的民国建筑，为一幢冠名“前进院”的中西合璧式二层砖混结构楼房，建于 1936 年。该建筑位于校中部，南北朝向，大屋顶，青色小瓦屋面，飞檐翘角，青砖墙面，木质门窗。两层共有 32 间，建筑面积 1 612.8 平方米。

2006 年初，由于该建筑使用年限已至，成为危房，校方决定重新按原样翻建，并于当年底完工。现作为南京市第一中学校史馆使用。

南京市立第一中学旧址遗址建筑为近现代重要文化教育建筑，造型独特，有较高的研究保护价值。

中华书局旧址
The Site of Former Zhonghua Book Company

- 位置：太平南路 220 号
- 年代：民国
- 级别：区级

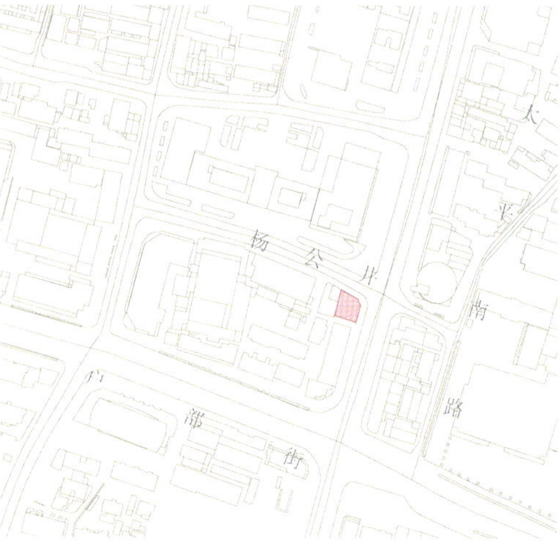

中华书局旧址为区级文物保护单位，建于 1935 年，现为南京古籍书店。外墙上部贴红色马赛克，下部为青砖墙面，青瓦屋面，木质雕花门窗，门头上部绿瓦翘角，内部装修在当时可称一流，顾客多为中学生、小学教师和一般文化工作者。中华书局由陆费逵于 1912 年创办于上海，以出版中小学教科书为主，并印古籍、工具书及各类科学、文艺著作等，1958 年改为以整理古籍为主的出版社，在全国设有分支机构。

中华书局旧址为南京仅存的少数民国时期老字号古旧书店，为研究民国时期书籍发行情况提供了重要物证。

公共体育场旧址
The Site of Public Stadium

- 位置：公园路 42 号
- 年代：民国
- 级别：区级

公共体育场旧址为区级文物保护单位，始建于民国初年。场址南北长约 350 米，东西宽约 300 米，建有检阅台、看台、四百米跑道、足球场、篮球场、网球场、游泳池等各种体育设施。公园路以东地区，在清代为清兵驻防城。民国初年把明御河以南的一部分辟为公共体育场，此地故名公园路。1946 年又加改建，1947 年竣工。现仅存跑道与足球场。

兵工专门学校旧址
The Site of Former Ordnance College

- 位置：中华门街道南京晨光集团内
- 年代：民国
- 级别：未定级

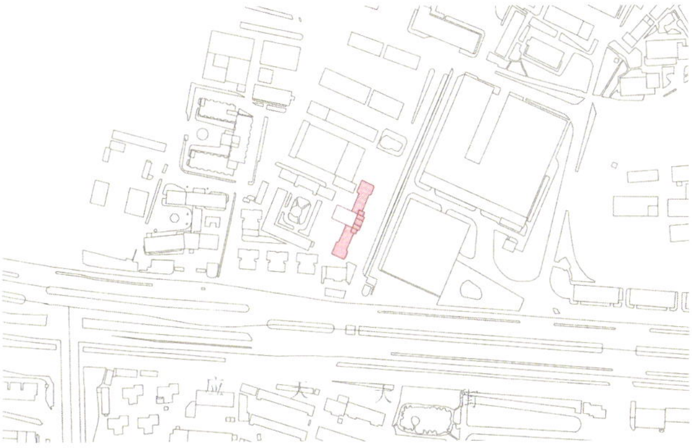

兵工专门学校为国民革命军 1917 年创办，原设置在汉阳兵工厂内，1932 年 7 月搬迁至南京中华门外金陵制造局对面，即本楼所在地，并改称为军政部兵工专门学校。1937 年 11 月兵工专门学校奉命西迁至重庆。1947 年 12 月 18 日迁至上海吴淞炮，1949 年 2 月 17 日迁至台湾省。本楼原为兵工专门学校的教学楼，一楼为办公楼，二楼为教室；建于民国二十一年（1932），为多层砖混结构，占地面积 720 平方米，建筑面积 1 491.35 平方米。现大楼保持原样，墙面、门窗、屋顶、楼梯保存完好，地面为后期之物。

兵工专门学校旧址大楼是一处民国时期军事学校的遗存，为研究此类建筑提供了实物例证。

金陵兵工厂旧址（含金陵机器制造局厂房遗迹）

光华门堡垒遗址

红花机场别墅

明故宫飞机场旧址及附属建筑

双麒路民国碉堡

The Site of Former Jinling Arsenal

Ruins of Fortress at Guanghua Gate

The Honghua Airport Villa

The Ming Imperial Palace Airport Site and its Auxiliary Buildings

Shuangqi Road Fort of the Period of the Republic of China

军工建筑

The Military Building

1. 金陵兵工厂旧址（含金陵机器制造局厂房遗迹）
   The Site of Former Jinling Arsenal
2. 光华门堡垒遗址
   Ruins of Fortress at Guanghua Gate
3. 双麒路民国碉堡
   Shuangqi Road Fort of the Period of the Republic of China
4. 红花机场别墅
   The Honghua Airport Villa
5. 明故宫飞机场旧址及附属建筑
   The Ming Imperial Palace Airport Site and its Auxiliary Buildings

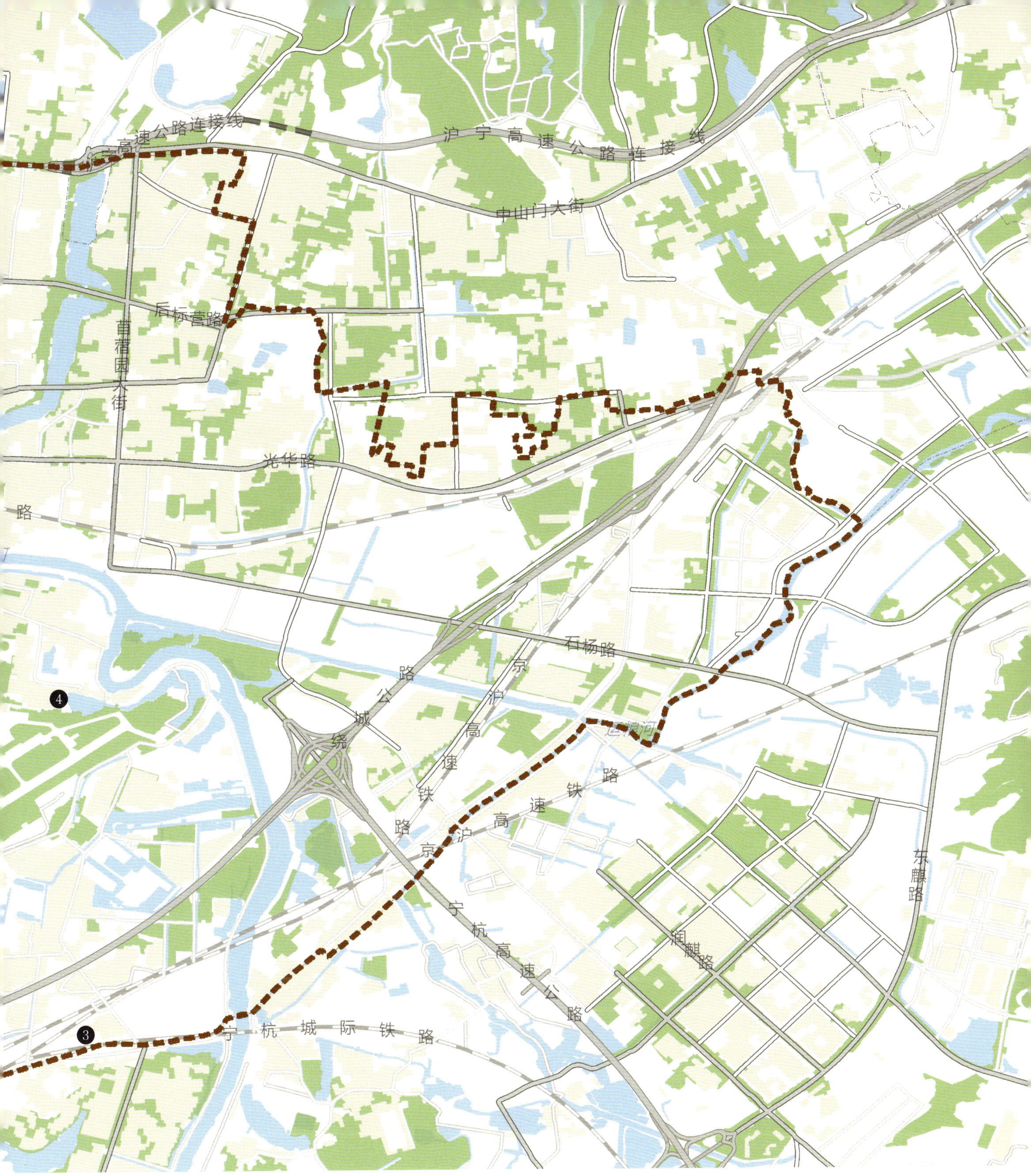

高速公路连接线
沪宁高速公路连接线
中山门大街
后标营路
苜蓿园大街
光华路
路
石杨路
路公城绕
京沪高速铁路
沪宁高速铁路
京沪
运粮河
宁杭高速公路
宁杭城际铁路
润麒路
东麒路
4
3

复建后的大门
The Rebuilt Main Gate

金陵兵工厂旧址（含金陵机器制造局厂房遗迹）
The Site of Former Jinling Arsenal

- 位置：正学路 1 号
- 年代：清至民国
- 级别：国家级

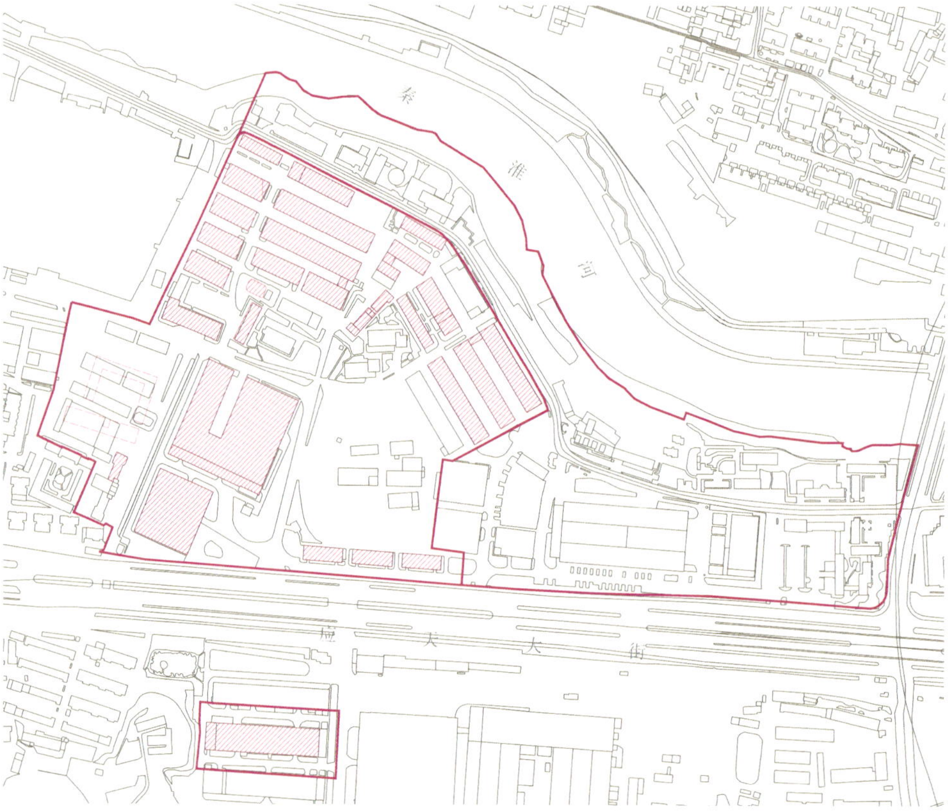

民国时期锯齿形厂房东侧
Eastern Side of the Plant in the Saw-toothed Form of the Period of Republic of China

金陵兵工厂旧址为国家级重点文物保护单位，由淮军中洋务派代表人物李鸿章始建于同治四年（1865）。当时李鸿章代理两江总督，将1862年初创的苏州炮局迁来南京，兴工扩建金陵机器制造局，由刘佐禹任总办，英人马格里任督办，聘请英国工程师设计并主持建造厂房，式样及格局基石参照当时英国工业建筑的做法，并且部分建筑用木构架代替了钢铁结构。设机器厂、翻砂厂、熟铁厂和木作厂，制造多口径大炮、开花炮弹、抬枪和铜帽等产品。投产时，有员工兵夫约400人，房屋80余间。该制造局的厂址，选定在中华门外扫帚巷东首西天寺故址，就利用废墟上的残余砖瓦，并添购部分建筑用料，除建造了机器厂房外，还建有厅房、协屋、披房以及官员住宅等100余间，于1866年7月竣工。以后又经多次扩建，与江南制造局、天津机器局、福州船政局一起称作晚清洋务运动的四大军工企业。

民国政府成立之后，金陵机器制造局改称“金陵兵工厂”，由中央陆军军械司管辖。工厂规模扩大，兴建了许多高质量的厂房，设备也随之更新。民国时期的厂房建筑风格大致可以分为两大类，其中一类是建于1935年的7座二层西式厂房楼群，这组楼群平均高约16米，向南呈“凹”形分布，以相邻墙面计测，厂房之间东西间隔约10米，南北间隔约8米，架空的过街楼，把整个楼群串联在一起，从任何一座厂房的楼梯进入二楼后，不需下楼就可以通过过街楼道进入其他任何一座厂房，有效地提高了工作效率。此外还有教学楼、办公楼、物料库、宿舍楼等民国建筑。抗日战争期间，“金陵兵工厂”一度西迁重庆，抗战结束后迁回南京，改称“六零兵工厂”。从20世纪30年代起，国民政府对金陵兵工厂的厂房建筑进行了更新和扩建，使这一清末老厂更具规模，更加规范。尤其是在当时，其建筑风格独领风骚，是晚清洋务运动的重要遗存，这是我国目前仅存最早的现代工业厂房遗物之一，比较典型地反映了近代中国工业建筑的特点。金陵兵工厂旧址现为南京晨光集团所用。

清代机器正厂
Main Machine Factory of Qing Dynasty

民国时期锯齿形厂房东北侧
North-eastern Side of the Plant in the Saw-toothed Form of the Period of Republic of China

光华门堡垒遗址
Ruins of Fortress at Guanghua Gate

- 位置：光华门外
- 年代：民国
- 级别：市级

光华门堡垒遗址为市级文物保护单位，占地面积约432平方米。2006年10月，经南京市博物馆考古发掘，认定这两处民国时期堡垒遗迹，是以明城墙为依托构筑的城防工事，东西相邻，均用明城砖砌筑。据记载，1937年冬侵华日军进攻南京，光华门是中国守军抵御日寇最为顽强的战场之一，此处民国砖筑堡垒遗迹，就是这段历史的重要见证，具有重要的历史价值。

堡垒遗址说明牌
Description Board of the Site of Fortress

堡垒遗址东侧
Eastern Side of the Site of Fortress

红花机场别墅
The Honghua Airport Villa

- 位置：大校场机场
- 年代：民国
- 级别：未定级

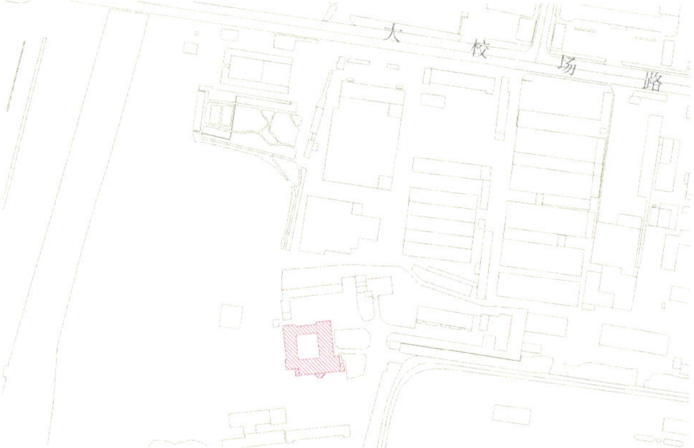

红花机场别墅位于大校场机场西北角，秦淮区红花街道国际路南端的西面，是宋美龄的别墅。该别墅为一层砖木结构，坐北朝南，通面阔35米，通进深32米，平面呈“回”字形，是方方正正的四合院式，青砖灰瓦，硬山顶。大门在别墅的东侧，四合院中间的天井中央是1个椭圆形的鱼池，四周围着花坛。该四合院一共有房屋10多间，大小不等。四合院南侧的一排原是蒋介石和宋美龄的主卧室，房屋一共5大间，宽7米。北侧的一排原是“锅炉房”，一共5大间，宽6米。西侧有房间6间，面积10平方米左右，原是蒋、宋侍卫的住所，东侧只有1间房子，宽有6米左右，长有20余米，原是会客室。整座别墅是在一个用石头垫高的“基座”上修盖的。房屋从天花板到地板的高度有4.5米。基座的下面有净高1.3~1.5米的架空层，用于铺设供热管道等管线。“基座”的侧面，有多处铁栅栏式的小铁窗，用于通风。

机场别墅外景
Exterior of Airport Villa

机场别墅庭院
Yard of Airport Villa

明故宫飞机场旧址及附属建筑
The Ming Imperial Palace Airport Site and its Auxiliary Buildings

位置：龙蟠中路 218 号

年代：民国

级别：未定级

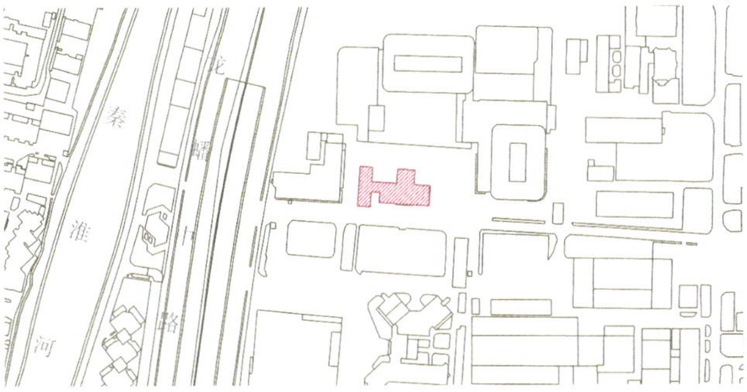

明故宫飞机场始建于民国十六年（1927）民国政府定都南京以后，因地处明故宫的一部分，故称明故宫飞机场。抗日战争前，机场外围仅以铁丝网为界，在中山东路行走，就可以看见飞机起降。当时中国航空尚处在初级阶段，飞机甚少，军用民航都在这里。侵华日军侵占南京期间，机场扩大，把第一公园夷平并入。现在的瑞金路是当时的飞机场跑道，民航的旅客进出口就设在瑞金路西头，直对复成桥，所建二层黄色大楼至今仍在金城机械厂宿舍区内，占地约 1000 多平方米。后来中美飞机轰炸南京日军设施，日军把十几架飞机隐藏于御道街东的城墙根，共修造十五个掩体，附近老百姓称之为“飞机窝”。

旧址现存 4 座建筑，分别是飞行员俱乐部、指挥塔、修理部和飞机库。这是研究民国时期早期机场的实物例证。

建筑外侧

Exterior of the Building

机场辅助建筑

Auxiliary Building of Airport

双麒路民国碉堡
Shuangqi Road Fort of the Period of the Republic of China

位置：双麒路和江宁区金盛路邵盛村交叉路口

年代：民国

级别：未定级

此碉堡为一圆形钢筋混凝土结构，构筑在高高的双麒路上，路的对面为解放军理工大学气象学院的营房，在抗战时期为日军骑兵旅的驻地。双麒路是交通要道，曾是南京的外郭城墙，高出地面数米，此碉堡建在高高的路面上，可以扼守南京的东南大门。碉堡高 1.5 米，直径 3.2 米，埋入地下部分大概有 0.4 米，据考证为日军侵占南京时修筑，是侵华日军在南京修筑的并保存完好的少数建筑之一。建议经过妥善保护，可以让国人永记这段历史。

位于南京城东污水处理厂门前的碉堡

Fort in front of the Gate of Nanjing Chengdong Wastewater Treatment Plant

位于南京外郭城墙秦淮区文保碑附近的碉堡

Fort near the Qinhuai District Stele of Cultural Relic Protecting for the Outer City Wall of Nanjing

明代瓮堂
中南银行南京分行旧址
上海商业储蓄银行旧址
南京邮电局旧址
中国银行南京分行旧址
泾县会馆旧址
吴家账房
沈家粮行
金斗会馆
东方饭店
西北三省会馆旧址
太平商场
京苏风味店旧址
浙江庆和昌记支店旧址
务本蚕种制造场旧址
中央合作金库旧址

The Bathhouse of Ming Period
The Site of Former Nanjing Branch of the China & South Sea Bank
The Site of Former Shanghai Commercial & Saving Bank
The Site of Former Nanjing Post and Telecommunications Bureau
The Site of Former Nanjing Branch of Bank of China
The Site of Former Jingxian Guild Hall
Wu's Counting House
Shen's Grain Store
Jindou Guild Hall
Orient Hotel
The Former Site of the Three Northwest Provinces Guild Hall
Taiping Shopping Mall
The Site of Former Beijing and Suzhou Flavor Restaurant
The Site of Former Branch of Qinghe-changji Store of Zhejiang Province
The Site of Former Wuben Silkworm Egg Breeding Plant
The Site of Former Central Cooperative Bank

商贸金融建筑

Commercial and Financial Buildings

❶ 明代瓮堂

The Bathhouse of Ming Period

❷ 中南银行南京分行旧址

The Site of Former Nanjing Branch of the China & South Sea Bank

❸ 上海商业储蓄银行旧址

The Site of Former Shanghai Commercial & Saving Bank

❹ 南京邮电局旧址

The Site of Former Nanjing Post and Telecommunications Bureau

❺ 中国银行南京分行旧址

The Site of Former Nanjing Branch of Bank of China

❻ 泾县会馆旧址

The Site of Former Jingxian Guild Hall

❼ 吴家账房

Wu's Counting House

❽ 沈家粮行

Shen's Grain Store

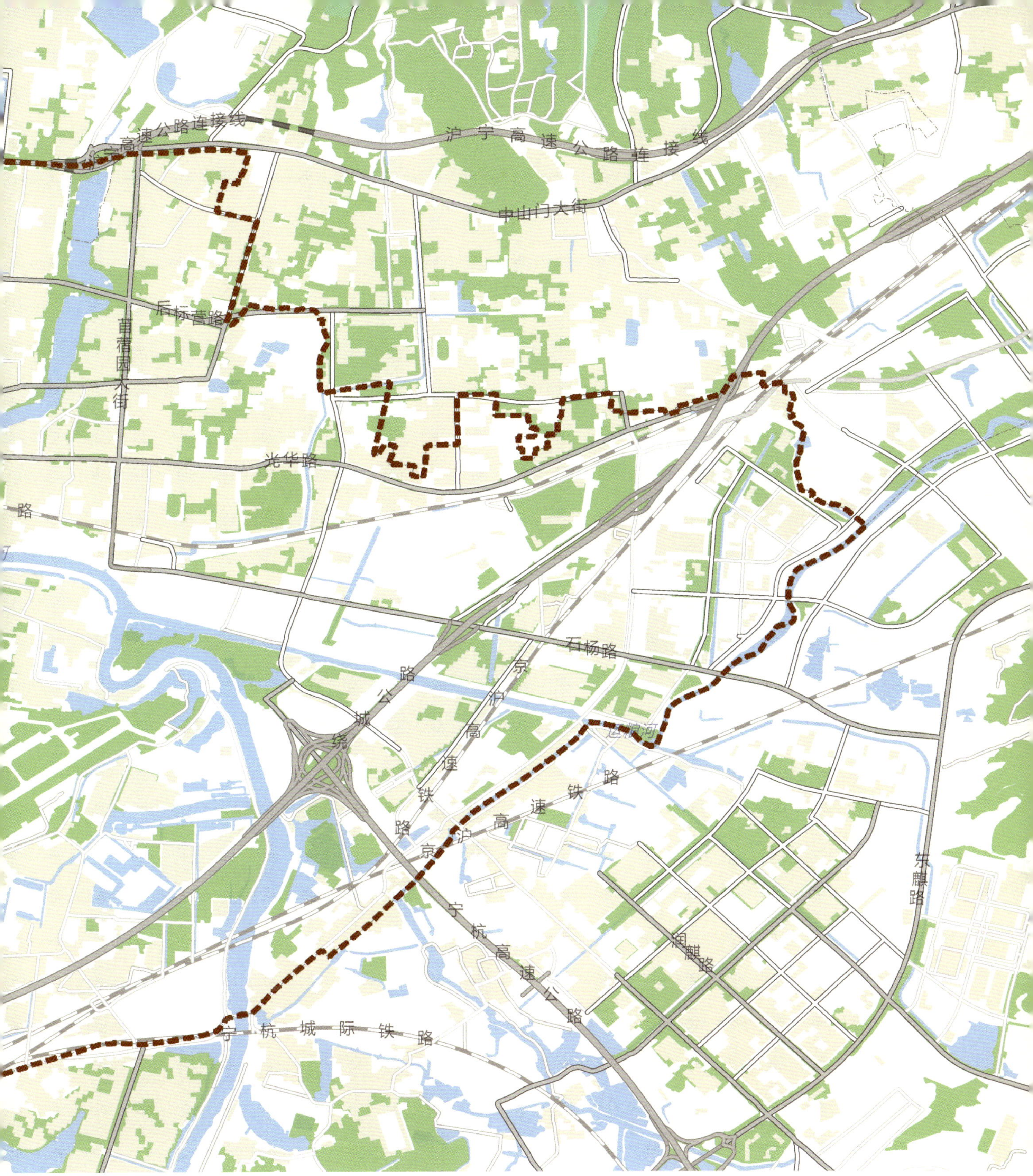

9 金斗会馆

Jindou Guild Hall

10 东方饭店

Orient Hotel

11 京苏风味店旧址

The Site of Former Beijing and Suzhou Flavor Restaurant

12 西北三省会馆旧址

The Former Site of the Three Northwest Provinces Guild Hall

13 太平商场

Taiping Shopping Mall

14 浙江庆和昌记支店旧址

The Site of Former Branch of Qinghe-changji Store of Zhejiang Province

15 务本蚕种制造场旧址

The Site of Former Wuben Silkworm Egg Breeding Plant

16 中央合作金库旧址

The Site of Former Central Cooperative Bank

明代瓮堂
The Bathhouse of Ming Period

- 位置：悦来巷 2 号
- 年代：明
- 级别：省级

瓮堂内景
Interior of Bathhouse

明代瓮堂为省级文物保护单位。郑和在第六次下西洋后，曾任南京守备，期间督造完成宏伟的大报恩寺，在建造大报恩寺期间，为了保证工匠的身体健康，顺利完成建造工程，郑和还命人建造了专供他们洗浴的瓮堂（浴池）。瓮堂参考和改进了古阿拉伯浴池的建造方法，构造非常巧妙，两个瓮堂，相距 1 米，结构为砖砌双连体穹隆形，瓮高 3.2 米，内径 4.5 米，顶部呈半圆形。堂顶如同一个倒扣的大瓮，这也是“瓮堂”名头的由来。这样的设计使得积在顶部的水顺着墙壁流下，而不会滴在人身上，让人冷战。东侧瓮堂南面开门，上有圆形天窗，墙角处有烧火口，自地下通入邻室。西瓮堂与之相似，其内壁圆曲，下部为仰莲座。瓮内既可以采光，还可在气温较高的情况下，打开天窗上增设的四面窗子透气，设计得非常先进。东瓮澡堂仍在使用，西瓮则为烧火的工作间。现为聚恩泉浴室用。

明代瓮堂是南京目前历史最悠久的浴池，至今尚在使用，其如瓮又似蒙古包的造型，在国内少见。

中南银行南京分行旧址
The Site of Former Nanjing Branch of the China & South Sea Bank

- 位置：白下路 155 号
- 年代：民国
- 级别：省级

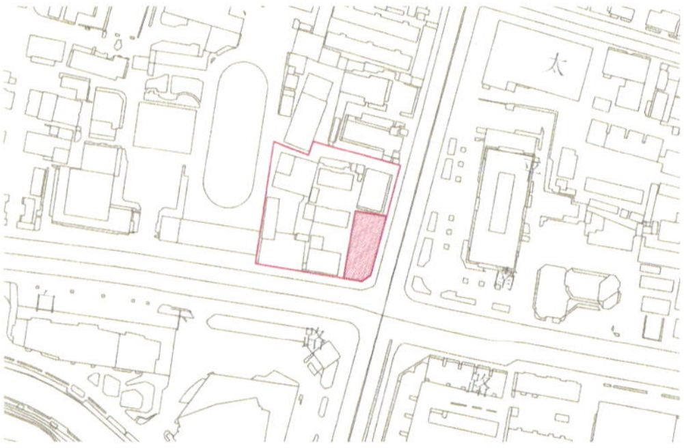

中南银行南京分行旧址为省级文物保护单位，门厅为四层，上有钟楼，其他为三层，外墙皆贴泰山砖，庄严古朴。建筑面积 1 986 平方米，占地面积 617.8 平方米。中南银行原为商业银行。1921 年由南洋华侨集资创立，总行设在上海，此为南京分行，建于 1929 年，该行与华侨关系较密。民国时期为粮食部。1952 年 12 月与其他行庄合并改组为公私合营银行以后，此处改为朝阳饭店，1987 年 2 月以后交通银行南京分行仍设在此处。

该旧址建筑为民国时期金融服务类建筑，是南京市同类建筑的典型代表。

上海商业储蓄银行旧址
The Site of Former Shanghai Commercial & Saving Bank

- 位置：建康路 145 号
- 年代：民国
- 级别：省级

上海商业储蓄银行旧址为省级文物保护单位。该银行建筑高三层，门厅高五层，钢筋混凝土结构，建于 1933 年，当时在南京是高层建筑之一。占地面积 1 139 平方米，建筑面积 3 560 平方米。现基本保持原貌。

上海商业储蓄银行与浙江兴业银行、浙江实业银行、新华信托储蓄银行均为江浙资本家集资创建，合称“南四行”。该行主要经营存、放、汇款，兼营储蓄、信托和仓库等业务。据 1948 年 6 月对南京 14 家商业银行的存款统计，上海商业储蓄银行的存款额名列第一。

上海商业储蓄银行成立的时间在“南四行”中最早。其总行于 1915 年在上海建立；1917 年在南京开设下关办事处；1921 年 7 月，改为南京分行；1933 年 4 月 10 日，迁至建康路自建行屋营业；1937 年 11 月 27 日，迁往武汉；1938 年 6 月，迁往重庆；抗战胜利后，1945 年 12 月 15 日在建康路原址恢复营业；1952 年 10 月歇业。

这是民国时期典型的金融商贸建筑，有较高的文物保护价值。该遗存对研究民国金融史有重要参考价值。

南京邮电局旧址
The Site of Former Nanjing Post and Telecommunications Bureau

- 位置：建康路 146 号
- 年代：民国
- 级别：省级

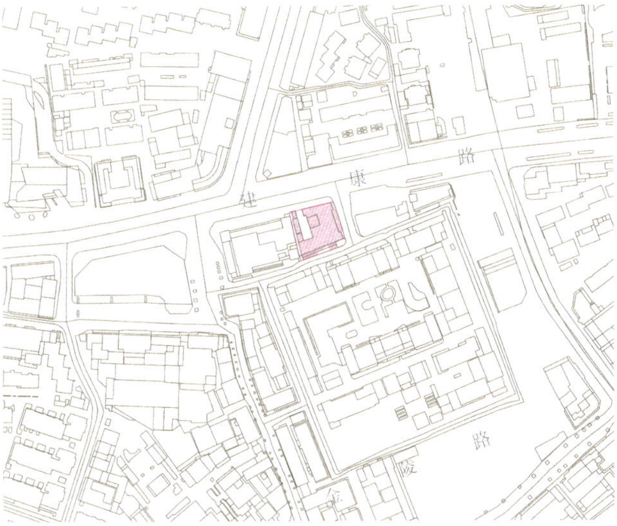

邮电局旧址建筑东侧
Eastern Side of Site of Post and Telecommunication Bureau Building

南京邮电局旧址为省级文物保护单位。1922 年，江苏邮务管理局在奇望街即今址建邮政支局，时名奇望支局，由英国人设计，1923 年 1 月 1 日正式建成营业。该建筑平面呈“凹”字形，坐西朝东，平屋顶，砖混结构，造型属欧洲文艺复兴时期的古典形式。正面朝东，入口处设置花岗岩台阶，宽形柱式门廊和 5 座高大的圆拱门。大楼顶部中央建有一座圆顶西式风格的钟台。楼外墙为水泥拉毛，窗套为水泥仿砌石。原有地下室，今已废。现为建康路邮电支局。

这一造型属欧洲文艺复兴时期的古典建筑风格，是研究南京民国建筑的重要实物例证之一。

中国银行南京分行旧址
The Site of Former Nanjing Branch of Bank of China

位置：白下路 23 号
年代：民国
级别：市级

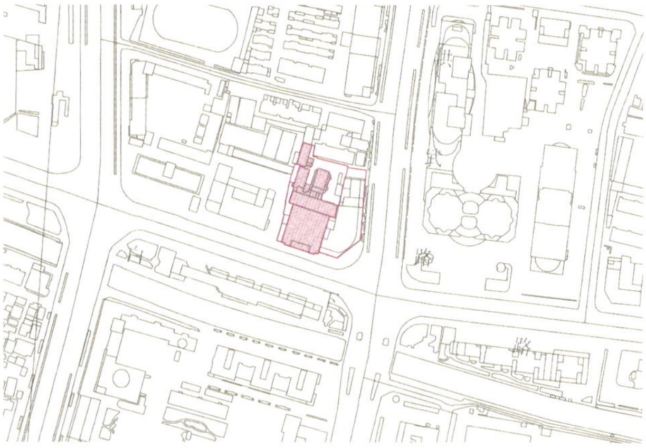

中国银行南京分行旧址为市级文物保护单位，建于民国时期。中国银行南京分行又名珠宝廊中国银行新建行屋，现为中国农业银行江苏省分行营业部。

该建筑主楼坐北朝南，钢筋混凝土结构，高三层，建筑面积 2 800 平方米，由陆谦受、吴景奇建筑师设计，上海新亨营造厂承建。在设计施工过程中，考虑到中国银行的地位非同一般，所以，在内部采用壁画做装饰，并布置举办宴会和招待贵宾的设施，这是其与众不同之处。

该旧址为民国时期金融服务类建筑，是南京市同类建筑的典型代表。

泾县会馆旧址
The Site of Former Jingxian Guild Hall

位置：大百花巷 13 号、15 号
年代：清
级别：市级

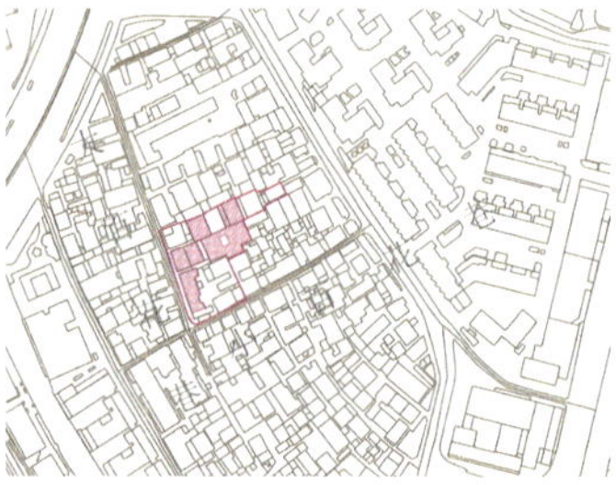

泾县会馆旧址为市级文物保护单位。泾县会馆坐北朝南，占地面积 1 000 余平方米。会馆墙基 0.7 米以下多为大青石垒砌，其他部分为空斗青砖墙，15 号为会馆正门，建斗拱门楼。两侧有巷道，15 号现存三进，面阔三间 9 米，进深 40 米。门头保存较好，雕刻精致。13 号院内现存六进，第三进为一座楠木大厅，面阔三间 12 米，进深七檩 11 米，用料粗大。对面有砖雕门楼，雕工精巧。自第三进后已隔开，为璇子巷 49 - 51 号。51 号存二进，面阔三间 12 米，均为硬山顶。49 号改为机电厂。会馆为同乡在异地和一种社会性的互助组织，始于明代建都北京时期，因有利于同乡联络、互济、发展，故而逐渐在全国兴起，至清代趋向兴旺。清末民初，逐步衰颓。据甘熙《白下琐言》记载："金陵五方杂处，会馆之设甲于他省。"而于南京来说，秦淮会馆之设又甲于其他地区。据查阅史籍，明清时期南京约有各地会馆 39 所，其中 4 所地址不详，而其中地处秦淮的会馆有稽可查的就有 18 所，占了近一半。地处秦淮的这些会馆，今多数已不存。泾县会馆旧址为研究南京地区清代会馆建筑提供实物例证之一。

吴家账房
Wu's Counting House

位置：钓鱼台 83 号、85 号、87 号、93 巷 1 号
年代：清
级别：市级

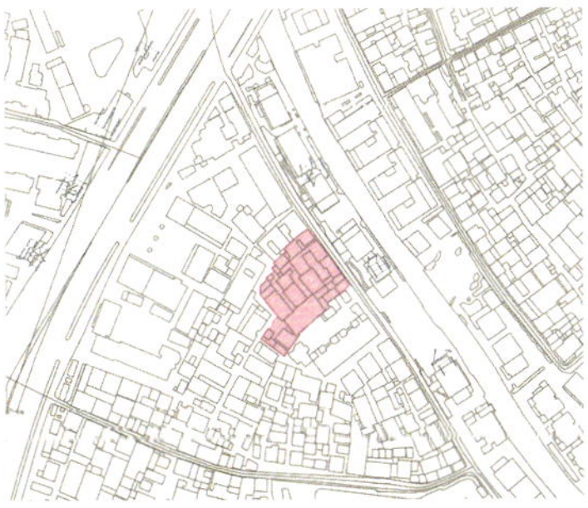

外墙入口
The Entrance of Exterior Wall

该建筑建于清道光年间。吴家账房为旧时的贸易公司，是钓鱼台四大账房之一，做绸缎出口贸易。建筑共有三路。总占地面积 1 387 平方米。房屋坐西南朝东北，整体布局保持原样。砖雕门头保存完好，砖雕图案十分精美。屋面基本保持原样，部分小瓦改大瓦。院墙保持原样，保存比较完好，地面条石、青砖处处可见。门、窗多半保持原样，门、窗上精巧的木雕清晰可见。

吴家账房是南京丝织业的代表性遗迹，为典型的清代风格建筑，具有较高的历史价值。

沈家粮行
Shen's Grain Store

位置：悦来巷 1-2 号
年代：清
级别：市级

沈家粮行为市级文物保护单位。清代建筑，建筑坐西朝东，原有五进，现存三进，硬山顶、单层砖木结构，通面阔三间 12 米，每进为七檩，通进深 32 米，占地面积 384 平方米。两侧为三叠封火墙。南、北两侧封火砖墙保存十分完好，铁皮大门、门头保存比较完好。

金斗会馆
Jindou Guild Hall

位置：西街 123 号
年代：清
级别：区级

金斗会馆为区级文物保护单位。“金斗”，合肥的别称，现存二进，其中第二进为明构。第一进面阔 7 米，三开间结构，进深七檩 7 米，高 4.8 米；第二进面阔 7 米，高 4.95 米，三开间小厅结构，进深七檩 8 米，建筑面积约 100 平方米，梁头上雕有花纹，柱下有础石。门外墙有合肥会馆界碑 1 通。

东方饭店
Orient Hotel

- 位置：延龄巷 38 号
- 年代：清
- 级别：未定级

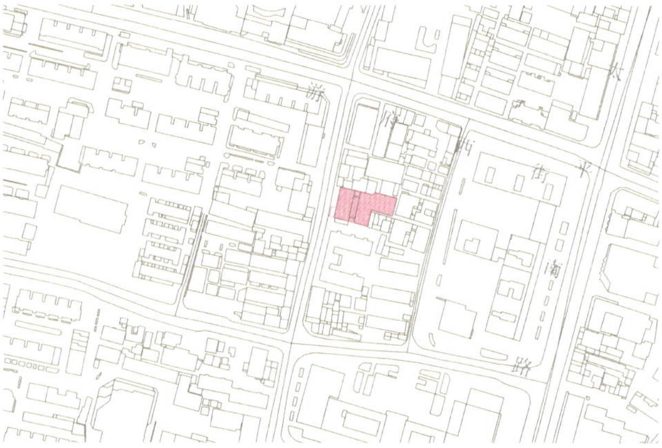

东方饭店 1927 年由汤子材创办，原名东亚饭店。1934 年增股扩建客房，更名为东方饭店。占地面积 1 429 平方米，现为南京东方饮食服务有限责任公司所有。门面朝西，前后各有一幢主楼，面朝南，中间有一面积约 70 平方米的天井。建筑为砖混结构，外墙水泥立面，木质门窗，现有部分门窗改为钢窗。当时有高级单人房间 76 间，接待校级以上军官和要员、富商大贾。1937 年后被侵华日军占用，改名宝来馆，专门接待日本旅客。抗日战争后恢复原名，对外营业。中华人民共和国成立至今，仍作为饭店经营。

东方饭店作为公共服务型建筑，创建至今经营已有 80 多年，见证了该行业的发展历史。

西北三省会馆旧址
The Former Site of the Three Northwest Provinces Guild Hall

- 位置：大辉复巷 21 号
- 年代：清
- 级别：未定级

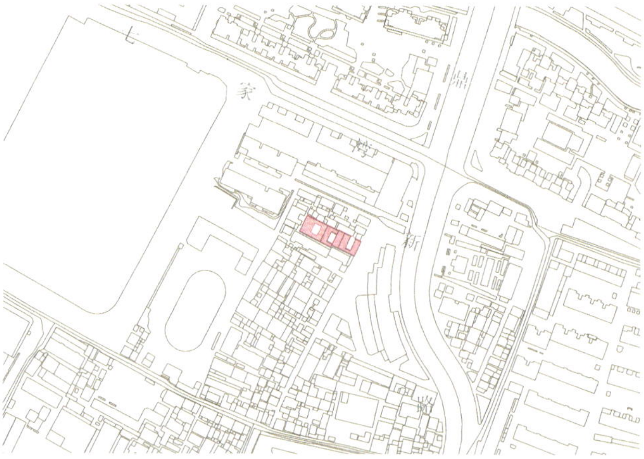

西北三省会馆旧建于清代。砖木结构，原有五进，现存四进，坐西朝东，大门的石门框、石门楣上有雕刻，院内天井方石铺地。大厅面阔三间 13.3 米，进深七檩 7.9 米，高 7.5 米，硬山顶。大厅与两侧厢房相连，其后为二厅、后厅、后楼。现为居民住宅。该建筑为清代西北甘肃、宁夏、青海三省联合修建的会馆。它是研究南京地区会馆建筑的重要实例之一。

太平商场
Taiping Shopping Mall

- 位置：太平南路 279 号
- 年代：民国
- 级别：未定级

旧址建于 1947 年，原有建筑面积 7 000 平方米，现保留有部分民国建筑，占地面积约 500 平方米，为民国时期大型公共建筑之一，现为南京太平商场所有，并作营业和仓库之用。该建筑为民国时期商业建筑，至今仍作商场使用，对于研究民国时期南京市商业贸易情况有参考价值，是重要物证之一。

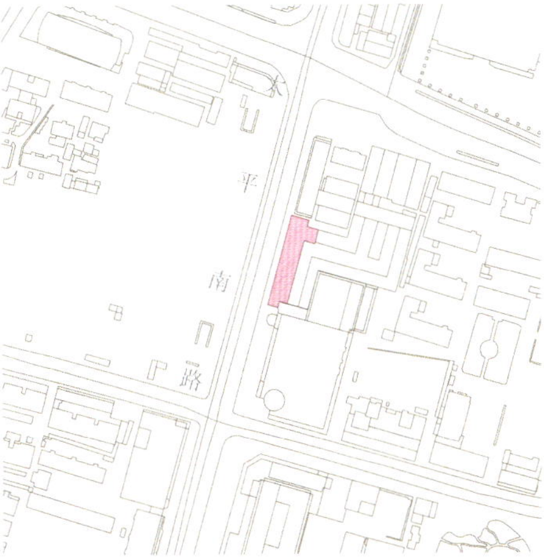

京苏风味店旧址
The Site of Former Beijing and Suzhou Flavor Restaurant

- 位置：建康路 16 号
- 年代：1930 年
- 级别：未定级

京苏风味店旧址建于 1930 年，现为江苏酒家，钢混结构三层楼房，占地面积 255.53 平方米，建筑面积 357.54 平方米。它是南京地区民国建筑中商贸建筑的实物例证之一。

浙江庆和昌记支店旧址
The Site of Former Branch of Qinghe-changji Store of Zhejiang Province

- 位置：太平南路 382 号
- 年代：民国
- 级别：未定级

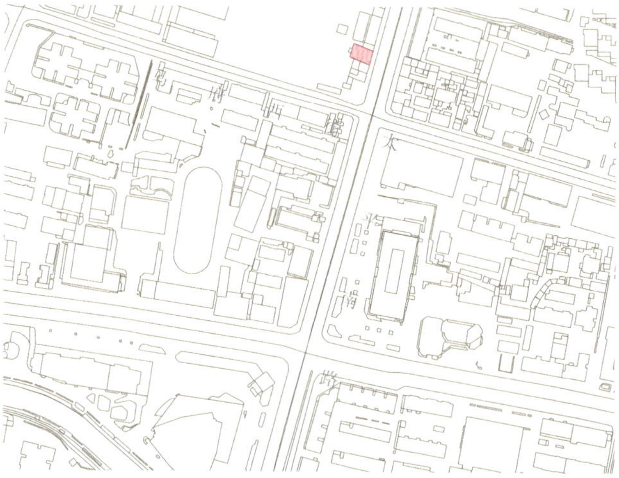

浙江庆和昌记支店旧址建于民国时期，为一幢西方现代派造型的三层楼房，坐西朝东，长 17 米，宽 9 米，高 14 米，钢混结构，平瓦屋面，属于典型的民国时期商贸建筑。临街外立面有黄色耐火砖贴面，二层窗下用蓝、白、红三色马赛克组成半圆与扇形图案，三层窗两边组成的是 4 个扇形竖排图案，再上以蓝、白两色自北向南写成：浙江庆和昌记支店。一楼高 6 米，无间隔，楼梯置于后面，楼上用灰板条隔成数间。楼后有院子，有 3 幢新建平房。现为住宿之用。

务本蚕种制造场旧址
The Site of Former Wuben Silkworm Egg Breeding Plant

- 位置：刘公巷 2 号、太平南路 551–567 号
- 年代：1917 年
- 级别：未定级

务本蚕种制造场旧址现有楼房 2 幢，平房 2 幢，均为砖混结构建筑。现沿街楼房作为商铺使用，蚕种场现为金陵科技学院使用，2 幢平房仍为居民居住。

据住户李宁生介绍，该蚕种场大概建于 1917 年，由李的爷爷张公均建造。沿街楼房三层，每层 318 平方米，合 954 平方米；蚕种场三层 18 间，每层 168 平方米，合 504 平方米；平房 2 幢，每幢 77 平方米，合 144 平方米。青砖外墙，红瓦屋面。据有关资料记载，该蚕种场 1920 年开始育桑卖苗，曾在岗子村购桑地 75 亩。1925 年创办蚕种场（民办），自成体系，开始制种。张公均女儿张世平当年就读苏州蚕校，毕业后辅助父亲创办蚕种场。当年向南京地区提供蚕种，因质量好，号称“铁种”。《南京简志》载：1956 年对私改造时，新生农场、务本蚕种场与金陵农牧公司公私合营。

务本蚕种制造场旧址是南京市唯一一处遗存的民国时期农工商一体的传统工业建筑，对研究民国时期南京市蚕桑业历史发展情况，提供了重要的物证，有极大的研究价值。

中央合作金库旧址
The Site of Former Central Cooperative Bank

- 位置：太平巷西口南侧
- 年代：民国
- 级别：未定级

中央合作金库旧址大门开在太平路。另外，太平巷原白下区区政府的“工”字楼，原也属金库房屋。太平路金库处原为世界饭店，建于 20 世纪 30 年代初，专营饮食，为长 20 间的两层楼房，楼上营业厅可同时容纳数百人用餐。后因经营不善，于 1934 年歇业，改成大中国商场，经营百货。大约在 1936 年发生火灾，房屋全毁。1946 年中央合作金库在此重建房屋。江苏省政府迁入南京后，又成为江苏省省级机关招待所。1993 年原合作金库的营业厅改为留园，内设舞厅、餐厅。

中央合作金库成立于 1946 年 8 月 1 日，由国民政府财政部和中央、中国、交通、中国农民四银行拨给资本。陈果夫任理事长，谷正纲、霍宝树等为常任理事，寿勉成任总经理。上述库址为南京总库所在，各省设分金库，部分县（市）设县（市）合作金库。南京解放后由人民政府接管，清理结束。

中央合作金库坐东朝西，为一幢长 77 米，宽 18 米，高 9 米的两层楼房，主面水泥本色粉饰，木质门窗，水泥地板，砖石结构，西方现代派造型，主入口两层以上为长方立柱式门面，平瓦屋顶。该建筑是研究民国政府金库遗存的实物例证之一。

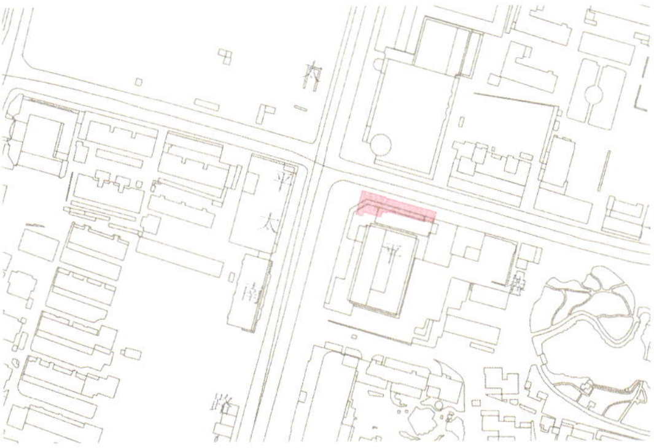

甘熙宅第	Former Mansion of Gan Xi
蒋寿山故居（三条营古建筑）	Former Residence of Jiang Shoushan
秦大士故居	Former Residence of Qin Dashi
刘芝田故居	Former Residence of Liu Zhitian
程先甲故居	Former Residence of Cheng Xianjia
张佩纶宅	Residence of Zhang Peilun
孔贞运旧居	Former Residence of Kong Zhenyun
童寯住宅	Former Residence of Tong Jun
高二适故居	Former Residence of Gao Ershi
朱状元巷清代住宅	Residence of Qing Dynasty in Zhuzhuangyuan Lane
邱清泉住宅	Residence of Qiu Qingquan
陈氏公馆	Chen's Mansion
张灵甫、马步芳宅	Residence of Zhang Lingfu and Ma Bufang
余吉泰旧居	Former Residence of Yu Jitai
沈万山故居楠木大厅	Nanmu Hall of the Former Residence of Shen Wanshan
杨秀清行宫建筑	Palace Building of Temporary Dwelling for Yang Xiuqing
傅尧成旧居	Former Residence of Fu Yaocheng
魏家骅故居	Former Residence of Wei Jiahua
温葆深故居	Former Residence of Wen Baoshen
王伯沆故居	Former Residence of Wang Bohang
阎俊旧居	Former Residence of Yan Jun
陈调元旧居	Former Residence of Chen Tiaoyuan
刘艺祖住宅	Former Residence of Liu Yizu
李荃荪、张正吟、张孝仲故居	Former Residence of Li Quansun, Zhang Zhengyin and Zhang Xiaozhong
刘峙故居	Former Residence of Liu Zhi

名人旧居

Former Residences of Celebrities

1 甘熙宅第

Former Mansion of Gan Xi

2 蒋寿山故居（三条营古建筑）

Former Residence of Jiang Shoushan

3 秦大士故居

Former Residence of Qin Dashi

4 刘芝田故居

Former Residence of Liu Zhitian

5 程先甲故居

Former Residence of Cheng Xianjia

6 张佩纶宅

Residence of Zhang Peilun

7 孔贞运旧居

Former Residence of Kong Zhenyun

8 童寯住宅

Former Residence of Tong Jun

9 高二适故居

Former Residence of Gao Ershi

10 朱状元巷清代住宅

Residence of Qing Dynasty in Zhuzhuangyuan Lane

11 邱清泉住宅

Residence of Qiu Qingquan

12 陈氏公馆

Chen's Mansion

13 张灵甫、马步芳宅

Residence of Zhang Lingfu and Ma Bufang

14 余吉泰旧居

Former Residence of Yu Jitai

❶⑮ 沈万山故居楠木大厅

Nanmu Hall of the Former Residence of Shen Wanshan

⑯ 杨秀清行宫建筑

Palace Building of Temporary Dwelling for Yang Xiuqing

⑰ 傅尧成旧居

Former Residence of Fu Yaocheng

⑱ 魏家骅故居

Former Residence of Wei Jiahua

⑲ 温葆深故居

Former Residence of Wen Baoshen

⑳ 王伯沆故居

Former Residence of Wang Bohang

㉑ 阎俊旧居

Former Residence of Yan Jun

㉒ 陈调元旧居

Former Residence of Chen Tiaoyuan

㉓ 李荃荪、张正吟、张孝仲故居

Former Residence of Li Quansun, Zhang Zhengyin and Zhang Xiaozhong

㉔ 刘艺祖住宅

Former Residence of Liu Yizu

㉕ 刘峙故居

Former Residence of Liu Zhi

㉖ 小火瓦巷 48 村民国建筑

Building in the Republic of China at No.48 Village, Xiaohuowa Lane

宅院入口
Entrance of Mansion

甘熙宅第
Former Mansion of Gan Xi

- 位置：南捕厅
- 年代：清
- 级别：国家级

甘熙宅第为国家级重点文物保护单位。民间俗称九十九间半。原占地面积 1.4 万平方米，建筑面积 1.2 万平方米。现宅占地面积约 1 万平方米，建筑面积 8 000 平方米。坐南朝北，分东、中、西三路，位于大板巷宅一路坐东朝西。各路均面阔三间，依次为门厅、轿厅、大厅。第四、第五进为宅楼。东路第三进为楼。每座大厅前各带轩廊，但形式各异，南捕厅西路（19 号）面阔三间 23 米，通进深 63 米，大厅用材考究。西侧偏院前后为二层楼房，后楼坐西朝东，中间三层楼房，是整组建筑中的最高处。全宅共有大小天井 35 个。

甘熙宅第建于清中叶以后，相传是江南望族甘熙之父甘福始建，时取名“友恭堂”。后经甘熙续建，始达成后日之规模。甘熙（1797—1852），是晚清时期南京的著名文人、藏书家，著有《白下琐言》《建康实录》《栖霞寺志》等。甘熙为官至礼部仪制司、户部广

花园池塘
Garden Pool

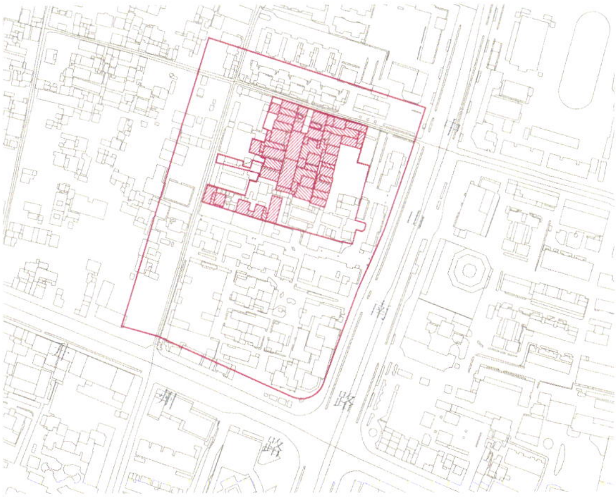

隔扇门
Grilled Door

东司道员等，在甘氏家族中最有名望。

甘熙宅第内原有南京最大的私人藏书楼——“津逮楼”，以及嵌有宋砖的书舍“三十六宋砖室”等。咸丰三年（1853），津逮楼等毁于兵火。甘熙宅第东南角垒筑假山池水，广植花草树木。

甘熙宅第规制齐整，地域宽广，整个建筑群的砖雕门额、花厅、绣楼等基本保存完好，具有极高的历史、科学和艺术价值。经过逐步修整，辟建为南京民俗博物馆。2006 年 5 月被国务院公布为全国重点文物保护单位。

甘熙宅第是南京现存规模最大、保存较完整的一座晚清私人住宅，是具有典型明清建筑风格的建筑群。其轻巧秀丽中略带雄浑，装修简洁，工程做法的多种流派并存，使其成为南京的一处文化遗珍。

友恭堂内景
Interior of Yougong Hall

俯瞰甘熙宅第布局
Bird's-eye View of the Layout of Gan Xi Mansion

蒋寿山故居东侧山墙
Pediment of Eastern Side of the Former Residence of Jiang Shoushan

蒋寿山故居（三条营古建筑）
Former Residence of Jiang Shoushan

- 位置：三条营 18 号、20 号、22 号、24 号、26 号、28 号
- 年代：清
- 级别：省级

蒋寿山故居为省级重点文物保护单位。据《南京文物志》（1997 年版）记载，三条营清代建筑位于三条营 20 号，“该组建筑原为蒋寿山住宅”。郑勉之《近代富甲江南的回回家族——金陵蒋氏》（《回族研究》1993 年 03 期）记载：创业者蒋春华（约 1827—1897），长子蒋长城（字寿山）在汉口开设春源油行，在南京有德大酱园，在六合有广大油坊，都具有一定的规模。另据《金陵蒋氏家乘》记载，其家族辈分排名为“文永春长、国锡有光”，其中蒋寿山，生子国彬、孙锡麟、重孙有绪。蒋有绪（1932 年出生），1999 年当选为中国科学院生物学部院士。蒋春华孙蒋国榜，毕生爱好文学，师承众多国学名师，晚年又集哲学、儒、佛、道、理、诗歌、书法于一身，编纂出版《金陵丛书》《简斋集》《清道人遗集》等书籍。蒋国榜子蒋锡夔，中国科学院上海有机化学研究所研究员，1991 年当选中科院院士，2002 年获得国家自然科学一等奖。

清代官方褒奖蒋氏的公告碑刻
The Announcement Stele for Praising Mr. Jiang by the Local Government of Qing

庭院
Yard

秦大士故居
Former Residence of Qin Dashi

- 位置：长乐路 61 号
- 年代：清
- 级别：省级

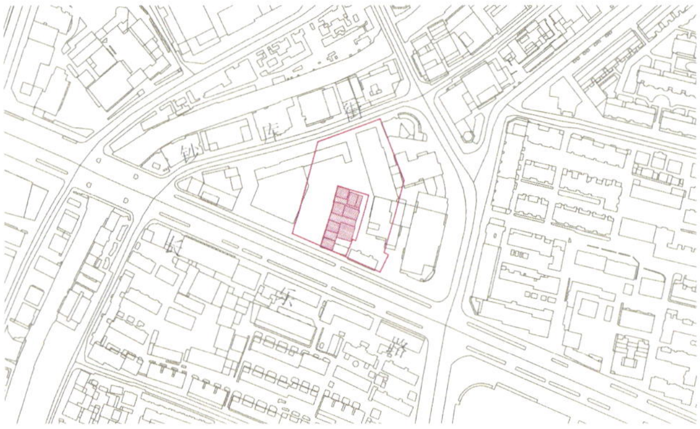

庭院
Yard

秋田堂
Qiutian Hall

秦大士故居为省级文物保护单位。现有中路和西路二进，中路剩下大厅和楼房，厅面阔三间 12 米，进深 8 米，高 8.2 米，大厅柱梁用料粗大，具有清初的建筑风格；西路四进，门厅面阔三间 10.1 米，进深 8 米，高 6 米，硬山顶。秦大士（1714—1777），字鲁一，又字鉴泉，号涧泉，又号秋田老人，江宁（今南京）人。乾隆十七年（1752）状元，官至侍读学士。名儒硕德，名重一时，诗、字、画称三绝。书法直逼欧、柳，又工篆、隶。晚年兼喜绘事，尤善写竹，间作写意花卉，士气盎然。著有《蓬莱山樵集》，世居金陵，是秦桧的后代。退任后住明崇祯大学士何如宠宅。故居内藏有 13 通碑刻，为乾隆年间秦大士亲笔书写的诗词作品。院内有古井 1 口，井栏为青石质。该故居是研究南京地区古代状元住宅的重要实例之一。

刘芝田故居
Former Residence of Liu Zhitian

位置：殷高巷 14 号和 14 号之一、二、三、四
年代：清
级别：省级

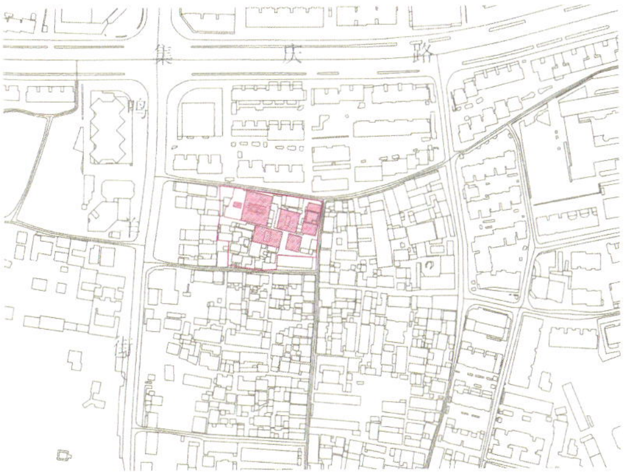

刘芝田故居为省级文物保护单位。占地面积 2 741 平方米，建筑面积 2 583 平方米。现存 6 个院子，有两院保存较好。原为明初开国功臣胡大海的府第，后几经周折，刘芝田于清光绪年间购得。刘芝田（1827—1892），字芝田，名瑞芬，原籍徽州贵池，后迁居江宁。清光绪十四年（1888），刘芝田任广东巡抚，后一度改作他职。有《养支山庄全集》等遗作。入仕后在清军械转运局、淞沪厘局任职，后一度曾代理两淮盐运使，清光绪年间复任松江道台，后随李鸿章到上海任职，并以钦差大臣的身份出使英、法、意、俄等国，故又称“刘钦差”。故老南京人又称刘府为“刘钦差府”。14 号之一原为刘芝田办公处，现房屋面阔三间 12.5 米，进深七檩 12 米；14 号之二为五开间走马楼，通面阔 19.2 米，通进深 23.4 米，高 9.5 米，硬山顶。保持原样，房陈旧。14 号之三、14 号之四号为三开间楼房。14 号之五已重建，为新房。14 号大门保存较好。整个院落整体布局基本保持原样，梁架结构基本保存完好，部分梁架上木雕完好、精美，屋面大部保持原样，部分改大瓦。墙面基本保持原样，部分木板隔墙、望板等被拆毁。二楼雕花护栏、木楼梯、木地板仍可正常使用。院中条石、方砖基本保存完好。14 号之二大门砖雕及一扇琉璃花格窗十分精美。门窗大部分为后期之物。刘芝田故居保护状况尚好，透过细节尚能一览刘府当年的气派，是晚清南京官员宅第的实物例证之一。

程先甲故居
Former Residence of Cheng Xianjia

位置：大百花巷 11 号
年代：清
级别：省级

程先甲故居为省级文物保护单位，该房屋纵深七进，其中轴线与街巷呈垂直状。此屋原系光绪年间一个名门黄姓大宅。宣统年间，由程先甲购置为私人邸宅。程先甲（1872—1932），字鼎丞，又字一夔，江宁人。因居住大百花巷，其笔名欣然自称“百花仙子”。光绪十七年（1891），经乡试，中举人。光绪二十九年（1903），全国开经济特科，共选 27 人，他以才识通博入选。清朝末期，他任江南高等学堂教授，又任简字学堂总理（即校长）。他对训诂、音韵之学，研究殊深。在清末文字改革运动中，尤其在汉语拼音方面，他是我国南方的先驱者。民国以后，任职于苏、陇、蒙、鄂等地，仍以书册相随，积稿满箱。他于五十余岁返回故里，居家继续潜心著述，又与友人组织霞社，被推为社长。每月聚会，写作诗词，相互唱和，为“千一斋”藏书楼增添特有的文化韵味和艺术风采。程先甲终其一生，成书 40 余种，计 100 余卷，合为《千一斋全书》。

故居原第一进为门厅，两侧为大轿停放和轿夫休息处。第二进为大厅，窗格下镌以“二十四孝图”。西侧置有一小书房兼作会客之用。第三进为程先甲居住的正房。第四进是藏书楼，即他生平所酷爱的书斋——“千一斋”。第五进也是楼屋，为程氏家人住房。第六进为厨房，院中水井至今还在。第七进为仆人居住之地。整个建筑占地面积 1 000 余平米。现第一进至第六进产权为程先甲后人所有，第七进产权为秦淮区房产局所有。

该故居仍保持南京地区明清建筑的地方风格和特色。

张佩纶宅
Residence of Zhang Peilun

- 位置：白下路 273 号
- 年代：清
- 级别：省级

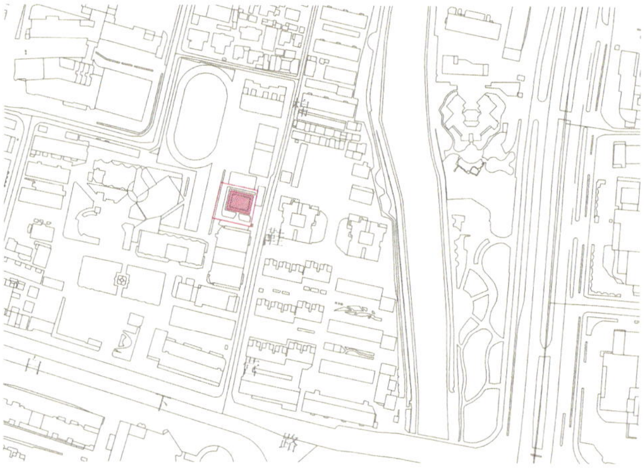

说明碑
Stele for Introducing

张佩纶宅为省级文物保护单位，位于江苏海院伯利兹科技园内，房屋的产权也为江苏海院所有。为清代建筑。原是清代有名的张侯府，系江南提督张云翼所建。同治年间，此宅为张佩纶所购居，张在马尾中法海战败后，被李鸿章延入幕府，并以女妻之，入住于此。该宅为一幢西式两层楼房，长 18 米，宽 14 米，高约 8 米。建筑面积约 504 平方米。

民国十六年国民政府立法院于此。第一任院长是胡汉民，他本人也曾住在这里。抗战期间这里成为胡适等人创办的中国公学所在地。中华人民共和国成立后，南京海运学校（现更名为南京海事职业技术学院）在此设立。旧有建筑大多被改建，现仅有西面和北面部分围墙是原来所建，一株罗汉松、石径花圃依稀可见当年痕迹。东面紧靠斛斗巷尚有一座砖砌二层小楼，保存完好，传为李鸿章女儿梳妆楼。

张佩纶宅是研究晚清官衙和民国官邸的实物例证之一。

正立面
Facade

孔贞运旧居
Former Residence of Kong Zhenyun

- 位置：钓鱼台 192 号
- 年代：清
- 级别：省级

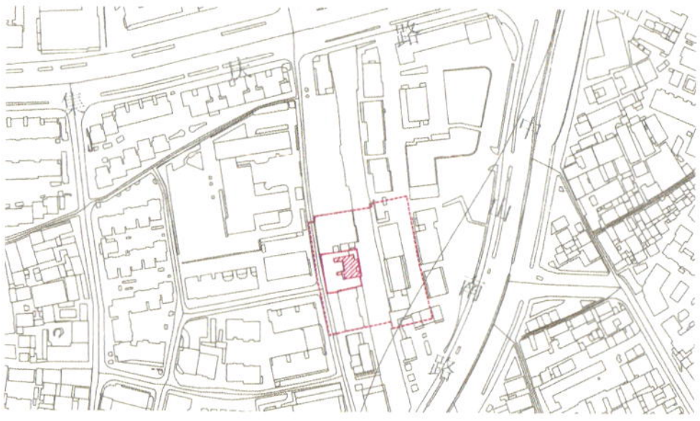

孔贞运旧居为省级文物保护单位。秦淮民居群（钓鱼台河房）为孔贞运旧居。孔贞运字开仲，句容人，孔子后裔，明万历年间进士及第，初授编修之职，参与编修两朝实录。明崇祯初年入阁部，故人称“孔阁部”，民间则称其为“孔天官”，他在金陵的私宅被当地人称为“天官宅”。

孔贞运旧居占地庞大，除众多的房间外，院落内还有一名曰“环碧园”的花园。现其旧居仅占地面积近 300 平方米，建筑面积近百平方米，为典型江南民居风格建筑。河房临河而建，现仍余有两院两进，占地面积 297 平方米，后为河厅，面阔三间 20 米，进深 13.5 米，硬山顶，两侧各有回廊，中有长方形庭院，临河有小亭，形式别致；西侧还有耳房 1 间，规模较小。当年，孔贞运曾任明朝高官，故老南京人称其宅为“孔天官家”。太平天国定都南京后，孔贞运宅一度又为英王陈玉成的英王府。太平军失败后，清军在曾国荃的率领下重占南京，南京城当时为炮火所毁，城内几乎看不到完整的大院，而孔贞运旧宅却保存基本完好。于是，曾国藩、曾国荃兄弟就将孔宅作为临时驻所。由于这个原因，孔贞运旧宅后遂成为湖南会馆。后来，此处为一胡姓人所有，其主人是从事竹木业为生的商人。1984 年 9 月，孔贞运旧居被列为南京市秦淮区文物保护单位。目前，该建筑虽已非当年气派，但旧迹尚存，让人依稀能联想到孔宅旧时的豪华。

孔贞运旧居具有秦淮河房典型特征的建筑之一。

河房立面
Facade of the Riverside House

童寯住宅
Former Residence of Tong Jun

- 位置：文昌巷 52 号
- 年代：1947 年
- 级别：省级

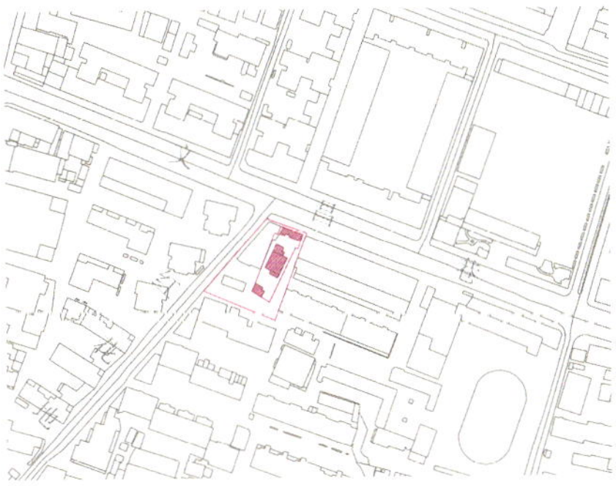

童寯住宅为省级文物保护单位。其坐北朝南，为砖木混合结构，有阁楼，大面积红色平瓦斜屋面，红砖清水墙面，毛石墙基座，木质门窗，英国别墅风格。建筑位于小院中部，西南为附属用房，整座院落典雅简洁。院落占地面积 414 平方米，建筑面积 133 平方米。2004 年大修，现为童寯后人居住。

童寯（1900—1983），字伯潜，满族，辽宁沈阳人，著名的建筑学家和教育家。1925 年留学美国，1930 年回国，曾任东北、中央大学教授。中华人民共和国成立以后历任南京工学院（今东南大学）建筑系教授、建筑研究所副所长等。他一生以渊博的知识和高超的修养，设计了一百多座优秀而富有个性的建筑，培养了一大批建筑人才，在我国建筑史上占有重要地位。此住宅虽在闹市，但别有洞天，整个建筑典雅简洁，经济实用。

立面
Facade

庭院
Yard

内景
Interior of Room

高二适故居
Former Residence of Gao Ershi

- 位置：六合里 3 号
- 年代：民国
- 级别：市级

高二适故居为市级文物保护单位，原为国民政府立法委员杨幼炯的寓所，为一幢二层小楼，题名齐园，现增建为三层，砖混结构，红瓦屋面，水泥墙面，木质门窗。高二适于 1948 年迁居此处，至 1977 年逝世，在此居住 29 年。另有附属用平房 2 幢。高二适（1930—1977）原名锡璜，号舒凫，是当代著名书法家。平生专注古典诗文，青年时在上海读书，中年师事章士钊。抗日战争胜利后一直从事教育工作，晚年任江苏省文史馆馆员。书法博涉古今名家墨迹，取精用弘，独辟蹊径，形成自己的独特风格。著有《刘梦得集校录》《兰亭序真伪驳议》等著作。高二适在此宅居住 30 年，如复原旧观，对研究这一学者有重要参考价值。

朱状元巷清代住宅
Residence of Qing Dynasty in Zhuzhuangyuan Lane

位置：朱状元巷 32 号、34 号
年代：清
级别：市级

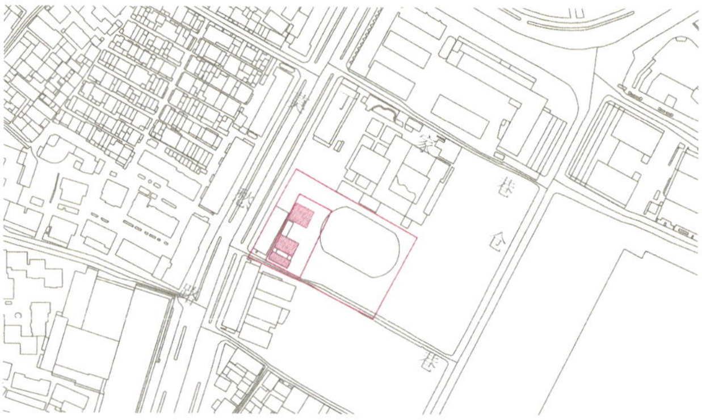

此住宅为市级文物保护单位，建于清朝。

西路 34 号为三进，平面为门厅—轿厅—大厅，两侧有廊连接。门厅面阔三间 12.8 米，进深 9.8 米，高 8.9 米。大厅面阔三间 12.8 米，进深五檩 9.8 米，带轩，梁上雕有图案，高 8.9 米。均为硬山顶。东路 32 号仅存一进，面阔三间 11 米，进深 9.25 米，高 7.6 米，梁架雕刻精美，具有明代特色。

朱之蕃（1557—1624），字元介、元长升，号兰嵎，定觉主人，祖籍山东茌平人，寓居南京。明朝万历二十三年乙未（1595）入翰林院，任至吏部侍郎。卒赠尚书，著有《奉使稿》。朱之蕃是明代万历（1573—1620）年间中的状元，为官清廉，后人把他旧居所在巷取名朱状元巷。

该建筑梁架雕刻精美，具有明代特色。所雕戏曲人物图案，刀工细腻，人物生动，为现存南京地区古建筑少见之珍贵遗存。

邱清泉住宅
Residence of Qiu Qingquan

位置：复成新村 14 号
年代：民国
级别：市级

邱清泉住宅为市级文物保护单位，民国时期建造，是一幢二层西式楼房，原为邱清泉住宅。占地面积 358.8 平方米，建筑面积 393.9 平方米。砖混结构，钢门钢窗，房顶为露天平台，周围有铁栏。原为水泥拉毛外墙面，墙腰饰贴棕色釉砖，整个建筑，外观亮丽，结构精巧，独具匠心。院内有高大的广玉兰一株，遮天蔽日，已被列为南京市古树名木。住宅现为空军 454 医院职工宿舍。

该建筑为民国时期别墅式住宅，反映了民国时期中高阶层人们的生活状况。是研究民国时期高官住宅的实物例证。

邱清泉（1902—1949），字雨庵，浙江永嘉人。1921 年毕业于浙江省立第十中学；翌年，考入上海大学社会学系。历任国民党第二百师副师长、新编第二十二师少将师长、第五军中将军长、第二兵团副司令等职。1948 年 10 月，升任第二兵团司令官，同年 11 月率本部参加淮海战役，不久其所部十万人全部被歼，邱清泉于 1949 年 1 月 10 日在萧县陈官庄突围时阵亡。

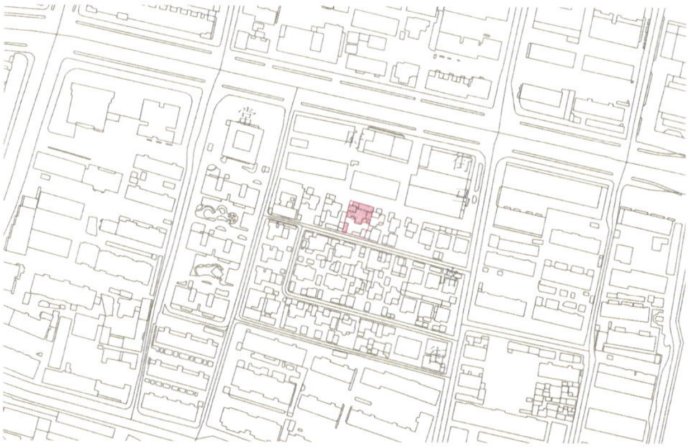

陈氏公馆
Chen's Mansion

- 位置：常府街 30 号
- 年代：民国
- 级别：市级

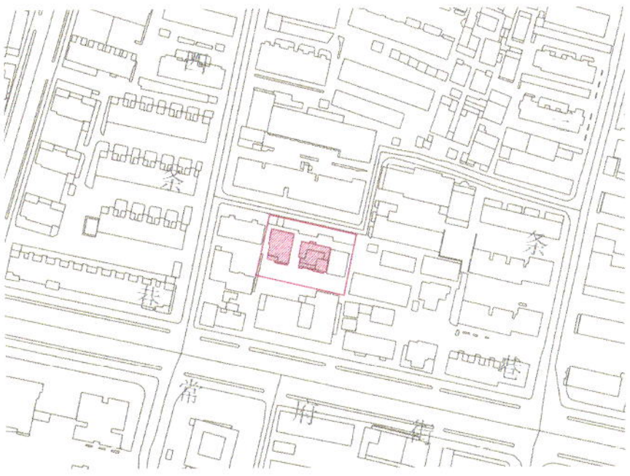

陈氏公馆为市级文物保护单位，为陈立夫、陈果夫两兄弟住宅，俗称陈氏公馆。陈立夫（1900—2001），名祖燕，化名李融清、辜君明。曾任“中统”局长，立法院副院长。1935 年任国民党中央组织部部长时建此宅。建筑坐北朝南，原占地面积约 3 000 平方米，现存房屋 3 幢，建筑面积 508 平方米。现存西式楼房两幢，砖木结构，坡顶，青瓦屋面，水泥墙面，木质门窗。东楼两层局部三层，原为陈果夫所住；西楼两层，原为陈立夫所住。靠门房一幢三层西式楼房为秘书、警卫居住，后有平房一排 17 间，楼房、平房共 92 间。

侵华日军占领南京时，此处为日军慰安所。1949 年由第二公产管理处接管，1949 年以后，由空军 454 医院使用。

此公馆作为民国高官住宅，对研究民国史有参考价值。

张灵甫、马步芳宅
Residence of Zhang Lingfu and Ma Bufang

- 位置：仁寿里 18 号、20 号、22 号、24 号
- 年代：民国
- 级别：市级

张灵甫故居
The Former Residence of Zhang Lingfu

马步芳故居
The Former Residence of Ma Bufang

张灵甫、马步芳住宅为市级文物保护单位。仁寿里 18 号、20 号、24 号原为曾任国民党整编七十四师师长张灵甫的住宅，主楼西式二层，砖混结构，坡屋顶，黑色平瓦屋面；22 号为马步芳的住宅，占地面积 324.7 平方米，建筑面积 230 平方米。马步芳在民国时期曾任青海省主席。4 幢小楼均为欧洲别墅式建筑，砖混结构，钢门钢窗，青瓦屋面，外墙下部为青砖，上部是水泥拉毛墙面。每幢楼上下两层共 8 间，另有附属平房 2 间约 80 平方米，均有单独院落。

张灵甫（1903—1947）曾任国军整编七十四师师长。马步芳（1903—1975）字子香，甘肃临夏人，回族，曾任青海省政府主席、西北长官公署长官等职。该处作为民国高官住宅，对研究民国史有参考价值。

余吉泰旧居
Former Residence of Yu Jitai

位置：钓鱼台 196 号
年代：清
级别：区级

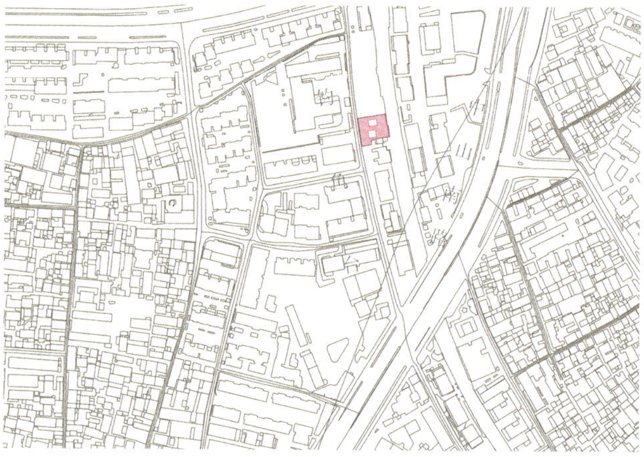

余吉泰旧居为区级文物保护单位，清代建筑。原房主名余吉泰，营丝织业。建筑坐东南朝西南，占地面积约 560 平方米，建筑面积约 537.8 平方米。原有四进，现存两进 14 间。余吉泰旧居是具有秦淮河房典型特征的建筑之一。

沈万山故居楠木大厅
Nanmu Hall of the Former Residence of Shen Wanshan

位置：马道街 7 号
年代：明
级别：区级

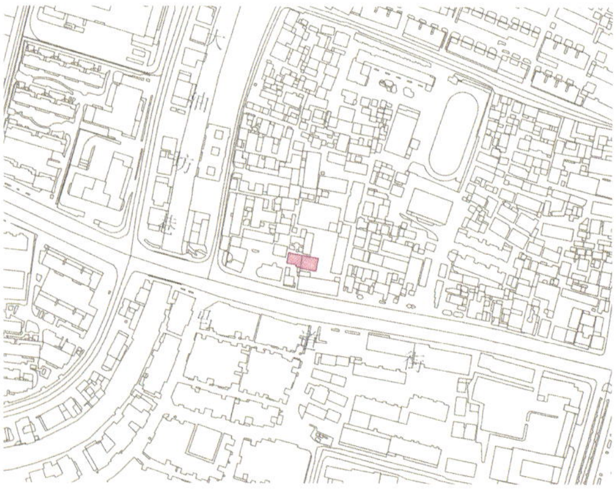

沈万山故居楠木大厅为区级文物保护单位。楠木大厅，面阔三间 11.8 米，进深七檩 9.8 米，硬山顶。抬梁式结构，檐高 4.5 米，砖雕门楼十分精致。沈万三，是苏州人对富豪沈氏的称谓，元末明初人，浙江吴兴南浔镇人。元代沈祐迁苏州居周庄，明初其子沈富、孙沈茂、沈旺为粮长，洪武三年（1370）输粮京师，得廷见洪武皇帝朱元璋，赐酒食而归，遂煊赫于时。沈氏为上等户三类中最秀者，时人称沈万户三秀，简称沈万三。沈富之孙沈玠为户部员外郎，留居南京，为一方富豪，自洪武十九年（1386）起助修南京城。后被谪发云南。此宅相传为沈万三宅。

沈万山故居是研究南京地区富商住宅的重要实物例证之一。

楠木大厅建筑东北侧
North-eastern Side of the Building of Nanmu Hall

楠木大厅梁架
Beam of Nanmu Hall

杨秀清行宫建筑
Palace Building of Temporary Dwelling for Yang Xiuqing

- 位置：马道街 161 号
- 年代：太平天国
- 级别：区级

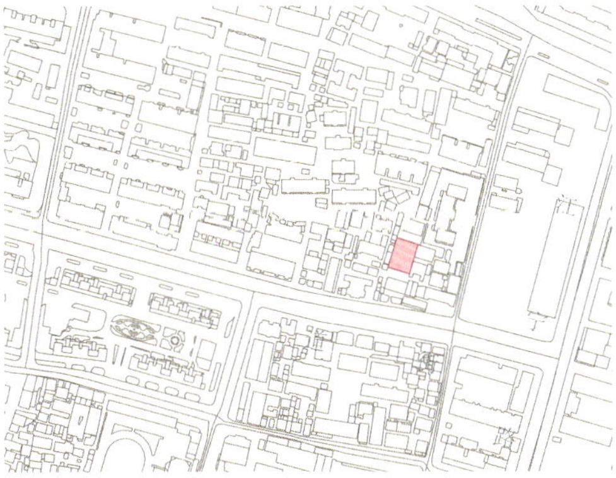

杨秀清行宫建筑为区级文物保护单位。此院落坐北朝南，原有五进砖木结构房子，通面阔 29 米，通进深 38.7 米，还有亭台楼阁、花园，现第一进和亭台楼阁、花园均毁。太平天国东王杨秀清在此做过行宫。院内还有条石六方。现存四进硬山顶平房，整体布局基本保持原貌。梁架保存较好，梁架用料粗大，梁枋上有精美木雕。局部木构件存在槽朽，或更换或有所改动；墙体部分改动，基本保持原貌；门、窗大多为后期之物，梁下部分漏窗保存完好，布局部分改变；屋面大部分经过翻修或翻建；地坪局部保存方砖铺地。

据《天京录》载："今且已百年，天京遗迹多不可考，门东小心桥狭巷内有老屋门上贴太平封条。光绪末尚有启视之者，室内陈列亦皆天京时，床头悬太平历书，急掩户出。自是无敢问者。入民国门锁如故。"

傅尧成旧居
Former Residence of Fu Yaocheng

- 位置：大油坊巷 71 号
- 年代：太平天国
- 级别：区级

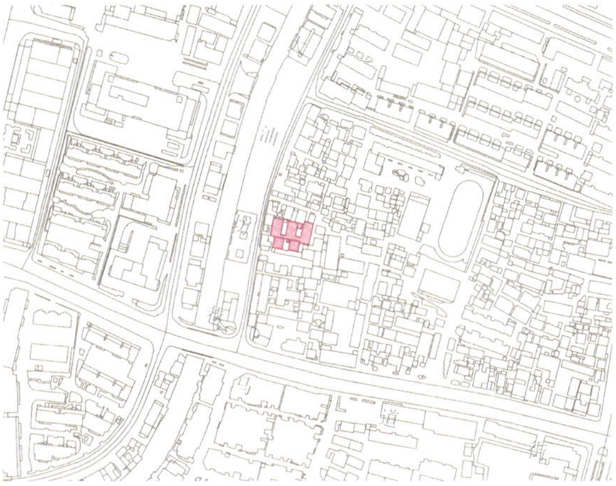

傅尧成旧居为区级文物保护单位。此建筑有两个院子。东院二进，面阔 16 米，通进深 25 米；西院三进，第三进为楼房，面阔 18.5 米，通进深 39 米。现为民居。太平天国时，傅尧成初任天国牧马，后任伍佰夫长，最后做天王侍卫。傅尧成于清同治二年（1863）买此屋。这是南京地区太平天国衙署建筑遗存之一。

魏家骅故居
Former Residence of Wei Jiahua

位置：高岗里 17 号、19 号、21 号
年代：清
级别：未定级

魏家骅故居平面布局紧凑，有门厅、轿厅、对厅、花厅、走马楼、佛祠、花园等。魏家骅宅坐南朝北，现存东西二路，每路五进砖木结构房屋，通面阔 45 米，通进深 55 米，占地面积 2 475 平方米。东路第一至第三进为三开间，七檩平房，第四、五二进为走马楼。西路第一至第四进为三开间，七檩平房，第五进为两层楼。西路第二进大厅梁上雕有精致花纹，檐下搁板雕有人、鸟、花、兽等图案。屋面大部经过维修，部分小瓦改大瓦。原有木板墙还有少量保存，大部分都改成了砖墙，门窗都为后期之物。魏家骅，晚清翰林出身，为官从商，有织机三千张，商号“魏广兴”，丝织品质量高，营销广。魏家骅当年的旧居，时名“广兴府”。整座院落基本保持原来格局，梁架保存完好。该故居仍保持南京地区明清建筑的地方风格和特色。

故居南门巷道出口
Exit of Laneway at the Eastern Door of the Former Residence

故居北门
The Northern Door of the Former Residence

温葆深故居
Former Residence of Wen Baoshen

位置：升州路中段北侧、绒庄街 31 号
年代：清
级别：未定级

温葆深故居始建于清道光年间。当年建筑颇为宏敞，前门开在绫庄巷，后门开在大板巷，前后七进，每进均为双厢房厅堂院落，有漂亮的跑马楼、戏台、花园等陈设。门厅两侧竖有赐衔牌十二面，面文有“宗人府丞、礼部侍郎、户部侍郎、经筵讲官、头品顶戴、太子少保、一品夫人”等。宅第大门有对联：“归田进忠爵；重晏赴琼林”。大厅则有慈禧下谕由专人书写的楹联：“天下翰林皆后辈，朝中宰相两门生”。岁月流逝，旧居曾被多个单位使用，今仅存前三进，500 多平方米。门厅已改为通道，约有六七米长，通道两边为民居。再往里走，是水泥铺就的院子，再前是一栋老式平房，外墙、门窗修葺一新，依稀可见檐下残留的黄色雕花装饰板、斗拱和檐柱等构件。穿过平房，一座两层木结构的小楼映入眼帘。小楼有木栏杆环绕三面，在迎面的梁上，还有精致的门雕和窗雕。

温葆深（1800—1888），字明叔，南京人。道光二年（1822）进士，曾官至宗人府府丞、礼部、户部右侍郎、经筵讲官等。中进士六十年后重赴鹿鸣宴，钦加头品顶戴太子少保衔，夫人张太夫人封为一品夫人。他是清代咸丰和同治两朝皇帝的老师，日侍讲席，恪尽职守，口碑极佳。温葆深习文擅书，曾任钟山书院、惜阴书院主讲，著有《春树斋杂著》《春树斋丛说》等。

故居北侧入口
The Entrance at the Northern Side of the Former Residence

陈列室内景
Interior of Exhibition Room

纪念馆内侧庭院
Interior Yard of Memorial Hall

王伯沆故居
Former Residence of Wang Bohang

- 位置：边营 98-1 号
- 年代：清
- 级别：未定级

王伯沆故居原为五进，有房 40 余间。由于近年城市改建而改为二进，现部分建筑已辟为“王伯沆、周法高纪念馆”。整个院落坐南朝北，通面阔 11 米，通进深 50 米，现存第三、第四进为砖木结构，硬山顶。第三进面阔三间 11 米，进深七檩 8.6 米，高 5.5 米，梁架为抬梁穿斗式结构，第四进面阔三间 11 米，进深七檩 8.5 米，高 4 米，梁架为抬梁穿斗式结构。房屋檐下漏窗保存完好，第三进院落大门、地面条砖方砖、雕刻花格木门、望砖、木板隔墙、屋面小瓦保持原样。王伯沆（1871—1944），名瀣，字伯沆，号冬饮，又号沆一、伯涵、伯韩，五十岁以后又号伯谦、无想居士等。曾在南京高等师范学校、东南大学、中央大学任教授，执教近三十年，于国学、诗词文学、书法等方面有很高造诣，为一代名儒。王伯沆不但是位教育学家，更是一位富有民族气节的爱国者。周法高（1915—1993），字子范，号汉堂，著名语言文字学家，王伯沆女婿。他对语言学的音韵、语法、训诂以及文字学都有贡献，一生研究成果达一千万字。

阎俊旧居
Former Residence of Yan Jun

- 位置：五福里 5 号、7 号
- 年代：民国
- 级别：未定级

阎俊旧居建筑坐北朝南，二进砖木结构、硬山顶。第一进为两层楼，第二进为平房。通面阔 17.5 米，通进深 26 米。占地面积 455 平方米。

阎俊旧居庭院
Yard of the Former Residence of Yan Jun

陈调元旧居
Former Residence of Chen Tiaoyuan

位置：树德坊 1 - 22 号
年代：民国
级别：未定级

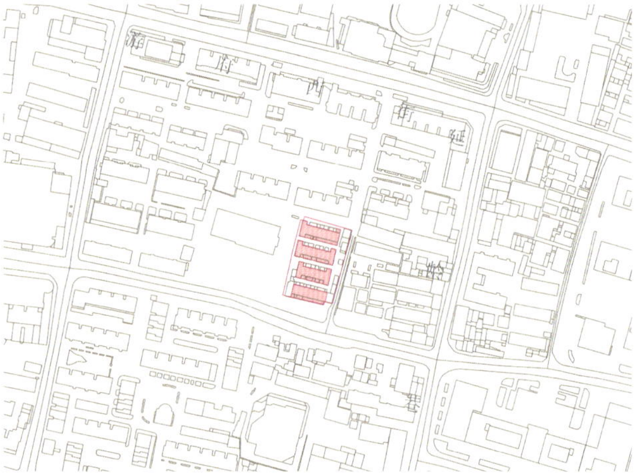

陈调元旧居建于 1931 年。现有二层楼房 4 幢，每幢 14 间，青色瓦面，水泥墙面，木质门窗，院落有石门、围墙，建筑形式类似于上海石库门风格。原为国民党军事参议院高级职员宿舍。原有 5 幢西式二层楼房，每幢 4 个单元，每个单元均为形式统一的独立院。砖木结构，每个单元楼上下建筑面积约 80 平方米。合计建筑面积 1 998.5 平方米。2006 年，前面 1 幢楼房于淮海路拓宽时拆除。淮海路 31 号有附属建筑 3 幢，均为平房，约 140 平方米。

陈调元（1886—1943），字雪暄，河北安新人。曾任安徽和山东省政府主席、国民党军事参议院院长等职。

该建筑群为民国时期住宅建筑，代表了民国时期中高阶层人群生活状况。

刘艺祖住宅
Former Residence of Liu Yizu

位置：八宝前街 46 号
年代：民国
级别：未定级

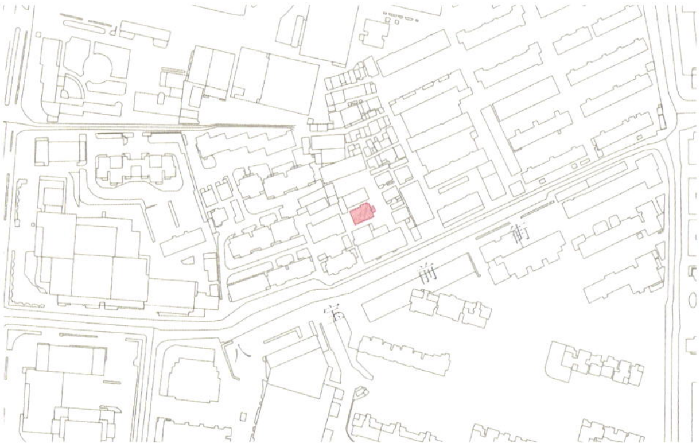

刘艺祖住宅为民国时期建造，为一幢二层楼房，砖混结构住宅楼，青砖墙面，青瓦屋面，木质门窗，前有门楼，上下共八间，建筑面积约 200 多平方米。

据了解此处原为国民党时期律师刘艺祖私宅，现为其后人居住。

楼顶外观
Exterior of the Roof

庭院
Yard

门楼
Archway

李荃荪、张正吟、张孝仲故居
Former Residence of Li Quansun, Zhang Zhengyin and Zhang Xiaozhong

位置：六合里 7 号
年代：民国
级别：未定级

迎街外墙
Exterior Wall Beside the Street

立面
Facade

此建筑系 1931 年由李荃荪、张正吟、张孝仲共同建造，为 1 幢二层楼房，建筑占地面积 300 多平方米，另有三间门房。分三家合六个门洞，六合里地名也由此而来。楼房为砖木结构，青瓦屋面，水泥墙面，木质门窗、楼板和地板，共 42 间。一楼北侧有门廊，建筑面积 810 平方米，外有围墙和门房。该建筑属于民国时期大户人家住宅楼，有一定的保护价值。

张正吟故居坐南朝北，楼高两层，砖木结构，有大小房间 14 间，占地面积 600 平方米，建筑面积 300 平方米，日本别墅式风格建筑，与原国民党军需大学校长张孝仲、国民党高级将领李荃荪为邻，该建筑始建于 1937 年春，为日籍建筑师设计。

张正吟（1912—1995）原名镇瀛，名志熙，江苏南京人。1937 年毕业于中央大学艺术系。受教于吕凤子、徐悲鸿、张大千、张书岩等名家，专攻小写意花鸟，他常与萧朗合作，亦师亦友，与著名花鸟画家萧朗合称“小写意张朗”。长期在南京多所中学任美术老师。1962 年和南京画家王金山联合举办画展，1980 年在鼓楼公园举办画展。出版有《张正吟花鸟画集》。《松雀图》《孔雀樱花》《松鹤延年》《秋色秋声》《花王图》《迎春》等作品多次在国内外展出及在报刊上发表。张正吟生前为江苏省文史馆馆员，江苏省花鸟画研究会成员，江苏省美术家协会会员，南京书画院特约画师。

刘峙故居
Former Residence of Liu Zhi

位置：秣陵路 21 号
年代：民国
级别：未定级

该建筑群 1937 年前建造，整个宅院原占地面积 2 938.9 平方米，共有 18 幢南北向小楼。现建筑占地面积 1 023.12 平方米，现存西式两层住宅楼 4 幢（据说是刘峙 4 位夫人，每人 1 幢），均有一排附属用房，南面 6 幢两层楼房为感化院用房。建筑为砖木结构，木门窗，木地板，青瓦屋面，外墙原为青砖，现房管部门维修时，用水泥素粉加固。北 4 幢小楼保存较好，南 6 幢保存现状一般。

刘峙（1892—1971），字经扶，江西吉安人。抗战时期曾任第五战区司令长官。1916 年保定军校二期，历任粤军连长、营长、支队长、黄埔军校教官，先后任河南省主席、第五战区司令官等职。1971 年病逝于台北。

该故居是研究民国官邸的重要实物例证之一。

糖坊廊河房	Riverside House, Tangfanglang
钞库街河房	Riverside House, Chaoku Street
牛市古民居建筑	Buildings of Ancient Residence, Niushi
饮马巷古民居	Ancient Residence at Yinma Lane
柳叶街41号古民居	No.41 Ancient Residence, Liuye Street
锦绣坊21号古建筑	No.21 Ancient Building, Jinxiufang
殷高巷古建筑	Ancient Building in Yingao Lane
殷高巷明清住宅	Ming and Qing Dynasty Residence in Yingao Lane
高岗里18号，20号建筑	No.18 and No.20 Building at Gaogangli
高岗里39号古民居	No.39 Residence at Gaogangli
望鹤楼古民居	Ancient Residence at Wanghe Lou
同乡共井6号，11号，15号民居	No.6, N0.11, N0.15 Traditional Residence, Tongxiang'gongjing
五福里2-1号民居	No.2-1 Traditional Residence, Wufuli
荷花塘4号，5号民居	No.4, N0.5 Residence at Hehuatang
磨盘街11号，13号民居	No.11, N0.13 Residence at Mopan Street
孝顺里22号民居	No.22 Residence at Xiaoshunli
剪子巷35号民居	No.35 Residence at Jianzi Lane
三条营64号，70号，72号，74号，76号，78号民居	No.64, N0.70, N0.72, N0.74, N0.76, N0.78 Residence at Santiaoying
钓鱼台9号，13号，17号民居	No.9, N0.13, N0.17 Residence at Diaoyutai
谢公祠1号，20号民居	No.1, N0.20 Residence at Xiegongci
花露南岗1号，3号，24号，30号民居	No.1, N0.3, N0.24, N0.30 Residence at Hualu'nan'gang
花露北岗1号民居	No.1 Residence at Hualubeigang
花露岗25号，46号，54号	No.25, N0.46, N0.54 Residence at Hualugang
鸣羊街28号民居	No.28 Residence at Mingyang Street
常府街24号古建筑	No.24 Ancient Building at Changfu Street
安品街20号清代建筑	No.20 Qing Dynasty Building at Anpin Street
大辉复巷5号民居	No.5 Residence at Dahuifu Lane
糯米巷15号民居	No.15 Residence at Nuomi Lane
小王府巷16号民居	No.16 Residence at Xiaowangfu Lane
评事街25号，43号，48号，73号，76号，78号，136号，188号民居	No.25, N0.43, N0.48, N0.73, N0.76, N0.78, N0.136, N0.188 Residence at Pingshi Street
绫庄巷2号，3号，5号，7号，12号，18号，28号，29号，31号，36号民居	No.2, N0.3, N0.5, N0.7, N0.12, N0.18, N0.28, N0.29, N0.31, N0.36 Residence at Lingzhuang Lane
绫庄巷38号，40号，41号，42号民居	No.38, N0.40, N0.41, N0.42 Residence at Lingzhuang Lane
大板巷23号，27号民居	No.23, N0.27 Residence at Daban Lane
嘉兆巷3号民居	No.3 Residence at Jiazhao Lane
走马巷1号，3号，4号，5号，6号民居	No.1, N0.3, N0.4, N0.5, N0.6 Residence at Zouma Lane
泰仓巷9号，13号，14号，17号，19号，29号，30号，34号，35民居	No.9, N0.13, N0.14, N0.17, N0.19, N0.29, N0.30, N0.34, N0.35 Residence at Taicang Lane
红土桥22号及泰仓巷39号民居	No.22 Residence at Hongtuqiao and No.39 Residence at Taicang Lane
升州路146号，184号民居	No.146, N0.184 Residence at Shengzhou Road
千章巷17号，23号民居	No.17, N0.23 Residence at Qianzhang Lane
踹布坊21号，36号民居	No.21, N0.36 Residence at Chuaibufang
泥马巷13号，15号民居	No.13, N0.15 Residence at Nima Lane

传统民居

Traditional Residences

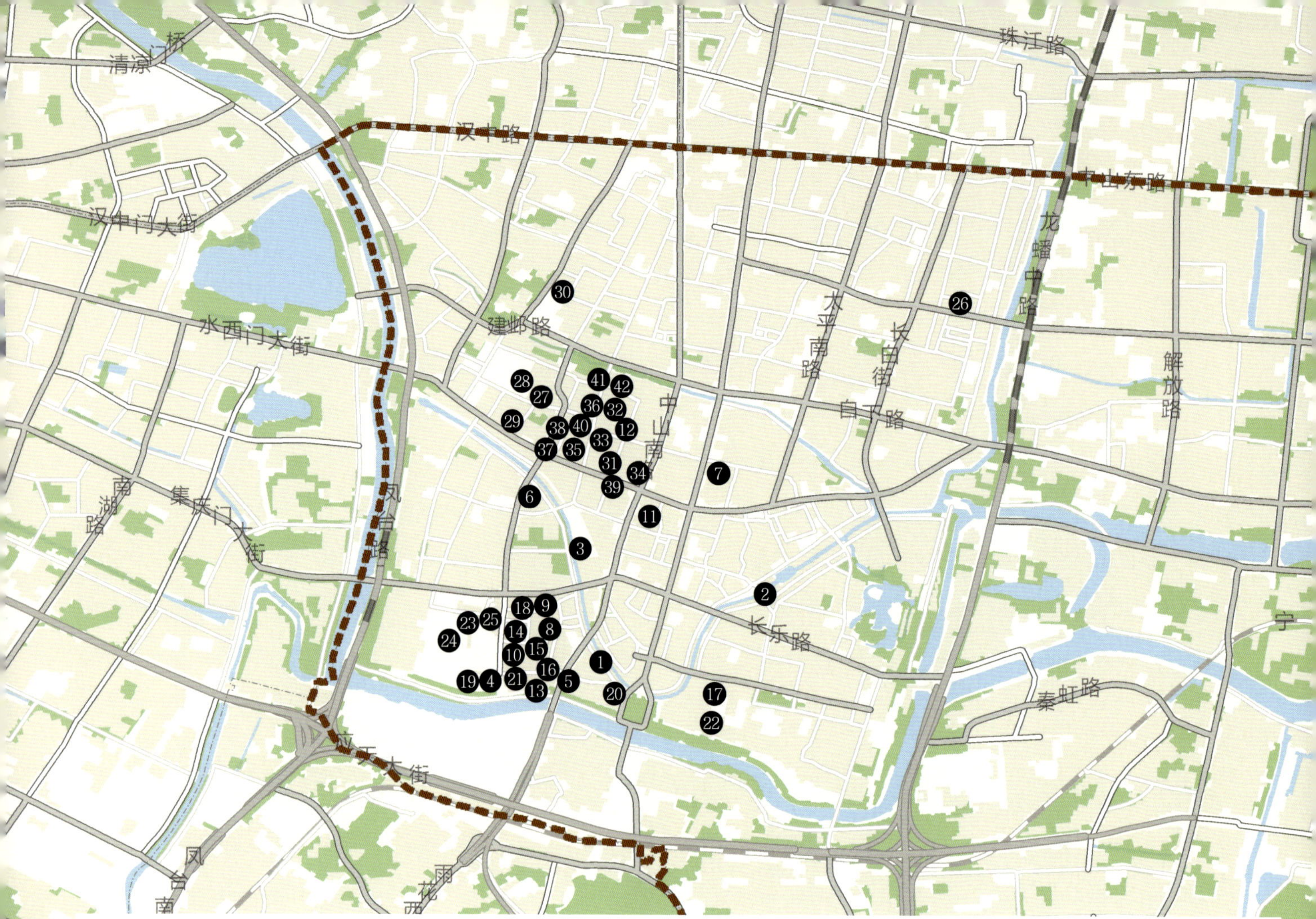

❶ 糖坊廊河房

Riverside House, Tangfanglang

❷ 钞库街河房

Riverside House, Chaoku Street

❸ 牛市古民居建筑

Buildings of Ancient Residence, Niushi

❹ 高岗里 39 号古民居

No.39 Residence at Gaogangli

❺ 饮马巷古民居

Ancient Residence at Yinma Lane

❻ 柳叶街 41 号古民居

No.41 Ancient Residence, Liuye Street

❼ 锦绣坊 21 号古建筑

No.21 Ancient Building, Jinxiufang

❽ 殷高巷古建筑

Ancient Building in Yingao Lane

❾ 殷高巷明清住宅

Ming and Qing Dynasty Residence in Yingao Lane

❿ 高岗里 18 号、20 号建筑

No.18 and No.20 Building at Gaogangli

⓫ 望鹤楼古民居

Ancient Residence at Wanghe Lou

⓬ 泥马巷 13 号 15 号民居

No.13, N0.15 Residence at Nima Lane

⓭ 同乡共井 6 号 11 号 15 号民居

No.6, N0.11, N0.15 Traditional Residence, Tongxiang'gongjing

⓮ 五福里 2-1 号民居

No.2-1 Traditional Residence, Wufuli

⓯ 荷花塘 4 号 5 号民居

No.4, No.5 Residence at Hehuatang

⓰ 磨盘街 11 号 13 号民居

No.11, No.13 Residence at Mopan Street

⓱ 剪子巷 35 号民居

No.35 Residence at Jianzi Lane

⓲ 孝顺里 22 号民居

No.22 Residence at Xiaoshunli

⓳ 花露南岗 1 号 3 号 24 号 30 号民居

No.1, N0.3, N0.24, N0.30 Residence at Hualu'nan'gang

⓴ 钓鱼台 9 号 13 号 17 号民居

No.9, N0.13, N0.17 Residence at Diaoyutai

㉑ 谢公祠 1 号 20 号民居

No.1, N0.20 Residence at Xiegongci

㉒ 三条营 64 号 70 号 72 号 74 号 76 号 78 号民居

No.64, N0.70, N0.72, N0.74, N0.76, N0.78 Residence at Santiaoying

- ㉓ 花露北岗 1 号民居
  No.1 Residence at Hualubeigang
- ㉔ 花露岗 25 号、46 号、54 号
  No.25, N0.46, N0.54 Residence at Hualugang
- ㉕ 鸣羊街 28 号民居
  No.28 Residence at Mingyang Street
- ㉖ 常府街 24 号古建筑
  No.24 Ancient Building at Changfu Street
- ㉗ 安品街 20 号清代建筑
  No.20 Qing Dynasty Building at Anpin Street
- ㉘ 大辉复巷 5 号民居
  No.5 Residence at Dahuifu Lane
- ㉙ 糯米巷 15 号民居
  No.15 Residence at Nuomi Lane
- ㉚ 小王府巷 16 号民居
  No.16 Residence at Xiaowangfu Lane
- ㉛ 评事街 25 号 43 号 48 号 73 号 76 号 78 号 136 号 188 号民居
  No.25, N0.43, N0.48, N0.73, N0.76, N0.78, N0.136, N0.188 Residence at Pingshi Street
- ㉜ 绫庄巷 2 号、3 号、5 号、7 号、12 号、18 号、28 号、29 号、36 号、38 号、40 号、41 号、42 号民居
  No.2, N0.3, N0.5, N0.7, N0.12, N0.18, N0.28, N0.29, N0.36, N0.38, N0.40, N0.41, N0.42 Residence at Lingzhuang Lane
- ㉝ 绫庄巷 31 号民居
  No.31 Residence at Lingzhuang Lane
- ㉞ 大板巷 23 号、27 号民居
  No.23, N0.27 Residence at Daban Lane
- ㉟ 嘉兆巷 3 号民居
  No.3 Residence at Jiazhao Lane
- ㊱ 走马巷 1 号、3 号、4 号、5 号、6 号民居
  No.1, N0.3, N0.4, N0.5, N0.6 Residence at Zouma Lane
- ㊲ 泰仓巷 9 号、13 号、14 号、17 号、19 号、29 号、30 号、34 号、35 民居
  No.9, N0.13, N0.14, N0.17, N0.19, N0.29, N0.30, N0.34, N0.35 Residence at Taicang Lane
- ㊳ 红土桥 22 号及泰仓巷 39 号民居
  No.22 Residence at Hongtuqiao and No.39 Residence at Taicang Lane
- ㊴ 升州路 146 号、184 号民居
  No.146, N0.184 Residence at Shengzhou Road
- ㊵ 千章巷 17 号、23 号民居
  No.17, N0.23 Residence at Qianzhang Lane
- ㊶ 踹布坊 21 号民居
  No.21 Residence at Chuaibufang
- ㊷ 踹布坊 36 号民居
  No.36 Residence at Chuaibufang

糖坊廊河房
Riverside House, Tangfanglang

- 位置：糖坊廊 61 号
- 年代：清
- 级别：省级

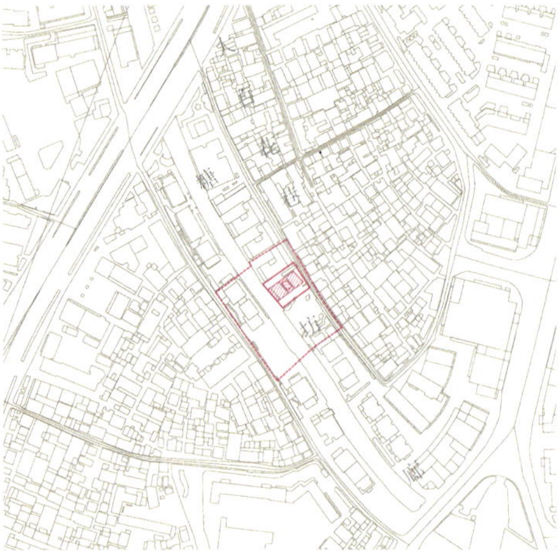

位于镇淮桥西塊间，系二层木结构河房住宅。在河房下端以大块条石驳岸砌成较高的台状地基，十分坚固，整齐美观。其上为两层楼房，耸峙于内秦淮河的北岸。河房上部天花饰以多曲度的轩顶，形制秀美而富于变化，梁架与装修仅加少数精致的雕刻，外层涂以栗、褐、灰等色，不施彩画。建筑平面呈菱形，占地面积256平方米，总建筑面积500平方米。有跑马楼两进，中间为内天井，后面河厅一进。清代中晚期建筑风格。布局特点是前门临街，后窗面水，正房对河开窗，可以欣赏秦淮风光，具有住家和游乐观赏双重性质。跑马楼檐下栏板、挂落雕刻精美，所有木雕内容都是三国故事，如三顾茅庐、周瑜打黄盖等。糖坊廊河房为清代中晚期建筑，距今有150年，高大的封火墙在秦淮河畔尤显突出。该河房是具有秦淮河房典型特征的建筑之一。

河房东北角
The North-eastern Edge of the Riverside House

跑马楼二楼
The Second Floor of Paoma Building

钞库街河房
Riverside House, Chaoku Street

- 位置：钞库街 38 号
- 年代：清
- 级别：省级

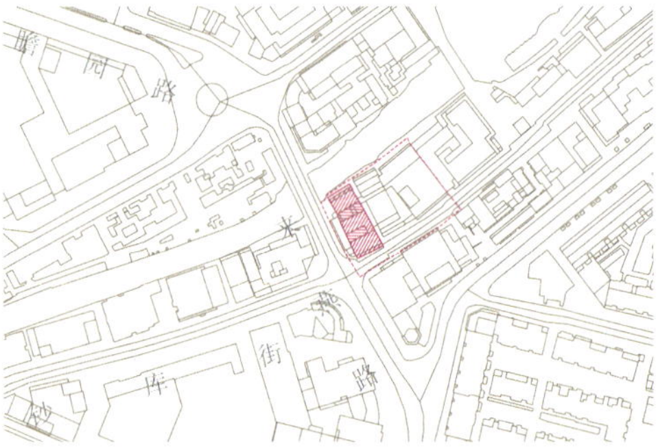

原为清末袁道台宅。1986年经修缮，辟为李香君陈列馆，并题名“媚香楼”。李香君是明代秦淮八艳之一，其旧居媚香楼遗址原在金陵闸西侧，与现在的李香君陈列馆同在一条街。况周颐《香东漫笔》记载：“金陵闸西邻有水阁，曰‘周河厅’，数年前掘地得石碣，刻‘媚香楼’三字，厅主人惧其神灵也，乃复瘗之，余曾得见拓本。”媚香楼占地面积565.3平方米，建筑面积571.3平方米，共计三进。每进为三间，三进三间为两重院。北面临河一进为二层河厅，南面临街一进为“倒座”式传统形制，有照壁、前厅、花厅。此河厅亦称“船厅”，因厅内设坞，直通淮水，不出宅门即可上船泛舟秦淮。河厅有木栏，外檐装修为木制隔扇门窗，两山墙为马头墙及屏风山墙。前门临街，后窗面水，正厅对河开大窗以便欣赏秦淮风光，是具有秦淮河房典型特征的建筑遗存，形成独特的城市居宅风貌。

临河景象
View of the Riverside

庭院
Yard

牛市古民居建筑
Buildings of Ancient Residence, Niushi

- 位置：牛市 64 号、颜料坊 49 号
- 年代：清
- 级别：市级

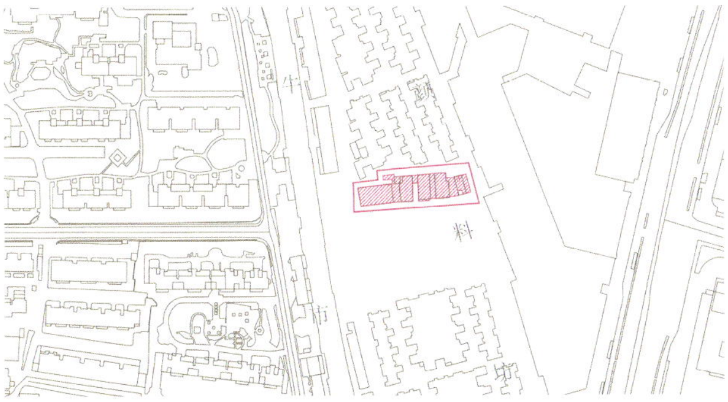

临街外立面
Facade Beside the Street

跑马楼二楼
The Second Floor of Paoma Building

牛市古民居建筑为市级文物保护单位，清代住宅，距今已有百余年历史。该建筑系道光年间一秀才的住宅，曾开过绸布货栈。本民居占地面积 1018.58 平方米，建筑面积 979.65 平方米。一共有砖木结构建筑六进。牛市 64 号进深一直通往颜料坊 49 号，现已从中间隔断。

该建筑格局具有较高的文物研究价值与重要的保护价值，体现出南京古街市古民居前店后坊、前店后宅的典型建筑格局和精美雅致的建筑装饰艺术。

饮马巷古民居
Ancient Residence at Yinma Lane

- 位置：饮马巷 67 号、69 号、71 号、90 号
- 年代：清
- 级别：市级

隔扇门
The Lattice Door

● 饮马巷 67 号民居，坐南朝北，共五进平房，砖木结构，硬山顶。平面呈长方形。通面阔 9.6 米，通进深 52.2 米，每进面阔三间 9.6 米，进深七檩 6.7 米至 9.8 米不等。占地面积 501 平方米，建筑面积 418.4 平方米。此房主原是给魏广兴家看门的。

● 饮马巷 69 号古民居，坐南朝北，共五进，砖木结构。第一进、第二进为平房，第三进、第四进、第五进为两层楼。通面阔 11.1 米，通进深为 51 米，占地面积为 566.1 平方米，建筑面积为 412.92 平方米。

● 饮马巷 71 号民居，坐北朝南，砖木结构，平房五进，硬山顶。通面阔 10.2 米，通进深 48.9 米，占地面积 498.78 平方米，建筑面积 387.12 平方米。

● 饮马巷 90 号民居，现存四进三院，坐北朝南，其中第一进、第二进为平房，第三进、第四进为两层楼，砖木结构，硬山顶。通面阔 11 米，通进深 53 米。占地面积 583 平方米，建筑面积 457 平方米。第四进东侧有古井一口，外径 55 厘米，内径 35 厘米，高 38 厘米，井栏为青石质。房屋整体布局保持原样，第二进望板基本保存完好，檩上有彩画，第三进后门砖雕门楼、船篷轩保存完好，门上书有“孝友传家，读书启后”八字。

柳叶街 41 号古民居
No.41 Ancient Residence, Liuye Street

- 位置：柳叶街 41 号
- 年代：清
- 级别：市级

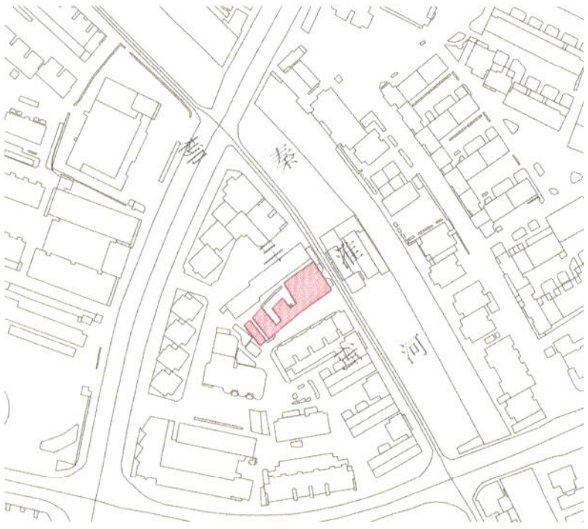

临街入口
Entrance beside the Street

柳叶街 41 号民居为市级文物保护单位，清代建筑。此建筑坐北面南，原五进，现存四进，砖木结构，硬山顶，通面阔 15.6 米，通进深 40 米。

这是一处古代民居遗存，对研究南京地区的古代民居有参考价值。

庭院
Yard

锦绣坊 21 号古建筑
No.21 Ancient Building, Jinxiufang

- 位置：锦绣坊 21 号
- 年代：清
- 级别：区级

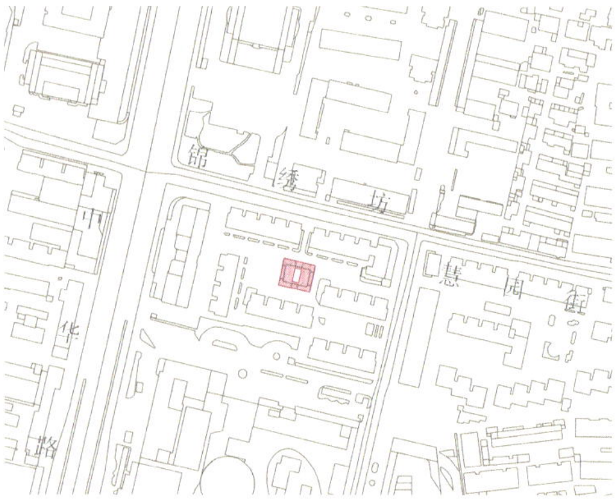

内院
Interior Yard

锦绣坊 21 号古建筑为区级文物保护单位，清代建筑。砖木结构，青砖墙面，青色小瓦屋面，木质梁架结构，木质门窗，内有小院，旁辟文园，建有亭廊，杂植花木，陈列碑刻、石雕数十方。原有平房三进 14 间，其中第一进为厅堂，梁架雕刻精美。1990 年王府园小区二期工程开工，该建筑在拆除之列。经秦淮区文管会和区开发公司共同研究决定，将第一进梁架结构易地重建。1991 年 1 月 19 日，该建筑迁移至锦绣坊住宅小区内，为白下区文物陈列馆，共有平房 6 间，占地面积 288 平方米。

1983 年，锦绣坊 21 号古建筑被列为区级文物保护单位。

建筑东北角
The North-eastern Edge of the Building

殷高巷古建筑
Ancient Building in Yingao Lane

- 位置：殷高巷 24 号、24-1 号
- 年代：明
- 级别：区级

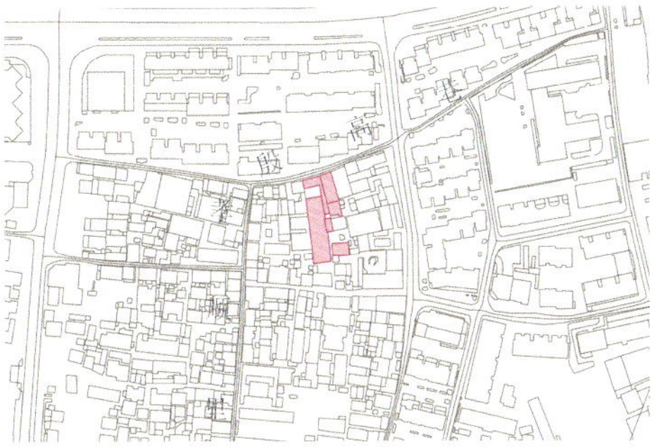

殷高巷古建筑为区级文物保护单位。明末建筑，24 号云锦机房，六进平房，另有一座小楼和一进平房。第二进大厅较好，月梁粗大。大厅门石砖雕精致，有鹿、仙鹤、花等，基本保持原样。砖木结构，通面阔 11.8 米，通进深 62 米，占地面积 732 平方米。每进房屋面阔三间，进深七檩 7.5 米左右。殷高巷 24 - 1 号现存二进砖木结构单层房，每进三开间，进深七檩，通面阔 10 米，通进深 18 米。整体布局保存原样，梁架保存基本完好，屋面已经翻新，墙面为后期之物，门窗、地面全改。

此民居是为数不多的明代民居建筑遗构。

临街庭院南侧
Southern Side of the Yard beside the Street

临街庭院北侧
Northern Side of the Yard beside the Street

殷高巷明清住宅
Ming and Qing Dynasty Residence in Yingao Lane

- 位置：殷高巷 26 号、28 号
- 年代：明、清
- 级别：区级

庭院
Yard

殷高巷明清住宅为区级文物保护单位。其坐南朝北，其中 26 号占地面积 383 平方米，原有平房三进，二楼跑马楼一进，现存平房第一进、第二进和跑马楼一进；殷高巷 28 号占地面积 357 平方米，有平房三进。

高岗里 18 号、20 号建筑
No.18 and No.20 Building at Gaogangli

- 位置：高岗里 18 号、20 号建筑
- 年代：清
- 级别：区级

此建筑为区级文物保护单位。砖木结构，硬山顶，坐北朝南。16 号原有五进，现存东西二路的第一进、第二进及第五进。东路第一进、第二进面阔一间，进深七檩；西路第一进、第二进面阔三间，进深七檩。东、西二路用封火墙相隔。第五进面阔五间，梁架为抬梁式结构，用料硕大。18 号原为五进。现存的第一进、第三进、第五进三进为平房，第四进为二层楼房。梁架结构保存完好，屋面基本保持原样。20 号原为东西二路，每路都为五进。现存东路前三进为平房，进深都为七檩，梁架保存完好。西路二进面阔三间，第四进、第五进已改建。20 号现有东路第一进、第二进为平房。西路三进平房。梁架、屋面保存较好，梁上木雕精美，门、窗部分保存较好。22 号原有东、西二路，每路五进，原为云锦机房。东路第一进、第二进、第五进三进，以及西路五进均为平房，面阔三间，进深七檩。第三进、第四进的跑马楼已拆除。

临街大门
The Main Door beside the Street

高岗里 39 号古民居
No.39 Residence at Gaogangli

位置：高岗里 39 号
年代：清
级别：区级

高岗里 39 号民居为市级文物保护单位，清代建筑。该古建筑自陈家牌坊 44 号至高岗里 39 号共六进，第一进、第二进、第三进通面阔三间 12 米，第四进、第五进、第六进通面阔二间 17.2 米，六进通进深 60 米，占地面积 878 平方米。此建筑原为民间云锦作坊，第四进、第五进、第六进曾为织锦机房。第二进与第三进之间的院内有口古井，井栏直径约 55 厘米，径壁厚 10 厘米，井栏高 38 厘米，井台长、宽 2 米。

该处古代民居遗存，对研究南京地区的古代民居有参考价值。

庭院内景
Interior of the Yard

从室内透过隔栅门望庭院
Gazing at the Yard from the Lattice Door of the Inner Room

望鹤楼古民居
Ancient Residence at Wanghe Lou

位置：望鹤楼 4 号
年代：清
级别：区级

望鹤楼古民居为区级文物保护单位，晚清建筑。宅有封火墙，保护较好。占地面积 200 余平方米。现存三进，第一进为平房，面阔五间 14.2 米，进深七檩 6 米，高 4 米，硬山顶；第二进为大厅，面阔五间 10 米，进深七檩 6 米，高 4 米，硬山顶；第三进为楼房，三开间布局，前带阳台，面阔 10 米，进深 6.3 米，高 8.2 米。望鹤楼古民居整体布局基本保持原貌。梁架保存较好，第二进用梁柱用料粗大，木雕精美。门、窗大多为原物，多保存完好，布局部分改变；屋面基本保持原样，少量经过翻修；地坪大部保存完好，方砖铺地，仍可正常使用；楼梯扶手、二楼护栏为原物。

此民居遗存为了解、研究南京地区古代民居提供了实物例证。

侧面
Profile

沿街立面
Facade beside the Street

马头墙
Corbel-steps

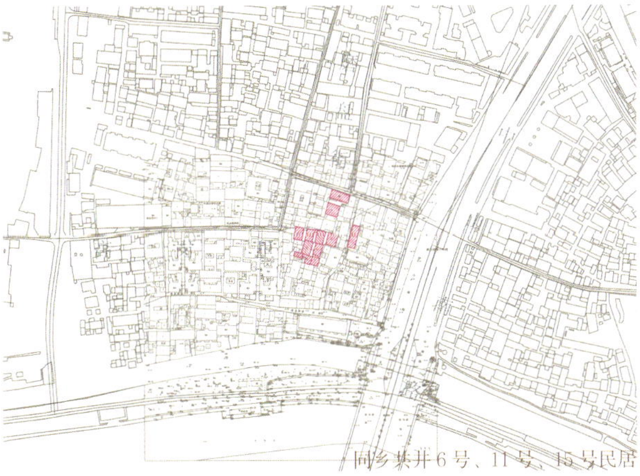
同乡共井 6 号、11 号、15 号民居

同乡共井 6 号民居
No.6 Traditional Residence, Tongxiang'gongjing

- 位置：同乡共井 6 号
- 年代：清
- 级别：未定级

正立面
Facade

现存一进一院，坐西朝东，砖木结构平房，硬山顶。通面阔 19 米，通进深 13.6 米，占地面积 258.4 平方米，建筑面积 162.75 平方米。房屋面阔五间 19 米，进深七檩，抬梁式结构。

这是一处古代民居遗存，对研究南京地区的古代民居有参考价值。

同乡共井 11 号民居
No.11 Traditional Residence, Tongxiang'gongjing

- 位置：同乡共井 11 号
- 年代：清
- 级别：未定级

民居整体布局基本保持原样，保存原有大厅、正房、厢房、火巷、厨房、柴房、水井、茅房等。原房主为清末李月亭，是做云锦生意的，当时的账房店号为“李泰和”。正院有平房五进，偏院有平房二进，砖木结构，硬山顶。正院通面阔三间 10.5 米，通进深 45 米，偏院通面阔 12 米，通进深 15 米。另有厨房、阁楼等数间。院内有古井一口。

这是一处古代民居遗存，对研究南京地区的古代民居有参考价值。

屋架
Roof Truss

隔扇门
The Lattice Door

庭院后进房屋过道
Passageway of Back-end Building behind the Yard

同乡共井 15 号民居
No.15 Traditional Residence, Tongxiang'gongjing

- 位置：同乡共井 15 号
- 年代：清
- 级别：未定级

房屋坐北朝南，现存二进，通面阔三间 10.5 米，通进深 19 米。房屋为砖木七檩穿斗式结构、硬山顶。占地面积 199.5 平方米。

这是一处古代民居遗存，对研究南京地区的古代民居有参考价值。

五福里 2-1 号民居
No.2-1 Traditional Residence, Wufuli

- 位置：五福里 2-1 号
- 年代：清
- 级别：未定级

清代建筑。原有五进，现存四进平房，硬山顶结构。通面阔三间 13 米，通进深 35 米，占地面积 455 平方米。

这是一处古代民居遗存，对研究南京地区的古代民居有参考意义。

荷花塘 4 号民居
No.4 Residence at Hehuatang

- 位置：荷花塘 4 号
- 年代：清
- 级别：未定级

原有房屋五进，现存第一进、第二进、第四进三进平房，硬山顶。通面阔三间 11.3 米，通进深 35 米，各进均为七檩结构。占地面积 395.5 平方米。

这是一处古代民居遗存，对研究南京地区的古代民居有参考价值。

荷花塘 4 号、5 号民居

临街立面
Facade beside the Street

庭院过道
Passageway at the Yard

荷花塘 5 号民居
No.5 Residence at Hehuatang

- 位置：荷花塘 5 号
- 年代：清
- 级别：未定级

荷花塘 5 号民居建筑现存四进平房，硬山顶。通面阔三间 19 米，每进为七檩，通进深 37 米，占地面积 703 平方米。

这是一处古代民居遗存，对研究南京地区的古代民居有参考价值。

沿街立面
Facade beside the Street

两进之间侧门
The Side Entrance between Two Blocks

磨盘街 11 号民居
No.11 Residence at Mopan Street

位置：磨盘街 11 号
年代：清
级别：未定级

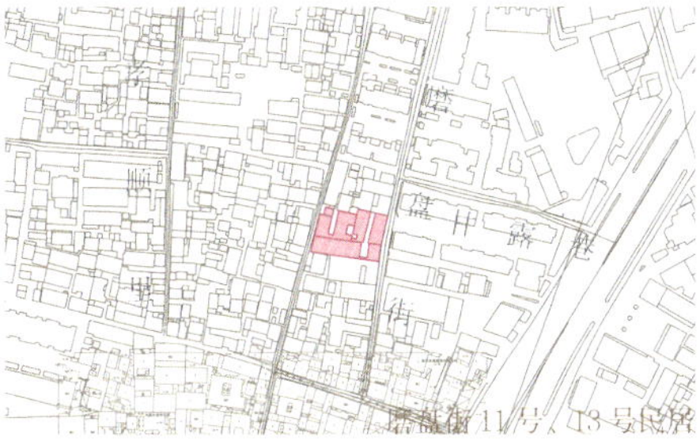

房屋坐西朝东，原为四进三院，现布局未改，通面阔三间 10.4 米，通进深 39.7 米，占地面积 412.88 米，建筑面积 334 平方米。每两进两侧都带南、北厢房。第二进、第三进为五檩穿斗式结构。

这是一处古代民居遗存，对研究南京地区的古代民居有参考价值。

过道
Passageway

隔扇门
Lattice Door

磨盘街 13 号民居
No.13 Residence at Mopan Street

位置：磨盘街 13 号
年代：清
级别：未定级

房屋坐西朝东，四进三院，为平房，砖木结构，硬山顶。通面阔 13 米，通进深 40 米，占地面积 520 平方米。第一进为五檩穿斗式结构；第二进为六檩，后门上有砖雕；第三进为七檩，前门上有花格门窗，后门门头有砖雕；第四进为七檩穿斗式，房高 5.4 米。院中第二进与第三进天井内有古井一口，井栏为青石质，圆形，外径 60 厘米，内径 30 厘米，高为 36 厘米。井内壁为青砖，直径为 1 米左右。房屋整体布局保持原样，梁架保存完好，门头砖雕精美，存在完好，部分门窗为原物，其他为后期之物。屋顶保存完好。

这是一处古代民居遗存，对研究南京地区的古代民居有参考价值。

临街立面
Facade beside the Street

铺首
Knocker-holder

孝顺里 22 号民居
No.22 Residence at Xiaoshunli

位置：孝顺里 22 号
年代：清
级别：未定级

此民居为清代建筑，坐东朝西，共有南、北两路，每路五进，共十进。每进七檩，抬梁式结构，平房，硬山顶。通面阔 33 米，通进深 65 米，占地面积 2 145 平方米。

这是一处古代民居遗存，对研究南京地区的古代民居有参考价值。

临街立面
Facade beside the Street

庭院过道
Passageway at the Yard

临街立面
Facade Beside the Street

剪子巷 35 号民居
No.35 Residence at Jianzi Lane

- 位置：剪子巷 35 号
- 年代：清
- 级别：未定级

此民居为清代建筑，坐北朝南，砖木结构，硬山顶。共有东、西二路，通面阔 24 米，通进深 65 米，占地面积 1 560 平方米。东路原有六进，现存五进。西路原有五进，现存三进。东路、西路的最后一进为楼房，其余都为平房。

这是一处古代民居遗存，对研究南京地区的古代民居有参考价值。

两进之间侧门
The Side Entrance between Two Blocks

庭院
Yard

侧立面
Profile

三条营 64 号民居
No.64 Residence at Santiaoying

- 位置：三条营 64 号民居
- 年代：清
- 级别：未定级

此民居现存二进二院，坐北朝南，砖木结构平房，硬山顶，通面阔 18 米，通进深 32 米，占地面积 576 平方米。第一进面阔三间，进深五檩带前轩（船篷轩）8.5 米，屋顶高 6 米，为抬梁式结构。第二进面阔三间，进深七檩 8.5 米，屋顶高 6 米，为抬梁式结构。从石柱础的形状和图案分析，此建筑具有典型的太平天国建筑风格。据当地老人介绍，洪秀全母亲曾在此居住。

这是一处古代民居遗存，对研究南京地区的古代民居有参考价值。

三条营 70 号民居
No.70 Residence at Santiaoying

- 位置：三条营 70 号民居
- 年代：清
- 级别：未定级

建筑坐北朝南，系安徽会馆用房。原为五进，现存四进砖木结构、硬山顶建筑。第一进、第二进、第三进为平房，第四进为楼房。通面阔 11.5 米，通进深 51 米，占地面积 586.5 平方米，其中第一进、第二进、第三进面阔三间，进深七檩 8.5 米左右。第四进面阔四间，进深七檩抬梁式结构。

这是一处古代民居遗存，对研究南京地区的古代民居有参考价值。

沿街立面
Facade beside the Street

沿街立面
Facade beside the Street

轿厅及建筑说明牌
Sedan Hall and Description Board of the Building

三条营 72 号民居
No.72 Residence at Santiaoying

- 位置：三条营 72 号
- 年代：清
- 级别：未定级

房屋坐北朝南，原有四进，现存第二进、第三进两进，砖木结构平房，硬山顶，通面阔 11.5 米，通进深 24 米。占地面积 276 平方米。

这是一处古代民居遗存，对研究南京地区的古代民居有参考价值。

沿街立面
Facade beside the Street

三条营 74 号民居
No.74 Residence at Santiaoying

- 位置：三条营 74 号民居
- 年代：清
- 级别：未定级

建筑坐北朝南，系安徽会馆馆舍。原为四进，现存三进平房，砖木结构、硬山顶建筑。通面阔 11.5 米，通进深 28 米，占地面积 322 平方米。

这是一处古代民居遗存，对研究南京地区的古代民居有参考价值。

三条营 76 号民居
No.76 Residence at Santiaoying

- 位置：三条营 76 号
- 年代：清
- 级别：未定级

建筑坐北朝南，有五进。砖木结构平房，硬山顶，均为七檩结构梁架，通面阔三间 10.5 米，通进深 55 米，占地面积 577.5 平方米。

这是一处古代民居遗存，对研究南京地区的古代民居有参考价值。

沿街立面
Facade beside the Street

三条营 78 号民居
No.78 Residence at Santiaoying

- 位置：三条营 78 号
- 年代：清
- 级别：未定级

建筑坐北朝南，现存四进四院，建筑为砖木结构，硬山顶，通面阔三间 15 米，通进深 55 米。第一进为平房，第二进、第三进、第四进为二层楼房。

这是一处古代民居遗存，对研究南京地区的古代民居有参考价值。

沿街立面
Facade beside the Street

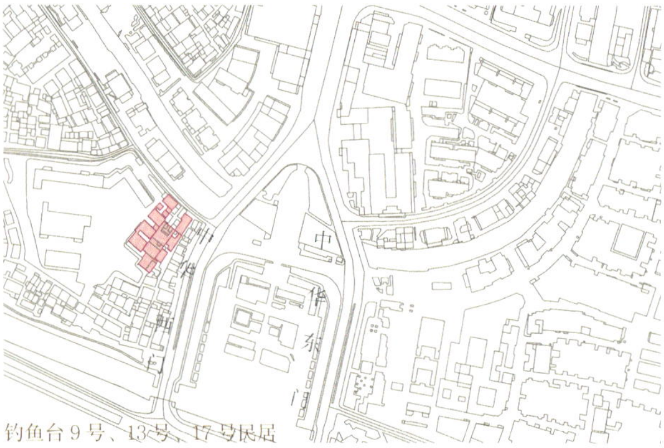
钓鱼台9号、13号、17号民居

钓鱼台 9 号民居
No.9 Residence at Diaoyutai

- 位置：钓鱼台 9 号
- 年代：清
- 级别：未定级

建筑坐南朝北，现存三进。第一进、第二进为二层，跑马楼砖木结构，平面呈“回”字形；第三进为平房，均为硬山顶结构。通面阔 7.8 米，通进深 34 米，占地面积 265 平方米。

这是一处古代民居遗存，对研究南京地区的古代民居有参考价值。

钓鱼台 13 号民居
No.13 Residence at Diaoyutai

- 位置：钓鱼台 13 号
- 年代：清
- 级别：未定级

建筑坐南朝北，现存房屋二进，均为二层楼砖木结构、硬山顶。通面阔 10.5 米，通进深 28 米，占地面积 294 平方米。第一进为跑马楼，平面呈“凹”形。院内有井一口，井栏为圆形，内径 30 厘米，外径 40 厘米，高 44 厘米。井内壁为青砖所砌，直径 1 米左右。井仍可正常使用。

这是一处古代民居遗存，对研究南京地区的古代民居有参考价值。

钓鱼台 17 号民居
No.17 Residence at Diaoyutai

- 位置：钓鱼台 17 号
- 年代：清
- 级别：未定级

建筑坐南朝北，现存四进。每进都为二层楼砖木结构、硬山顶。通面阔三间 14 米，每进均为七檩，通进深 49 米，占地面积 686 平方米。

这是一处古代民居遗存，对研究南京地区的古代民居有参考价值。

现有房屋二进，均为二层楼砖木、硬山顶结构。原与高岗里20号西路相通，现已隔开。通面阔三间12米，每进为七檩，通进深23米，占地面积276平方米。

这是一处古代民居遗存，对研究南京地区的古代民居有参考价值。

谢公祠1号民居
No.1 Residence at Xiegongci

- 位置：谢公祠1号
- 年代：清
- 级别：未定级

现有房屋四进，坐北朝南，均为平房，硬山顶。通面阔五间19米，每进七檩，通进深36米。占地面积684平方米。

这是一处古代民居遗存，对研究南京地区的古代民居有参考价值。

谢公祠20号民居
No.20 Residence at Xiegongci

- 位置：谢公祠20号
- 年代：清
- 级别：未定级

花露南岗1号民居
No.1 Residence at Hualu'nan'gang

- 位置：花露南岗1号
- 年代：清
- 级别：未定级

建筑坐南朝北，东、西二路，每路五进，共十进。穿斗式结构硬山顶平房。通面阔36米，通进深40米。占地面积1 440平方米。

这是一处古代民居遗存，对研究南京地区的古代民居有参考价值。

花露南岗 3 号、24 号、30 号民居

花露南岗 3 号民居
No.3 Residence at Hualu'nan'gang

- 位置：花露南岗 3 号
- 年代：清
- 级别：未定级

建筑坐南朝北，共四进平房，硬山顶砖木结构，通面阔三间 9 米，每进七檩，通进深 48.4 米。建筑占地面积 435.6 平方米。

这是一处古代民居遗存，对研究南京地区的古代民居有参考价值。

花露南岗 24 号民居
No.24 Residence at Hualu'nan'gang

- 位置：花露南岗 24 号
- 年代：清
- 级别：未定级

建筑坐北朝南，为一进砖木结构、硬山顶平房，面阔三间 12 米，进深七檩 7.9 米，占地面积 94.5 平方米。

这是一处古代民居遗存，对研究南京地区的古代民居有参考价值。

花露南岗 30 号民居
No.30 Residence at Hualu'nan'gang

- 位置：花露南岗 30 号
- 年代：清
- 级别：未定级

建筑坐北朝南，硬山顶，砖木结构，为二进平房院落。通面阔 10.3 米，通进深 19 米，占地面积 196 平方米。大门位于建筑的东侧。

这是一处古代民居遗存，对研究南京地区的古代民居有参考价值。

花露北岗 1 号民居
No.1 Residence at Hualubeigang

- 位置：花露北岗 1 号
- 年代：清
- 级别：未定级

此民居为清代建筑。原为胡家花园内建筑，共有二路三进平房，其中东路二进，西路一进。均为砖木、硬山顶结构。通面阔 27 米，通进深 16 米，占地面积 432 平方米。

这是一处古代民居遗存，对研究南京地区的古代民居有参考价值。

花露岗 25 号
No.25 Residence at Hualugang

- 位置：花露岗 25 号
- 年代：清
- 级别：未定级

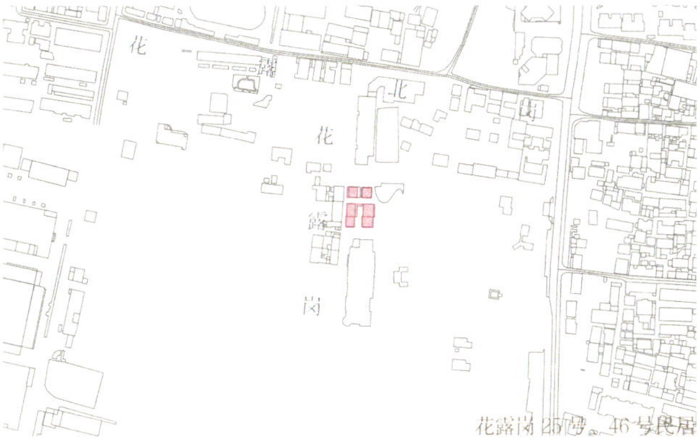

民居原为五进，第三进后被拆除，现存四进。第一进、第二进为平房，第三进、第四进为二层楼房，为硬山顶、砖木结构。通面阔 10 米，通进深 69 米，占地面积 690 平方米。第二进为七檩带前轩结构，梁架用料粗大，梁架木雕十分精美，檐下木雕十分精美。

这是一处古代民居遗存，对研究南京地区的古代民居有参考价值。

花露岗 46 号
No.46 Residence at Hualugang

- 位置：花露岗 46 号
- 年代：清
- 级别：未定级

民居坐东朝西，现保留二进，为砖木结构硬山顶平房。通面阔 8.3 米，通进深 21 米，占地面积 174 平方米。

这是一处古代民居遗存，对研究南京地区的古代民居有参考价值。

花露岗 54 号
No.54 Residence at Hualugang

位置：花露岗 54 号
年代：清
级别：未定级

现房主为胡家花园主人的后代。此建筑原为胡家花园三十六景之一。建筑坐东朝西，现有二进砖木结构、硬山顶平房。面阔三间，进深七檩，通面阔 7.8 米，通进深 19 米。占地面积 148.2 平方米。花格门窗、条石方砖处处可见。

这是一处古代民居遗存，对研究南京地区的古代民居有参考价值。

鸣羊街 28 号民居
No.28 Residence at Mingyang Street

位置：鸣羊街 28 号
年代：清
级别：未定级

此民居为清代建筑，原为愚园内建筑。现存一进，坐西朝东，砖木结构硬山顶平房，面阔三间 13 米，进深七檩 10 米，占地面积 130 平方米。

这是一处古代民居遗存，对研究南京地区的古代民居有参考价值。

常府街 24 号古建筑
No.24 Ancient Building at Changfu Street

位置：常府街 24 号
年代：清
级别：未定级

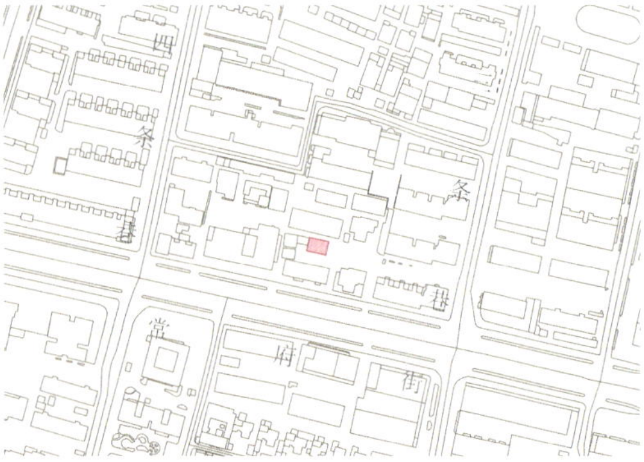

此民居为清代建筑。为单幢平房，长 12 米，宽 8 米，前檐高 5 米，歇山顶，小瓦屋面，木质梁架结构，木门木窗，原为砖砌地面，现为水泥地面。房屋屋面、梁架、墙体保存完好。2008 年进行了整体维修保护，按照修旧如旧的原则，仍采用小瓦屋面进行屋面翻修，加固了木质梁架结构，其他结构仍保持原貌。此处原为大户人家钱开胜家花厅，建筑风格独特，具有一定的保护价值。

安品街 20 号清代建筑
No.20 Qing Dynasty Building at Anpin Street

- 位置：安品街 20 号
- 年代：清
- 级别：未定级

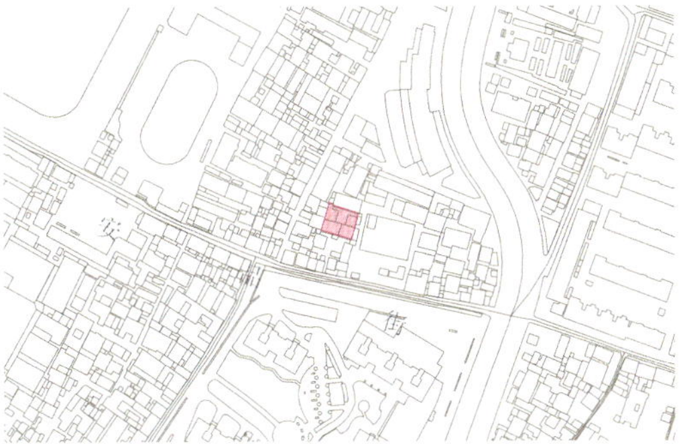

大辉复巷 5 号民居
No.5 Residence at Dahuifu Lane

- 位置：大辉复巷 5 号
- 年代：清
- 级别：未定级

糯米巷 15 号民居
No.15 Residence at Nuomi Lane

- 位置：糯米巷 15 号
- 年代：清
- 级别：未定级

此建筑建于清代，砖木结构，南北向院落，占地面积 500 平方米，建筑面积 230 平方米。原四进，现存三进，每进的进深均为七檩。

此民居建于清朝，为砖木结构住宅。二路五进，后门直抵大常巷。大厅梁枋木雕精美，庭院厢房有花格窗，院落门为青石材质。
该建筑为典型的清代砖木结构住宅，有较高的文物保护价值，是研究南京地区古代民居的实例之一。

此民居建于清末，当时为湖南会馆。青瓦屋面原为小瓦，现改为平瓦，墙面水泥粉饰，木质门窗，木质地板，门楼二层，檐部有斗拱，前后三进，建筑面积约 554 平方米。1966 年第二进经过改建，第三进为木结构楼房。第一进与第二进间有一古井，井栏为青石材质，高 50 厘米，直径 60 厘米。该民居为晚清古典式建筑，保存完好，有较高的文物保护价值，是研究南京地区古代民居的实例之一。

过道
Passageway

临街立面
Facade beside the Street

小王府巷 16 号民居
No.16 Residence at Xiaowangfu Lane

- 位置：小王府巷 16 号
- 年代：清
- 级别：未定级

此民居建于清代，为 2 幢砖木结构平房，前一幢长 40 米，宽 7 米；后一幢长 36 米，宽 7 米。建筑占地面积 532 平方米，红色瓦面，青砖墙面，木质门窗。

该民居较破旧，虽保护价值不大，仍是研究南京地区古代民居的实例之一。

评事街 25 号民居
No.25 Residence at Pingshi Street

- 位置：评事街 25 号
- 年代：清
- 级别：未定级

评事街 25 号、43 号、48 号民居

此民居建于清代，坐西朝东，为多进组群建筑，贯通评事街和程善坊，砖木结构，抹灰墙面，占地面积 1 080 平方米，建筑面积 1 196 平方米。

该民居是研究南京地区古代民居的实例之一。

评事街 43 号民居
No.43 Residence at Pingshi Street

- 位置：评事街 43 号
- 年代：清
- 级别：未定级

此民居建于清代，为四进组群建筑，砖木结构，东西向院落，建筑面积 755 平方米。分为南北两路，南路第一进门廊面阔三间 12 米，进深 4.9 米，第二进拆毁严重，第三进面阔四间 12 米，进深七檩 8 米；北路第一进门廊面阔三间 11.5 米，进深 4.9 米，第二进面阔三间 11.5 米，进深七檩 6.5 米，第三进面阔三间 11.5 米，进深七檩 8 米。

此民居是研究南京地区古代民居的实例之一。

评事街 48 号民居
No.48 Residence at Pingshi Street

- 位置：评事街 48 号
- 年代：清
- 级别：未定级

此民居建于清代，占地面积364平方米，建筑面积414平方米。坐东朝西，砖木结构，为四进组群建筑，三进院落，前两进为一层，后两进为二层，第一进面阔三间10米，进深七檩8米；第二进为大厅，抬梁穿斗组合式，进深七檩 7.4 米；第三进进深七檩 8 米；第四进面阔 12 米，楼上为隔扇门窗。

此民居是研究南京地区古代民居的实例之一。

评事街 73 号民居
No.73 Residence at Pingshi Street

- 位置：评事街 73 号
- 年代：清
- 级别：未定级

此民居建于清代，占地面积364平方米，建筑面积414平方米。坐东朝西，砖木结构，为四进组群建筑，三进院落，前两进为一层，后两进为二层，第一进面阔三间10米，进深七檩8米；第二进为大厅，抬梁穿斗组合式，进深七檩 7.4 米；第三进进深七檩 8 米；第四进面阔 12 米，楼上为隔扇门窗。

此民居是研究南京地区古代民居的实例之一。

评事街 76 号民居
No.76 Residence at Pingshi Street

- 位置：评事街 76 号
- 年代：清
- 级别：未定级

此民居建于清代，砖木结构，坐东朝西，占地面积 895 平方米，建筑面积 1 332 平方米，两路五进。北路第一进、第二进、第三进、第四进为两层楼房，面阔三间，进深 8 米，第五进平房面阔三间，进深 5.8 米。南路第一进为楼房，面阔二间，进深 7.7 米，第二进为平房进深 8.2 米，第三进、第四进为平房进深 5.8 米，第三进、第四进之间有一口井。

此民居是研究南京地区古代民居的实例之一。

评事街 78 号民居
No.78 Residence at Pingshi Street

位置：评事街 78 号
年代：清
级别：未定级

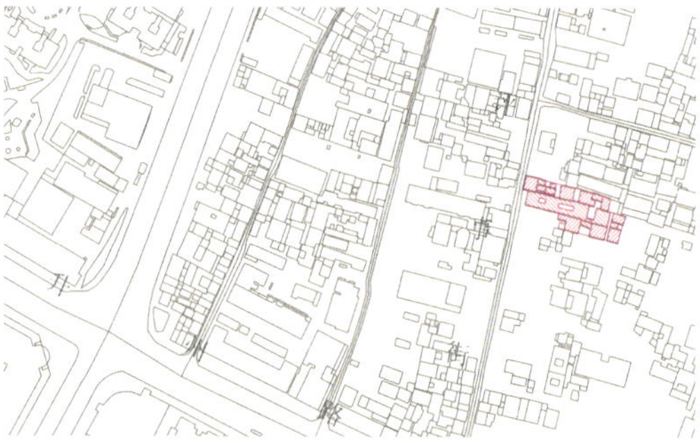

此民居建于清代，为四进组群建筑，砖木结构，东西向院落，占地面积 365 平方米，建筑面积 377 平方米。
此民居是研究南京地区古代民居的实例之一。

评事街 136 号民居
No.136 Residence at Pingshi Street

位置：评事街 136 号
年代：清
级别：未定级

此民居建于清代，砖木结构，为两进组群建筑，沿街二层，第二进为一层，第一进面阔 8.1 米，进深 9.4 米，檐口高 6.8 米，曾做店铺；第二进面阔 8.1 米，进深 9.1 米，主人居住用。占地面积 288 平方米，建筑面积 351 平方米。
此民居是研究南京地区古代民居的实例之一。

评事街 188 号民居
No.188 Residence at Pingshi Street

位置：评事街 188 号
年代：清
级别：未定级

此民居建于清代，砖木结构，为两层合院式建筑，坐东朝西，东西向院落，占地面积 140 平方米，建筑面积 280 平方米。第一进进深 6 米；第二进进深 6.9 米；第三进进深七檩 6 米；第四进面阔三间 10 米，进深 6.1 米。
此民居是研究南京地区古代民居的实例之一。

绫庄巷 2 号民居
No.2 Residence at Lingzhuang Lane

- 位置：绫庄巷 2 号
- 年代：清
- 级别：未定级

此民居建于清代，为独栋两层建筑，砖木结构，面阔二间 6.2 米，进深 3.4 米，面东，二层外立面外廊式，占地面积 24 平方米，建筑面积 48 平方米。

此民居是研究南京地区古代民居的实例之一。

绫庄巷 3 号民居
No.3 Residence at Lingzhuang Lane

- 位置：绫庄巷 3 号
- 年代：清
- 级别：未定级

此民居建于清代，为独栋一层建筑，砖木结构，两开间，进深七檩，面阔 7 米，占地面积 73 平方米，建筑面积 73 平方米。

此民居是研究南京地区古代民居的实例之一。

绫庄巷 5 号、7 号民居
No.5 and No.7 Residence at Lingzhuang Lane

- 位置：绫庄巷 5 号、7 号
- 年代：清
- 级别：未定级

此民居建于清代，为独栋两层建筑，坐南朝北，砖木结构，三开间，进深七檩，占地面积 119 平方米，建筑面积 238 平方米。

此民居是研究南京地区古代民居的实例之一。

绫庄巷 12 号民居
No.12 Residence at Lingzhuang Lane

- 位置：绫庄巷 12 号
- 年代：清
- 级别：未定级

此民居建于清代，为两栋两层建筑，砖木结构，面阔二间 6 米，进深 7.2 米，占地面积 221 平方米，建筑面积 94 平方米。此民居是研究南京地区古代民居的实例之一。

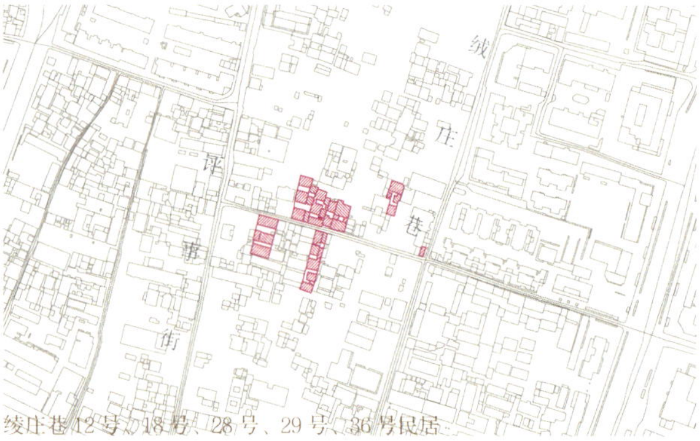

绫庄巷 12 号、18 号、28 号、29 号、36 号民居

绫庄巷 18 号民居
No.18 Residence at Lingzhuang Lane

- 位置：绫庄巷 18 号
- 年代：清
- 级别：国家级

此民居建于清代，为三进组群建筑，砖木结构，坐北朝南，占地面积 396 平方米，建筑面积 396 平方米。建筑修建之初为寺庙，中华人民共和国成立后作为制盒厂，现划分成多间作为居住用房。建筑第一进、第二进现已改建，第三进为厅堂形制，面阔三间 12.5 米，进深七檩 7.8 米。
此民居是研究南京地区古代民居的实例之一。

绫庄巷 28 号民居
No.28 Residence at Lingzhuang Lane

- 位置：绫庄巷 28 号
- 年代：清
- 级别：未定级

此民居建于清代，为三进组群建筑，坐北朝南，砖木结构，南北向院落，占地面积 244 平方米，建筑面积 244 平方米。三进均为一层建筑，第一进为门厅，面阔 11.3 米，进深七檩 7.1 米；第二进基本保持原样，木隔扇，进深 12 米；第三进面阔 11.3 米，进深 4.3 米。
此民居是研究南京地区古代民居的实例之一。

绫庄巷 29 号民居
No.29 Residence at Lingzhuang Lane

- 位置：绫庄巷 29 号
- 年代：清
- 级别：未定级

该民居建于清代，为四进组群建筑，坐南朝北，砖木结构，南北走向院落，建筑面积 450 平方米。第一进建筑已经拆毁，现存三进，第二进面阔二间 6 米，进深七檩 8.3 米，东山墙保留部分封火墙；第三进面阔二间 6 米，进深七檩 8.7 米，空斗青砖山墙；第四进面阔三间 10 米，进深七檩 6 米，空斗青砖山墙，大瓦，梁架保持原样。

此民居是研究南京地区古代民居的实例之一。

绫庄巷 31 号民居
No.31 Residence at Lingzhuang Lane

- 位置：绫庄巷 31 号
- 年代：清
- 级别：市级文物保护单位

该民居为市级文物保护单位，建于清代，砖木结构建筑。该建筑坐北朝南，占地面积 550 平方米，现存三进，计有前厅、大厅、后楼。大厅面阔四间 13 米，进深 10.6 米，高 9.5 米。前厅门楣砖雕精美，大厅梁枋雕饰古朴典雅。大厅西间为书房，后改为慈善堂。

山墙
Pediment

楼梯
Staircase

绫庄巷 36 号民居
No.36 Residence at Lingzhuang Lane

- 位置：绫庄巷 36 号
- 年代：清
- 级别：未定级

此民居建于清代，为两进组群建筑，坐北朝南，砖木结构，南北向院落，占地面积 120 平方米，建筑面积 168 平方米。第一进为一层建筑，进深 7.7 米；第二进为两层楼房，面阔二间 6.4 米，进深 9 米。

此民居是研究南京地区古代民居的实例之一。

绫庄巷 38 号、40 号民居
No.38 and No.40 Residence at Lingzhuang Lane

- 位置：绫庄巷 38 号
- 年代：清
- 级别：未定级

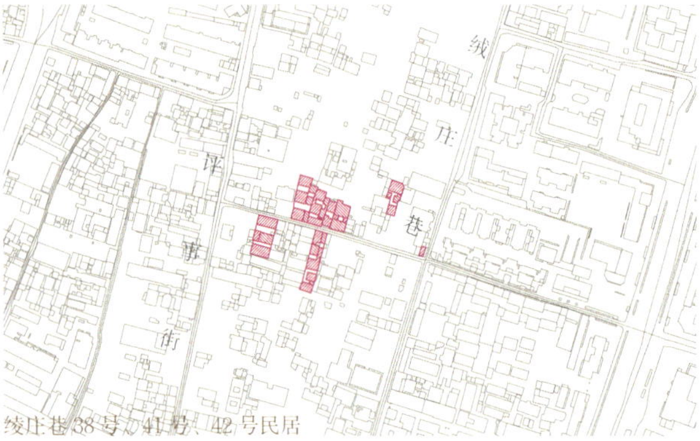

绫庄巷 38 号、41 号、42 号民居

此民居建于清代，为两路三进组群建筑，砖木结构，南北向院落，占地面积 306 平方米，建筑面积 488 平方米。绫庄巷 38 号共三进，第一进为一层建筑，第二进、第三进为楼房，第一进面阔三间 7.4 米，进深 4.6 米；第二进进深 7.2 米；第三进进深 7.2 米。绫庄巷 40 号共三进，第一进为一层建筑，进深 4.5 米；第二进、第三进为楼房，第二进进深 6.2 米，第三进进深 5.3 米。

此民居是研究南京地区古代民居的实例之一。

绫庄巷 41 号民居
No.41 Residence at Lingzhuang Lane

- 位置：绫庄巷 41 号
- 年代：清
- 级别：未定级

绫庄巷 41 号民居位于秦淮区朝天宫街道绫庄巷 41 号，建于清代，为砖木结构建筑。该建筑坐南朝北，硬山顶，占地面积 463 平方米，建筑面积 580 平方米。现存三进，前两进建筑均为一层，四开间进深七檩，第一进进深 7.6 米，天井 4.6 米，第二进进深 7 米，天井 3 米；第三进为两层楼房，也为四开间，进深七檩 7.3 米，面阔 15.8 米，木地板、木门窗，大瓦，红砖墙。

此民居是研究南京地区古代民居的实例之一。

绫庄巷 42 号民居
No.42 Residence at Lingzhuang Lane

- 位置：绫庄巷 42 号
- 年代：清
- 级别：未定级

此民居建于清代，砖木结构，坐北朝南，硬山顶，马头墙，有门头，占地面积 451 平方米，建筑面积 565 平方米，三进建筑组群。第一进门厅，仍有人居住，保存较好，面阔四间 13 米，进深 7.7 米；第二进厅（振雅堂）梁架结构保留，墙、瓦、梁架部分塌毁，花窗尚有部分留存，院内有古井，面阔三间 9.6 米，进深七檩 7.7 米；第三进为两层楼房，屋面瓦及前隔扇窗、门、楼栏杆部分损毁，腐蚀较为严重。

此民居是研究南京地区古代民居的实例之一。

大板巷 23 号民居
No.23 Residence at Daban Lane

位置：大板巷 23 号
年代：清
级别：未定级

此民居建于清代，为两进二层组群建筑，砖木结构，东西向院落，占地面积 142 平方米，建筑面积 284 平方米。该建筑最初为会馆，现为多户人家用作居住房。此民居是研究南京地区古代民居的实例之一。

屋檐
Eaves

跑马楼二楼
The Second Floor of Paoma Lou

大板巷 27 号民居
No.27 Residence at Daban Lane

位置：大板巷 27 号
年代：清
级别：未定级

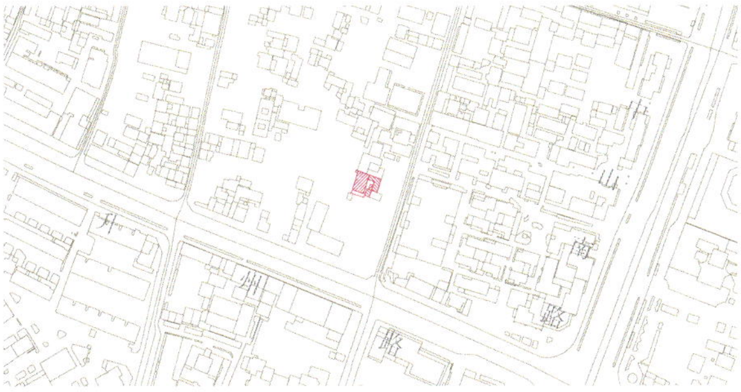

此民居建于清代，为四进组群建筑，砖木结构，东西向院落，建筑面积 556 平方米。建筑均为一层，第一进面阔三间 10 米，进深七檩 7.6 米；第二进进深七檩 7.72 米；第三进有门通向第四进，第四进疑曾为后花园。

此民居是研究南京地区古代民居的实例之一。

嘉兆巷 3 号民居
No.3 Residence at Jiazhao Lane

位置：嘉兆巷 3 号
年代：清
级别：未定级

此民居建于清代，为两进院落组群建筑，第一进面阔二间 7.8 米，进深 8.2 米；第二进面阔三间 10.9 米，进深 7.2 米。砖木结构，沿街房屋为七架梁，有屏风，室内保留有方砖铺地。占地面积 187 平方米，建筑面积 187 平方米。

此民居建筑结构保存较完整，是研究南京地区古代民居的实例之一。

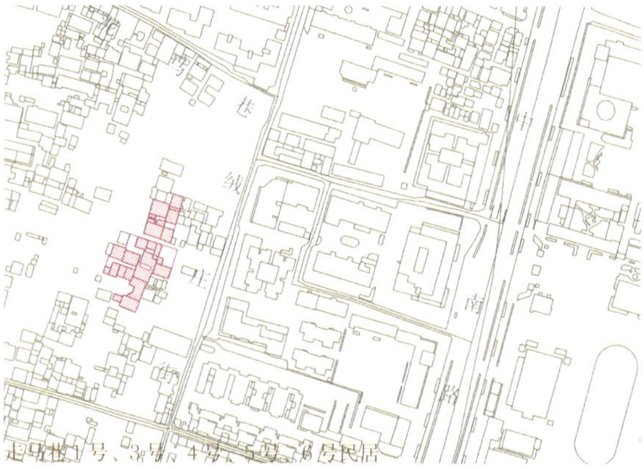

走马巷1号、3号、4号、5号、6号民居

走马巷 1 号民居
No.1 Residence at Zouma Lane

- 位置：走马巷 1 号
- 年代：清
- 级别：未定级

此民居建于清代，为两进组群建筑，砖木结构，南北向院落，院内有古井，占地面积 216 平方米，建筑面积 216 平方米。第一进已被拆毁；第二进面阔四间 14.6 米，进深 6.8 米。

该民居是研究南京地区古代民居的实例之一。

走马巷 3 号民居
No.3 Residence at Zouma Lane

- 位置：走马巷 3 号
- 年代：清
- 级别：未定级

此民居建于清末民初，为五进组群建筑，砖木结构，南北向院落，占地面积 507 平方米，建筑面积 507 平方米。该建筑门房有屏风，后有轿厅、两厢房，三开间正房、花园等。

该民居是研究南京地区古代民居的实例之一。

走马巷 4 号民居
No.4 Residence at Zouma Lane

- 位置：走马巷 4 号
- 年代：清
- 级别：未定级

此民居建于清代，为三进组群建筑，砖木结构，南北向院落，占地面积 225 平方米，建筑面积 225 平方米。传统一层砖木结构，三进院落，梁架门窗挂落保存完好，院内青砖铺地，室内方砖铺地，有封火山墙。

该民居是研究南京地区古代民居的实例之一。

走马巷 5 号民居
No.5 Residence at Zouma Lane

- 位置：走马巷 5 号
- 年代：清
- 级别：未定级

此民居建于清代，为两路五进组群建筑，砖木结构，南北向院落，占地面积 780 平方米，建筑面积 870 平方米。东路四进院落，五进建筑；西路还有两进院落，三进瓦房。中路始建于晚清，民国时期加建、翻建，沿街第一座建筑于 20 世纪 90 年代被翻修为两层，宅中尚保留沿街门头、门窗扇、木雕等。

临街立面
Facade beside the Street

过道
Passageway

走马巷 6 号民居
No.6 Residence at Zouma Lane

- 位置：走马巷 6 号
- 年代：清
- 级别：未定级

此民居建于清代，原为祠堂。为两进组群建筑，砖木结构，南北向院落，占地面积 274 平方米，建筑面积 274 平方米。内有方柱、跑马廊，门厅七架梁，面阔三间，主厅七架梁有轩。第一进面阔三间 11.7 米，进深 7.9 米；第二进进深 8.5 米；第三进进深 9.1 米。

泰仓巷 9 号民居
No.9 Residence at Taicang Lane

- 位置：泰仓巷 9 号
- 年代：清
- 级别：未定级

此民居建于清代，为三进组群建筑，砖木结构，东西向院落，占地面积 332 平方米，建筑面积 332 平方米。该建筑第一进为传统二层，坡屋面，后两进均为一层，主厅为大七架，梁架完好，有门窗，室内方砖铺地，院内有古井。第一进面阔二间 5.9 米，进深 5 米；第二进、第三进面阔均为三间 11 米。

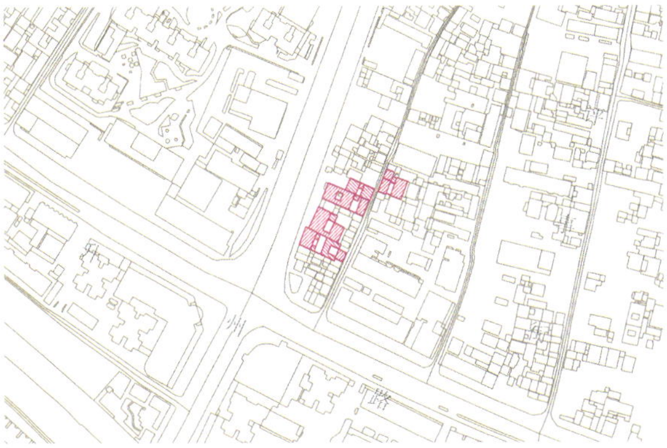

泰仓巷 13 号民居
No.13 Residence at Taicang Lane

- 位置：泰仓巷 13 号
- 年代：清
- 级别：未定级

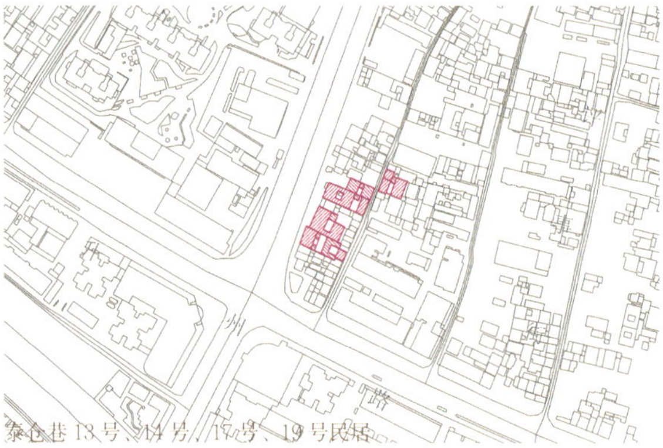

泰仓巷 13 号、14 号、17 号、19 号民居

此民居建于清代，为两进组群建筑，东西向院落，占地面积 292 平方米，建筑面积 526 平方米。传统二层砖木结构，抹灰墙面，梁架完好，有门板雕花、天井，有木楼梯通上阁楼，院落有古井。第一进面阔三间 11 米，进深 9 米；第二进面阔四间 16 米，进深 8.1 米。

该民居是研究南京地区古代民居的实例之一。

泰仓巷 14 号民居
No.14 Residence at Taicang Lane

- 位置：泰仓巷 14 号
- 年代：清
- 级别：未定级

此民居建于清代，为两进组群建筑，砖木结构，东西向院落，占地面积 216 平方米，建筑面积 216 平方米。曾为江西古南书院、江西会馆，传统一层三进建筑，门头刻有“江西古南书院”字样。据说，该建筑为清朝时期江西赴南京赶考的书生所居住的地方。第一进面阔三间 8.7 米，进深 4.7 米；第二进面阔四间 12 米，进深 7.3 米；第三进面阔三间 8.5 米，进深 6.3 米。

该民居是研究南京地区古代民居的实例之一。

泰仓巷 17 号民居
No.17 Residence at Taicang Lane

- 位置：泰仓巷 17 号
- 年代：清
- 级别：未定级

此民居建于清代，为三进组群建筑，砖木结构，东西向院落，占地面积 314 平方米，建筑面积 314 平方米。坡屋顶，均为三开间，面阔 10.7 米，进深七檩。

该民居是研究南京地区古代民居的实例之一。

泰仓巷 19 号民居
No.19 Residence at Taicang Lane

- 位置：泰仓巷 19 号
- 年代：清
- 级别：未定级

此民居建于清代，为三进组群建筑，砖木结构，东西向院落，占地面积 247 平方米，建筑面积 408 平方米。第一进为门厅，面阔三间 8.4 米，进深七檩；第二进、第三进为二层，面阔二间 8 米，进深 6.8 米。

该民居是研究南京地区古代民居的实例之一。

泰仓巷 29 号民居
No.29 Residence at Taicang Lane

- 位置：泰仓巷 29 号
- 年代：清
- 级别：未定级

此民居建于清代，为独栋一层建筑，砖木结构，占地面积 70 平方米，建筑面积 70 平方米。原有四进，现存三进，第一进面阔 7.6 米，进深 7.5 米；第二进面阔 7.6 米，进深 6.6 米；第三进面阔 7.6 米，进深 7.7 米。

该民居是研究南京地区古代民居的实例之一。

泰仓巷 30 号民居
No.30 Residence at Taicang Lane

- 位置：泰仓巷 30 号
- 年代：清
- 级别：未定级

此民居建于清代，为两进组群建筑，砖木结构，占地面积 78 平方米，建筑面积 78 平方米。第一进面阔 18.5 米，进深 4.1 米；第二进面阔三间 10 米，进深 8.7 米。

该民居是研究南京地区古代民居的实例之一。

泰仓巷 34 号民居
No.34 Residence at Taicang Lane

- 位置：泰仓巷 34 号
- 年代：清
- 级别：未定级

此民居建于清代，砖木结构，院落中有古井，占地面积 70 平方米，建筑面积 70 平方米。原有三进，现存第一进，面阔三间 9 米，进深 4.7 米。院内古井为火岩石井栏，栏高 40 厘米，井口外径 50 厘米；外墙有拴马石两个。

该民居是研究南京地区古代民居的实例之一。

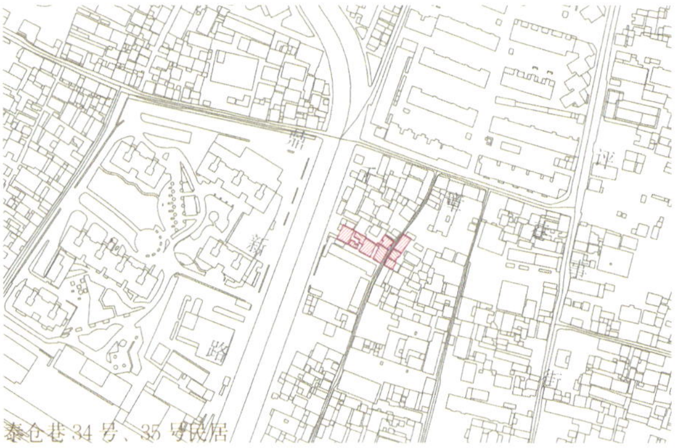

泰仓巷 35 号民居
No.35 Residence at Taicang Lane

- 位置：泰仓巷 35 号
- 年代：清
- 级别：未定级

此民居位于泰仓巷 35 号，建于清代，为三进组群建筑，砖木结构，东西向院落，占地面积 394 平方米，建筑面积 485 平方米。

该民居是研究南京地区古代民居的实例之一。

红土桥 22 号及泰仓巷 39 号民居
No.22 Residence at Hongtuqiao and No.39 Residence at Taicang Lane

- 位置：红土桥 22 号及泰仓巷 39 号
- 年代：清
- 级别：未定级

此民居位于红土桥 22 号、泰仓巷 39 号，建于清代，为三进组群建筑，砖木结构，东西向院落，占地面积 340 平方米，建筑面积 340 平方米。第一进面阔三间 9.2 米，进深 7.3 米；第二进面阔三间 9.4 米，进深 8 米；第三进面阔四间 12.8 米，进深 7.6 米。

该民居是研究南京地区古代民居的实例之一。

升州路 146 号民居
No.146 Residence at Shengzhou Road

- 位置：升州路 146 号
- 年代：清
- 级别：未定级

此民居建于清代，为三进二层组群建筑，砖木结构，两进院落，占地面积 203 平方米，建筑面积 346 平方米。该建筑第一进面阔二间 7.8 米，进深 7.7 米；第二进进深 4.6 米；第三进进深 7 米。

该民居是研究南京地区古代民居的实例之一。

升州路 184 号民居
No.184 Residence at Shengzhou Road

- 位置：升州路 184 号
- 年代：清
- 级别：未定级

此民居建于清代，为两进组群建筑，砖木结构，占地面积 292 平方米，建筑面积 584 平方米。两进均为二层，沿街底层为商铺，保存质量、布局较完整。第一进面阔 15.8 米；第二进面阔六间 17.9 米，进深 6.9 米。

该民居是研究南京地区古代民居的实例之一。

千章巷 17 号民居
No.17 Residence at Qianzhang Lane

- 位置：千章巷 17 号
- 年代：清
- 级别：未定级

此民居建于清代，为三进组群建筑，砖木结构，南北向院落，占地面积 380 平方米，建筑面积 290 平方米。该建筑有三进院落，由沿街商铺、中厅、最后一进二层砖木楼组成。

该民居是研究南京地区古代民居的实例之一。

千章巷 23 号民居
No.23 Residence at Qianzhang Lane

- 位置：千章巷 23 号
- 年代：清
- 级别：未定级

此民居建于清代，为两进组群建筑，砖木结构，南北向院落，占地面积 153 平方米，建筑面积 153 平方米。坡屋顶，青砖墙面。

该民居是研究南京地区古代民居的实例之一。

踹布坊 21 号民居
No.21 Residence at Chuaibufang

- 位置：踹布坊 21 号
- 年代：清
- 级别：未定级

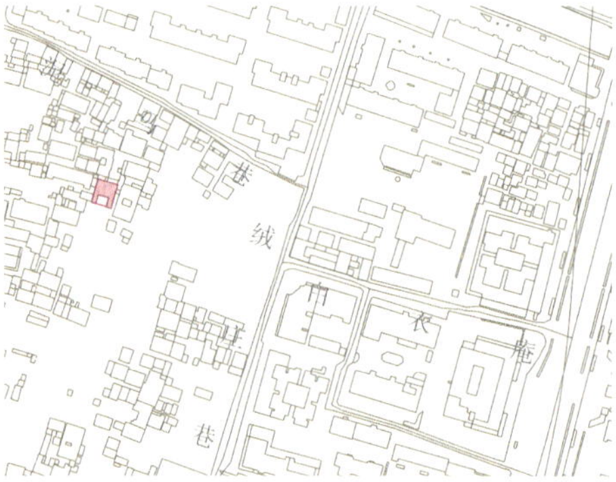

此民居建于清代，为三合院式建筑，砖木结构，占地面积 163 平方米，建筑面积 130 平方米。该建筑面阔三间 11.7 米，进深七檩 7.4 米。

该民居是研究南京地区古代民居的实例之一。

踹布坊 36 号民居
No.36 Residence at Chuaibufang

- 位置：踹布坊 36 号
- 年代：清
- 级别：未定级

此民居建于清代，原为尼姑庵，现为居住用房。三进组群建筑，砖木结构，南北向院落，占地面积 390 平方米，建筑面积 390 平方米。第一进面阔三间 11.3 米，进深 7 米；第二进面阔三间 11.3 米，进深 7.6 米；第三进面阔三间 10 米，进深 10 米。

该民居是研究南京地区古代民居的实例之一。

泥马巷 13 号民居
No.13 Residence at Nima Lane

- 位置：泥马巷 13 号
- 年代：清
- 级别：未定级

此民居建于清代，为两进组群建筑，砖木结构，南北向院落。该建筑第一进面阔三间 10.2 米，进深七檩 4.7 米；第二进进深七檩 4.8 米。

该民居是研究南京地区古代民居的实例之一。

泥马巷 15 号民居
No.15 Residence at Nima Lane

- 位置：泥马巷 15 号
- 年代：清
- 级别：未定级

此民居建于清代，为三进组群建筑，砖木结构，南北向院落。第一进面阔二间 5.1 米，进深七檩；第二进面阔二间 6.6 米，进深 6.9 米；第三进进深 6.7 米。

该民居是研究南京地区古代民居的实例之一。

利济巷慰安所旧址	The Site of Lijixiang Comfort Stations
壹鉴堂	Yijian Hall
花露南岗20号民国住宅	Residence in the Republic of China at No.20, Hualu'nan'gang
文昌巷10号民国建筑	Building in the Republic of China at No.10, Wenchang Lane
六合里10号民国建筑	Building in the Republic of China at No.10, Liuheli
中农里民国建筑群	Building Cluster in the Republic of China at Zhongnongli
太平南路76号民国建筑	Building in the Republic of China at No.76, South Taiping Road
八宝前街48号民国建筑	Building in the Republic of China at No.48, Babaoqianjie
小火瓦巷48村民国建筑	Building in the Republic of China at No.48 Village, Xiaohuowa Lane
白下路179号民国建筑	Building in the Republic of China at No.179, Baixia Road
莫愁路2号，6号，8号，10号，12号民国建筑	Building in the Republic of China at No.2, No.6, No.8, No.10, No.12 Mochou Road
莫愁路329号，378号，399号民国建筑	Building in the Republic of China at No.329, No.378, No.399 Mochou Road
平章巷18号民国建筑	Building in the Republic of China at No.18, Pingzhang Lane
踹布坊11号民国建筑	Building in the Republic of China at No.11, Chuaibufang
走马巷2号民国建筑	Building in the Republic of China at No.2, Zouma Lane
中和桥30号民国建筑	Building in the Republic of China at No.30, Zhongheqiao
益乐村9号民国建筑	Building in the Republic of China at No.9, Yile Village
申家巷43号民国建筑	Building in the Republic of China at No.43, Shenjia Lane
五福新村民国建筑	Building in the Republic of China at New Wufu Village
城佐营18号民国建筑	Building in the Republic of China at No.18, Chengzuoying
泰仓巷26号民国建筑	Building in the Republic of China at No.26, Taicang Lane
马路街32号，34号民国建筑	Building in the Republic of China at No.32, No.34 Malu Street
升州路下浮桥23号民国建筑	Building in the Republic of China at No.23, Xiafuqiao, Shengzhou Road
升州路50号，54号，56号，120号，122号，133号，160号，216号，250号，348号民国建筑	Building in the Republic of China at No.50, No.54, No.56, No.120, No.122, No.133, No.160, No.216, No.250, No.348 Shengzhou Road
评事街45号，89号，186号民国建筑	Building in the Republic of China at No.45, No.89, No.186 Pingshi Street
泥马巷5号民国建筑	Building in the Republic of China at No.5, Nima Lane
大板巷71号，73号，75号民国建筑	Building in the Republic of China at No.71, No.73, No.75 Daban Lane
南市楼2号民国建筑	Building in the Republic of China at No.2, Nanshilou
程善坊2号，5号民国建筑	Building in the Republic of China at No.2, No.5 Chengshanfang
丰富路15号民国建筑	Building in the Republic of China at No.15, Fengfu Road

民国旧宅

Former Residences in the Republic of China

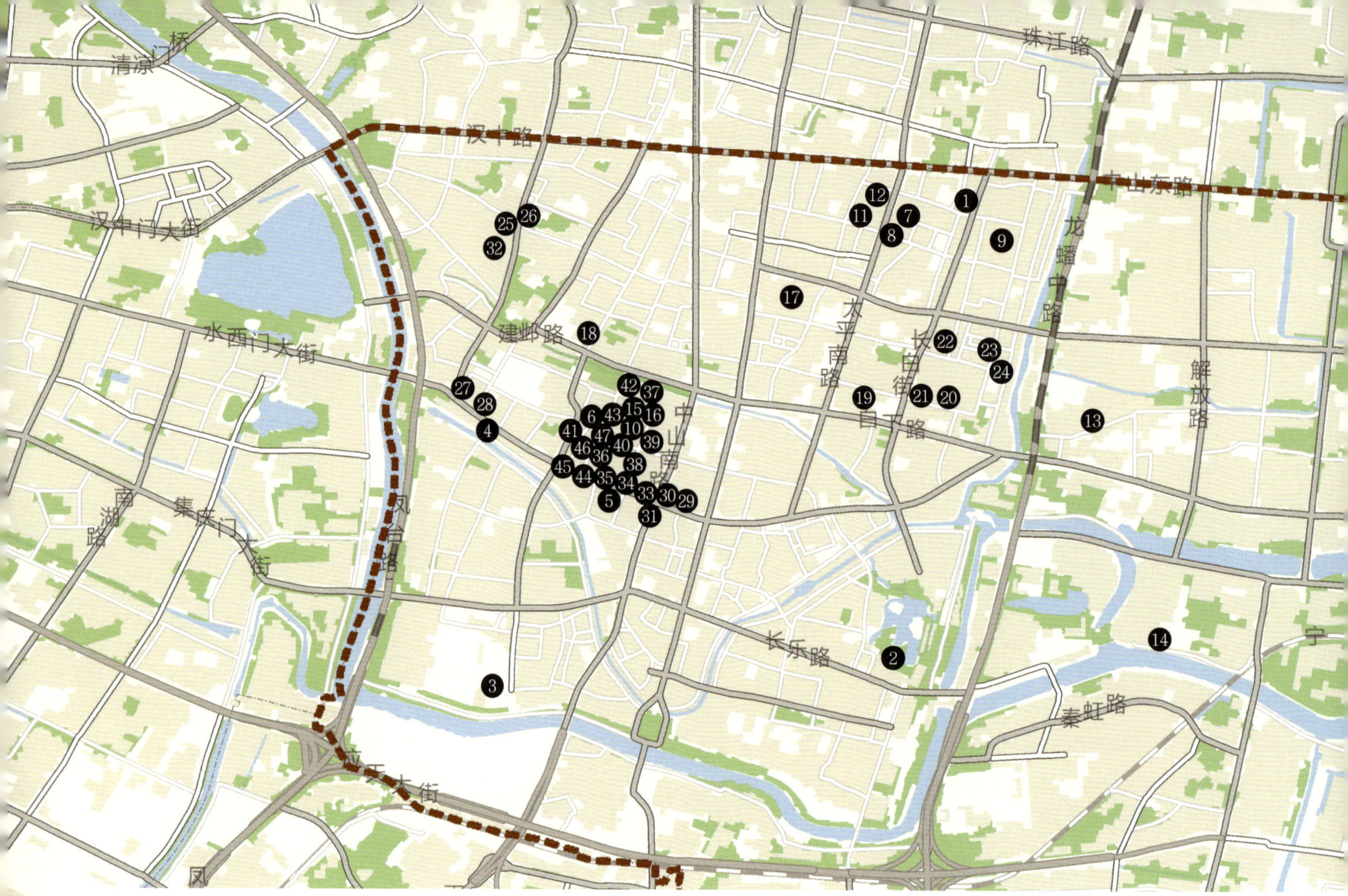

❶ 利济巷慰安所旧址
The Site of Lijixiang Comfort Stations

❷ 壹鉴堂
Yijian Hall

❸ 花露南岗 20 号民国住宅
Residence in the Republic of China at No.20, Hualu'nan'gang

❹ 升州路下浮桥 23 号民国建筑
Building in the Republic of China at No.23, Xiafuqiao, Shengzhou Road

❺ 升州路 133 号民国建筑
Building in the Republic of China at No.133, Shengzhou Road

❻ 泰仓巷 26 号民国建筑
Building in the Republic of China at No.26, Taicang Lane

❼ 文昌巷 19 号民国建筑群
Building in the Republic of China at No.19, Wenchang Lane

❽ 文昌巷 10 号民国建筑
Building in the Republic of China at No.10, Wenchang Lane

❾ 六合里 10 号民国建筑
Building in the Republic of China at No.10, Liuheli

❿ 平章巷 18 号民国建筑
Building in the Republic of China at No.18, Pingzhang Lane

⓫ 中农里民国建筑群
Building Cluster in the Republic of China at Zhongnongli

⓬ 太平南路 76 号民国建筑
Building in the Republic of China at No.76, South Taiping Road

⓭ 八宝前街 48 号民国建筑
Building in the Republic of China at No.48, Babaoqianjie

⓮ 中和桥 30 号民国建筑
Building in the Republic of China at No.30, Zhongheqiao

⓯ 踹布坊 11 号民国建筑
Building in the Republic of China at No.11, Chuaibufang

⓰ 走马巷 2 号民国建筑
Building in the Republic of China at No.2, Zouma Lane

⓱ 益乐村 9 号民国建筑
Building in the Republic of China at No.9, Yile Village

⓲ 丰富路 15 号民国建筑
Building in the Republic of China at No.15, Fengfu Road

⓳ 白下路 179 号民国建筑
Building in the Republic of China at No.179, Baixia Road

⓴ 申家巷 43 号民国建筑
Building in the Republic of China at No.43, Shenjia Lane

㉑ 五福新村民国建筑
Building in the Republic of China at New Wufu Village

㉒ 城佐营 18 号民国建筑
Building in the Republic of China at No.18, Chengzuoying

㉓ 马路街 34 号民国建筑
Building in the Republic of China at No.34, Malu Street

㉔ 马路街 32 号民国建筑
Building in the Republic of China at No.32, Malu Street

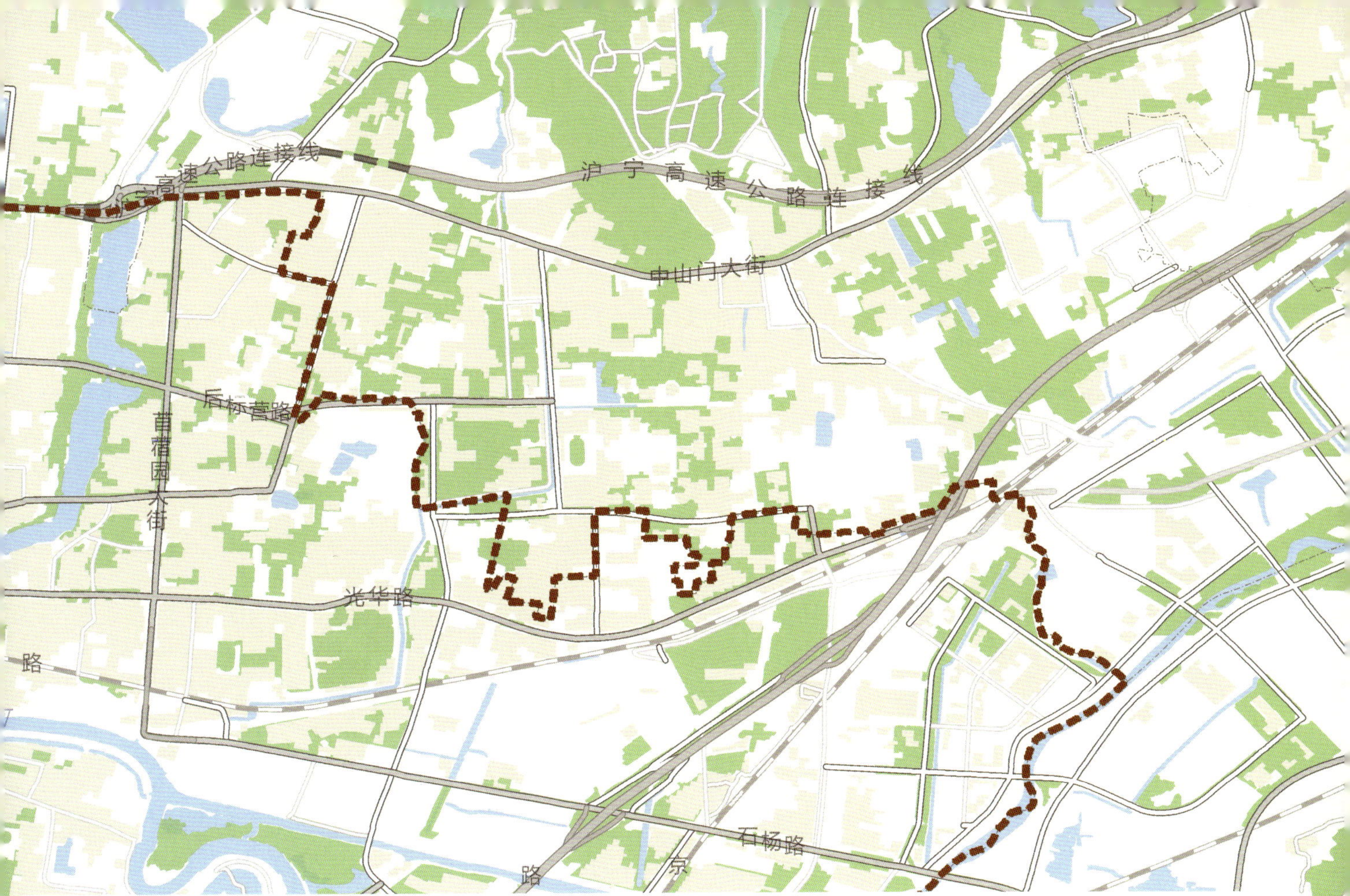

25 莫愁路 399 号民国建筑
Building in the Republic of China at No.399, Mochou Road

26 莫愁路 378 号民国建筑
Building in the Republic of China at No.378, Mochou Road

27 莫愁路 2 号民国建筑
Building in the Republic of China at No.2 Mochou Road

28 升州路 348 号民国建筑
Building in the Republic of China at No.348, Shengzhou Road

29 升州路 50 号民国建筑
Building in the Republic of China at No.50, Shengzhou Road

30 升州路 54 号民国建筑
Building in the Republic of China at No.54, Shengzhou Road

31 升州路 56 号民国建筑
Building in the Republic of China at No.56, Shengzhou Road

32 莫愁路 329 号民国建筑
Building in the Republic of China at No.329, Mochou Road

33 升州路 120 号民国建筑
Building in the Republic of China at No.120, Shengzhou Road

34 升州路 122 号民国建筑
Building in the Republic of China at No.122, Shengzhou Road

35 升州路 160 号民国建筑
Building in the Republic of China at No.160, Shengzhou Road

36 评事街 45 号民国建筑
Building in the Republic of China at No.45, Pingshi Street

37 泥马巷 5 号民国建筑
Building in the Republic of China at No.5, Nima Lane

38 大板巷 71 号民国建筑
Building in the Republic of China at No.71, Daban Lane

39 大板巷 73 号民国建筑
Building in the Republic of China at No.73, Daban Lane

40 大板巷 75 号民国建筑
Building in the Republic of China at No.75, Daban Lane

41 南市楼 2 号民国建筑
Building in the Republic of China at No.2, Nanshilou

42 评事街 186 号民国建筑
Building in the Republic of China at No.186, Pingshi Street

43 评事街 89 号民国建筑
Building in the Republic of China at No.89, Pingshi Street

44 升州路 216 号民国建筑
Building in the Republic of China at No.216, Shengzhou Road

45 升州路 250 号民国建筑
Building in the Republic of China at No.250, Shengzhou Road

46 程善坊 2 号民国建筑
Building in the Republic of China at No.2, Chengshanfang

47 程善坊 5 号民国建筑
Building in the Republic of China at No.5, Chengshanfang

利济巷慰安所旧址
The Site of Lijixiang Comfort Stations

- 位置：利济巷 2–18 号
- 年代：民国
- 级别：市级

建筑立面前的雕塑
The Statue in Front of Facade

照片墙
Photo Wall

楼栋之间
Space between Buildings

立面
Facade

陈列馆内部陈设
Interior of the Museum

利济巷慰安所旧址位于中山东路南，科巷菜场东北，利济巷2-18号。这里是中国大陆首座经“慰安妇”亲自指认的以“慰安妇”为主题的纪念馆。南京利济巷慰安所旧址陈列馆由八幢淡黄色的两层建筑组成，总建筑面积3 000多平方米。其中六幢为展陈馆，两幢为办公楼。目前，该陈列馆中共展出了1 600多件文物展品、400多块图板、680多幅照片，此外，还有从日本友人大东仁处征集的“突击一番”安全套和星秘膏。南京利济巷慰安所旧址，原由国民党中将杨普庆于1935年至1937年间陆续建造，为两层砖木混合结构的建筑物，名为“普庆新村”。1937年底，日军占领南京之后，将利济巷2号改造为“东云慰安所”，将18号改造为“故乡楼慰安所”。利济巷2号楼上第19号房间是朝鲜籍“慰安妇”朴永心当年被拘禁的地方。2003年11月21日，她曾经来现场进行指认。利济巷是唯一经在世的慰安妇指认的慰安所。2014年11月，南京市政府启动对利济巷慰安所旧址的修缮保护、陈列布展工作，2015年12月正式建成。

楼栋之间
Space between Buildings

北侧立面
Facade at North Side

壹鉴堂
Yijian Hall

- 位置：白鹭洲公园内
- 年代：民国
- 级别：区级

壹鉴堂为区级文物保护单位。建筑坐北朝南，硬山顶、砖木结构平房。建筑平面呈“回”字形。通面阔 20.5 米，通进深 15.7 米，占地面积 322 平方米。前后共两进，第一进面阔三间，第一进与第二进之间有一天井，左右有回廊，第二进为面阔五间的大厅式结构，为青砖小瓦。第二进北侧有带轩长廊。现存的壹鉴堂为民国时期重建，整体建筑新颖别致，具有园林式建筑特色。

西北角景观
View of the North-western Edge

通往庭院的月洞门
Moon Gate to the Yard

花露南岗 20 号民国住宅
Residence in the Republic of China at No.20, Hualu'nan'gang

- 位置：花露南岗 20 号
- 年代：民国
- 级别：未定级

此住宅坐北朝南，共有三进硬山顶、砖木结构平房。通面阔五间 20 米，通进深 34.5 米，占地面积 690 平方米。建筑东侧院墙和大门为清代建构。

这是一处民国建筑遗存，对研究南京地区民国建筑有参考、借鉴价值。

文昌巷 10 号民国建筑
Building in the Republic of China at No.10, Wenchang Lane

- 位置：文昌巷 10 号
- 年代：民国
- 级别：未定级

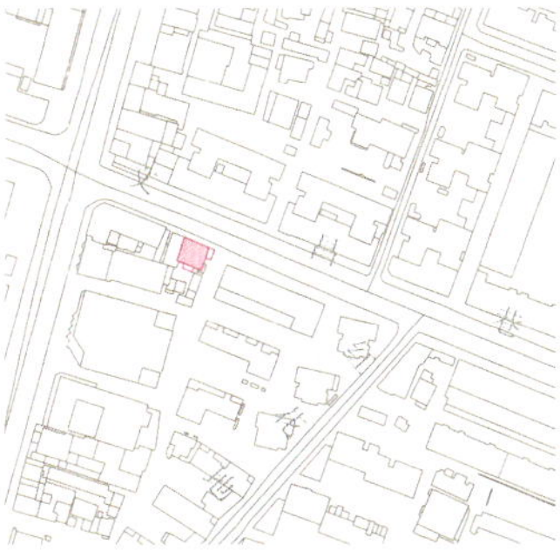

该建筑为 1 幢三层居民住宅楼，局部四层，上下共十三间，长 16.1 米，宽 11.7 米，建筑面积约 320 平方米。该建筑为砖混结构，红瓦屋面，水泥墙面，木质门窗，南北均有阳台，外墙现已改为浅蓝色涂料粉刷。现仍为居民居住，虽然内部比较陈旧，但仍具有一定的保护价值。

临街立面
Facade beside the Street

楼梯间
Staircase

六合里 10 号民国建筑
Building in the Republic of China at No.10, Liuheli

- 位置：六合里 10 号
- 年代：民国
- 级别：未定级

该建筑原有 4 幢，现有 3 幢，1 幢已拆除重建。该处建筑坐北朝南，为砖混结构，三层楼房，青砖墙面，青瓦屋面，南有阳台，木质门窗，每幢长 12.5 米，宽 8 米，建筑面积约 300 平方米。现为解放军 454 医院职工宿舍。

中农里民国建筑群
Building Cluster in the Republic of China at Zhongnongli

位置：中农里和游府西街 4 号、6 号
年代：民国
级别：未定级

该建筑为民国时期建造，为日式 2 层住宅楼，原有 12 幢楼房，现为 11 幢楼房，1 幢平房，大部分为青砖青瓦，部分红砖，少数后期用水泥粉饰，占地面积 2 700 平方米。现为南京市房管所、解放军第 81 医院所有。其中游府西街 4 号原为医院门诊部，现为医院员工宿舍。游府西街 6 号前一幢原为两层楼房，现已改成平房，其他建筑基本保持原样。

中农里民国建筑群为民国时期日式住宅建筑群，对研究当时人们生活情况有一定的参考价值。

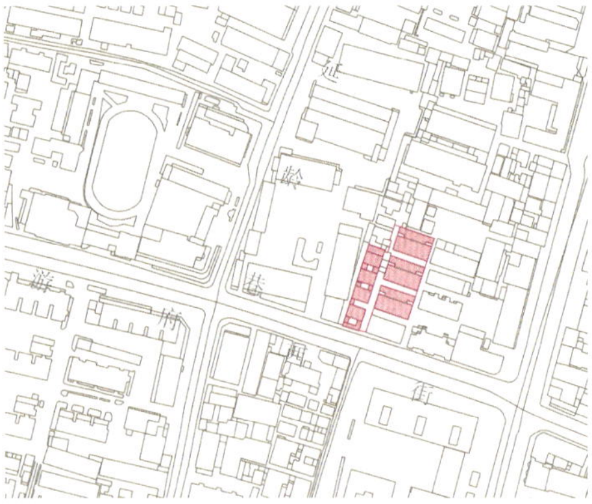

楼栋之间
Space between Buildings

侧立面
Profile

太平南路 76 号民国建筑
Building in the Republic of China at No.76, South Taiping Road

位置：太平南路 76 号
年代：民国
级别：未定级

该建筑为民国时期建造，共 6 幢楼房，南 2 幢两层带后阳台，北 3 幢为假三层楼房，东侧 1 幢为三层楼房。该建筑为砖混结构，水泥墙面，黄色涂料粉饰，青瓦屋面，木质门窗。在南第一幢东侧有一水泥窨井盖，上有文字记载有“民国某某年”字样。

该建筑为民国时期住宅建筑，反映了当时中高阶层人们的生活状况。

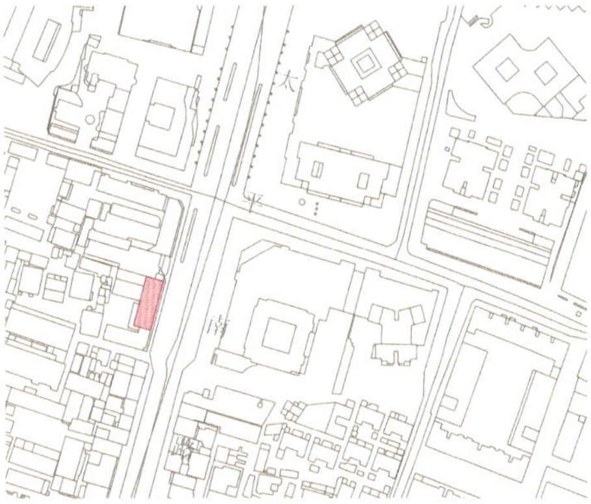

俯瞰群楼
Bird's-eye View of the Buildings

西侧山墙立面
Pediment of West Side

立面
Profile

楼栋之间
Space between Buildings

八宝前街48号民国建筑
Building in the Republic of China at No.48, Babaoqianjie

位置：八宝前街48号
年代：民国
级别：未定级

该建筑为民国时期建造，为2幢二层楼房，1幢平房。楼房每幢上下各三间共六间，每幢建筑面积约200平方米，另有平房1幢，建筑面积100平方米。房屋均为砖混结构，青砖墙面，青瓦屋面，木质门窗，2幢楼房前有水泥阳台。

据八宝前街48号居民说，此处原为民国时期国民党一陈姓师长住宅。

侧立面
Profile

小火瓦巷48村民国建筑
Building in the Republic of China at No.48 Village, Xiaohuowa Lane

位置：小火瓦巷48村1号、2号、3号、4号
年代：民国
级别：未定级

该建筑为民国时期建造，为2幢西式假三层住宅楼，青砖青瓦，木门窗，占地面积300平方米。

原是宋希濂亲属的住房，现1号、2号是私产，3号、4号为白下区房产局公房。

这是研究民国高官住宅的实物例证之一。

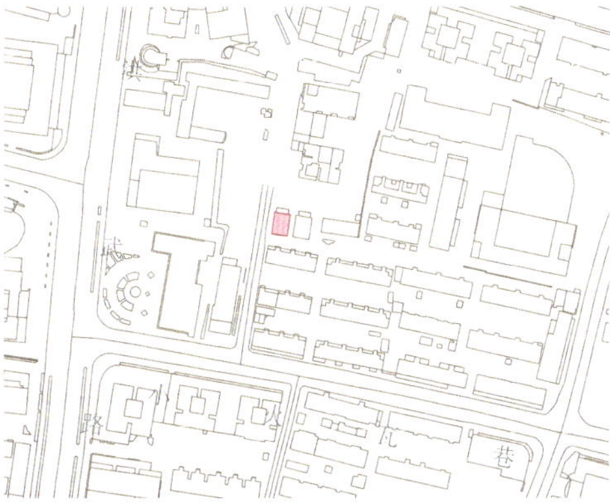

北侧立面
Facade of North Side

楼栋之间的入口
Entrance between Buildings

山墙面
Pediment

东南侧立面
Facade of South-eastern Side

白下路 179 号民国建筑
Building in the Republic of China at No.179, Baixia Road

- 位置：白下路 179 号
- 年代：民国
- 级别：未定级

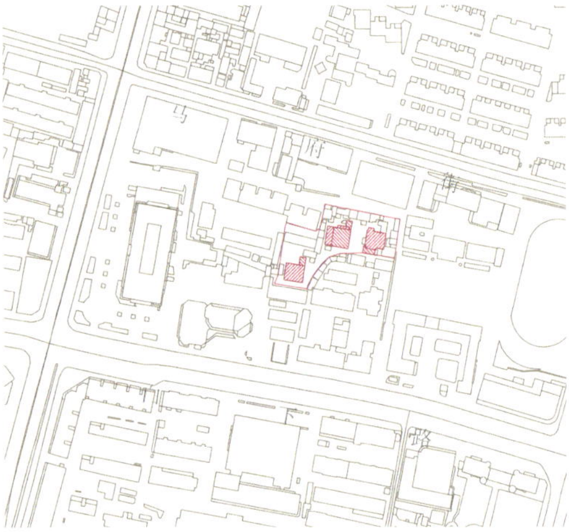

该建筑为民国时期建造，为3幢两层(局部三层)别墅式楼房。2幢青砖外墙，1幢为水泥外墙，其中2幢为水泥平瓦屋面，1幢为红瓦屋面，占地面积400平方米。该建筑原为法国人建造，现为南京市基督教三自爱国运动委员会所有。

该处建筑为成片民国住宅建筑，对研究民国时期人们生活情况有参考价值。

莫愁路2号、6号、8号、10号、12号民国建筑
Building in the Republic of China at No.2, No.6, No.8, No.10, No.12 Mochou Road

- 位置：莫愁路 2 号、6 号、8 号、10 号、12 号
- 年代：民国
- 级别：未定级

该建筑为民国时期建造。砖木结构，青瓦屋面，水泥墙面，木质门窗。莫愁路2号是平房，占地面积42.1平方米；6号、8号、10号、12号均为2层，6号局部3层，总占地面积371.9平方米。建筑沿街长30米，进深12米。均为沿街商铺。

该处建筑为民国时期普通住宅和商贸建筑，保护价值不高，是研究南京地区民国建筑的实例之一。

临街侧立面
Profile beside the Street

莫愁路 329 号民国建筑
Building in the Republic of China at No.329, Mochou Road

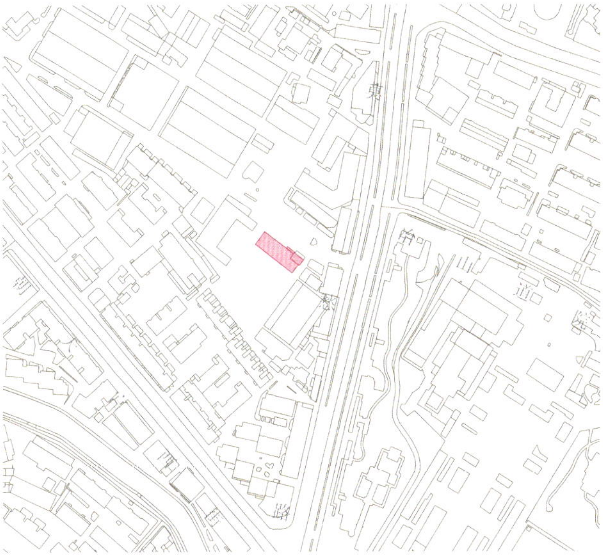

- 位置：莫愁路 329 号
- 年代：民国
- 级别：未定级

该建筑为 4 幢民国时期建造的楼房，其中位于大门口一幢为两层小楼，长 9 米，宽 6 米，建筑占地面积 54 平方米，砖混结构。正对大门的一幢为假三层欧式别墅建筑，长 10 米，宽 13 米，建筑占地面积 130 平方米，砖木结构，红瓦屋面。北侧一幢为二层楼房，长 10 米，宽 12 米，建筑占地面积 120 平方米，砖木结构，红瓦屋面，水泥墙面，木质门窗和地板。西侧一幢为二层砖木结构楼房，长 13 米，宽 7 米，建筑占地面积 91 平方米。

角楼
Turret

假三层欧式别墅建筑山墙面
Pediment of Simulating the Three-floors-european-villa Building

假三层欧式别墅建筑北侧立面
North Facade of Simulating the Three-floors-european-villa Building

莫愁路 378 号民国建筑
Building in the Republic of China at No.378, Mochou Road

- 位置：莫愁路 378 号
- 年代：民国
- 级别：未定级

西侧庭院
Yard at the West Side

莫愁路 399 号民国建筑
Building in the Republic of China at No.399, Mochou Road

- 位置：莫愁路 399 号
- 年代：民国
- 级别：国家级

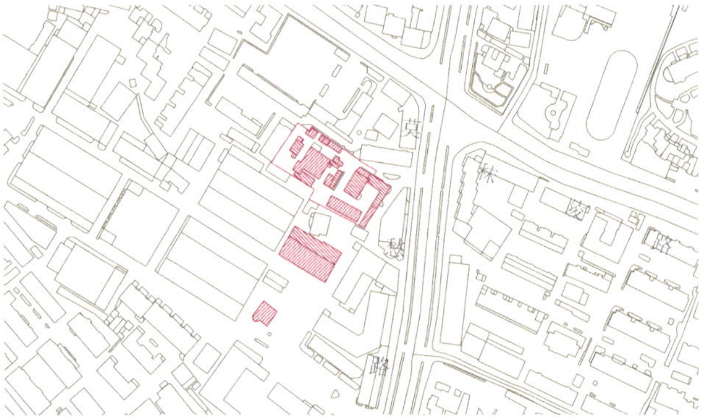

此建筑建于民国时期，现有民国教会建筑 1 幢，坐西朝东，长 13 米，宽 15 米，高 8 米。基督教建筑，砖木结构，腰沿为青砖棱形排列，前后上下带拱形廊。楼梯在西廊，木质。外墙粉饰水泥，木质地板。

这是研究南京基督教建筑的实物例证。

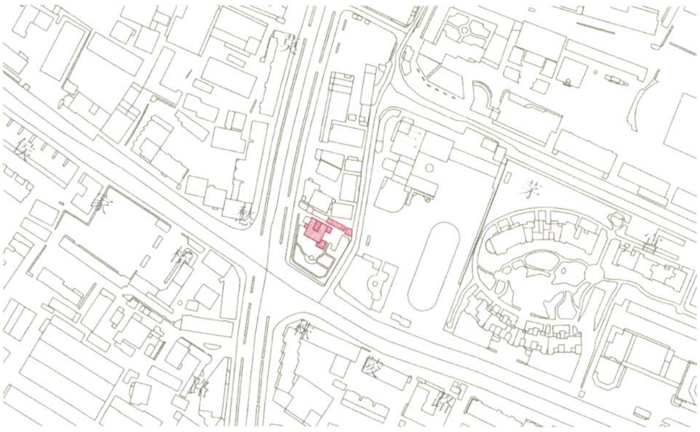

此建筑建于民国时期，院内主楼 1 幢，附属用房在主楼东北面，为 1 幢平房，后在大门处新建两层小楼 1 幢。砖木结构，西方现代派造型，青色平瓦屋顶，青砖墙面，主楼西侧有一门厅。东一层楼，中部两层，西部假三层，最西侧为门厅。

这是研究民国建筑的实物例证之一。

东侧庭院
Yard at the East Side

平章巷 18 号民国建筑
Building in the Republic of China at No.18, Pingzhang Lane

- 位置：平章巷 18 号
- 年代：民国
- 级别：未定级

此建筑建于民国时期，为独栋二层建筑，砖木结构，南北向院落，占地面积 128 平方米，建筑面积 256 平方米。

这是研究南京地区民国建筑的实例之一。

踹布坊 11 号民国建筑
Building in the Republic of China at No.11, Chuaibufang

- 位置：踹布坊 11 号
- 年代：民国
- 级别：未定级

此建筑建于民国时期，为两幢二层建筑，砖木结构，占地面积 108 平方米，建筑面积 192 平方米。该建筑一幢平面为方形，一幢为短 L 形，两栋建筑围合形成院落。

这是研究南京地区民国建筑的实例之一。

走马巷 2 号民国建筑
Building in the Republic of China at No.2, Zouma Lane

- 位置：走马巷 2 号
- 年代：民国
- 级别：未定级

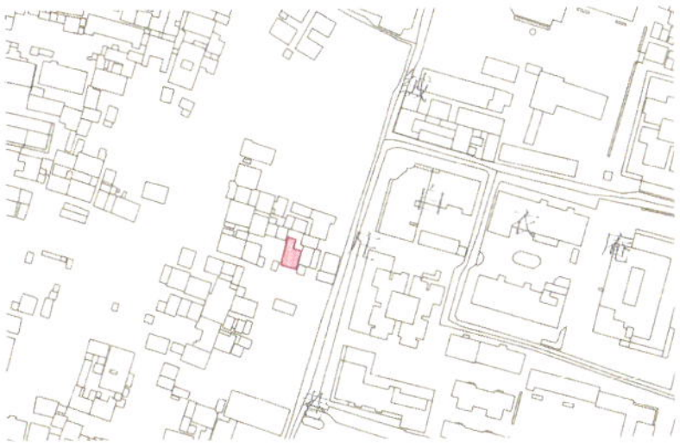

该建筑建于民国，为独栋二层建筑，砖木结构，青砖墙面，占地面积 75 平方米，建筑面积 150 平方米。

这是研究南京地区民国建筑的实例之一。

临街侧立面
Profile beside the Street

立面
Facade

中和桥 30 号民国建筑
Building in the Republic of China at No.30, Zhongheqiao

- 位置：中和桥 30 号
- 年代：民国
- 级别：未定级

此建筑位于南京军区空军第十师院内，建于民国时期，为 2 幢二层西式住宅楼，水泥沙石墙面，青瓦屋面，前有院落，建筑占地面积 400 平方米。原为国民党高级将领居住，现为南京军区空军第十师所有，是研究民国高官住宅的重要实例。

益乐村 9 号民国建筑
Building in the Republic of China at No.9, Yile Village

- 位置：益乐村 9 号
- 年代：民国
- 级别：未定级

该建筑于民国时期建造。为一幢两层楼房，砖混结构，红砖红瓦，木板地面，木质门窗，现部分窗户已改为钢窗，上下共 12 间，前有小院。

西南侧立面
Facade at South-western Side

立面
Facade

申家巷 43 号民国建筑
Building in the Republic of China at No.43, Shenjia Lane

- 位置：申家巷 43 号
- 年代：民国
- 级别：未定级

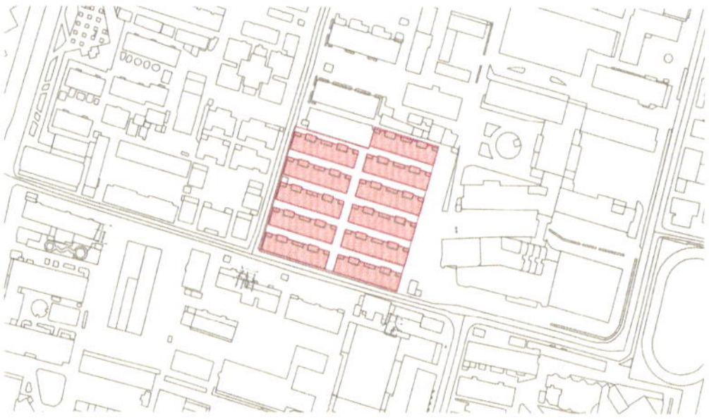

该建筑于民国时期建造，为 11 幢三层楼房，每幢三层楼房长 37 米，宽 10 米，高约 10 米，占地面积 370 平方米，建筑面积 1 100 平方米，上下共 48 间，青砖，部分水泥外墙，青瓦屋面，木质门窗。
该处建筑为成片民国住宅建筑，对研究民国时期人们生活情况有参考价值。

五福新村民国建筑
Building in the Republic of China at New Wufu Village

- 位置：申家巷五福新村
- 年代：民国
- 级别：未定级

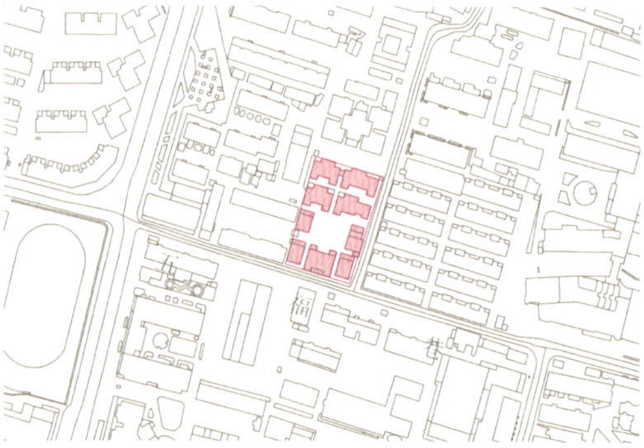

此建筑为 4 幢两层楼房和 4 幢平房，砖混结构。原为 1930 年日伪时期日本人盖的医院，现为南京邮电大学教职员工宿舍。其中 3 幢楼房均长 13 米，宽 10 米；南面中间一幢楼房长 13 米，宽 17 米，均为青砖青瓦，木质门窗。4 幢平房均长 17.5 米，宽 12.5 米，青砖青瓦，木质门窗。
该处建筑为成片民国住宅建筑，对研究民国时期人们生活情况有参考价值。

城佐营 18 号民国建筑
Building in the Republic of China at No.18, Chengzuoying

- 位置：城佐营 18 号
- 年代：民国
- 级别：未定级

该建筑于民国时期建造，为一幢二层别墅式楼房，水泥外墙，青瓦屋面，原为木质门窗，现改为钢窗，南有阳台。该建筑长 14 米，宽 12 米，高 8 米，上下共 8 间，占地面积 168 平方米，现为洪武路派出所使用。

该处建筑为成片民国住宅建筑，对研究民国时期人们生活情况有参考价值。

泰仓巷 26 号民国建筑
Building in the Republic of China at No.26, Taicang Lane

- 位置：泰仓巷 26 号
- 年代：民国
- 级别：未定级

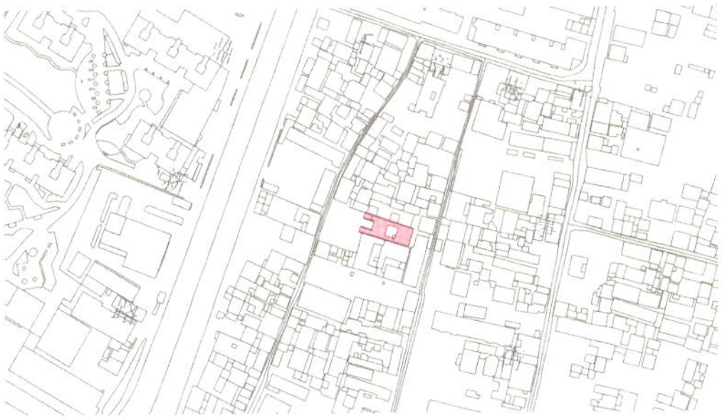

该建筑建于民国时期，为三进组群建筑，后进两层，砖木结构，东西向院落，占地面积 263 平方米，建筑面积 526 平方米。该建筑是研究南京地区民国建筑的实例之一。

马路街 32 号民国建筑
Building in the Republic of China at No.32, Malu Street

- 位置：马路街 32 号
- 年代：民国
- 级别：未定级

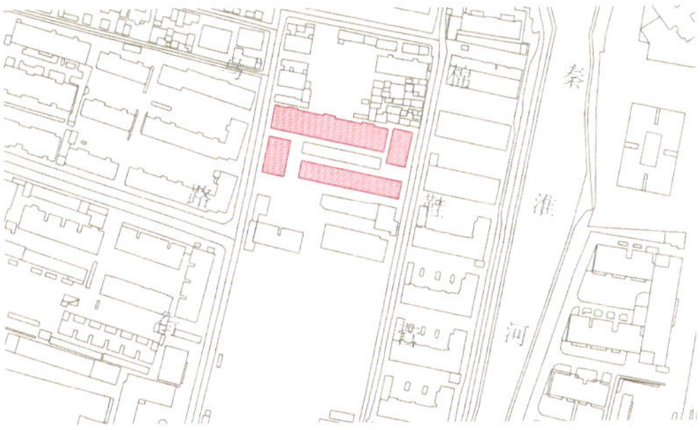

该建筑建于 1927 年，为 4 幢三层砖混结构楼房，青砖青瓦，部分水泥外墙，绿色瓷砖地面，木扶手楼梯，钢门钢窗。占地面积 2 025 平方米。原为民国时期中央银行职工宿舍。现为空军 454 医院所有。

该建筑建造水平和质量均较高，对于研究民国时期人们生活情况有重要参考价值。

马路街 34 号民国建筑
Building in the Republic of China at No.34, Malu Street

- 位置：马路街 34 号
- 年代：民国
- 级别：未定级

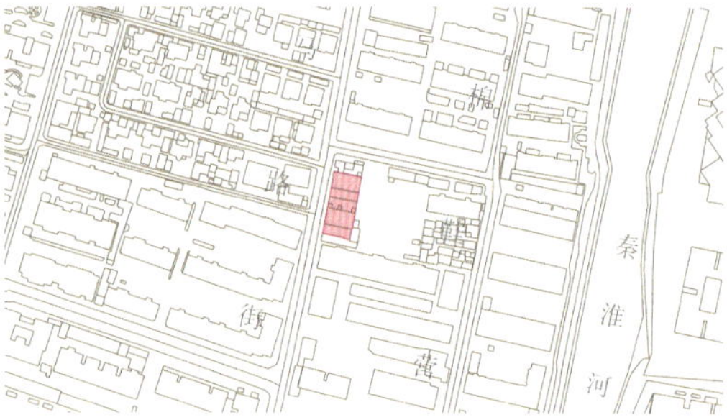

该建筑为民国时期建造，为 2 幢两层砖混结构楼房，局部三层。建筑坐北朝南，青砖青瓦，木质门窗，宽 15 米，长 14.3 米，占地面积 275 平方米，建筑面积 600 平方米。

该处建筑为成片民国住宅建筑，对研究民国时期人们生活情况有参考价值。

升州路下浮桥 23 号民国建筑
Building in the Republic of China at No.23, Xiafuqiao, Shengzhou Road

- 位置：升州路下浮桥 23 号
- 年代：民国
- 级别：未定级

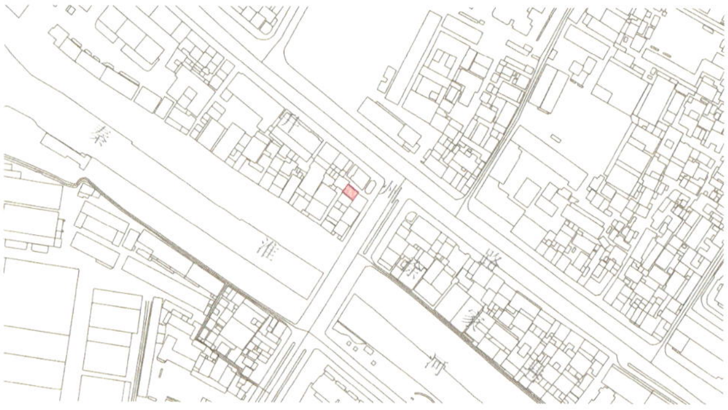

民国建筑，坐北朝南，为二层砖木、硬山顶结构，面阔 8.7 米，进深 12 米，高 10 米，占地面积 140.4 平方米。

该建筑对研究南京地区民国建筑有参考、借鉴价值。

升州路 50 号民国建筑
Building in the Republic of China at No.50, Shengzhou Road

- 位置：升州路 50 号
- 年代：民国
- 级别：未定级

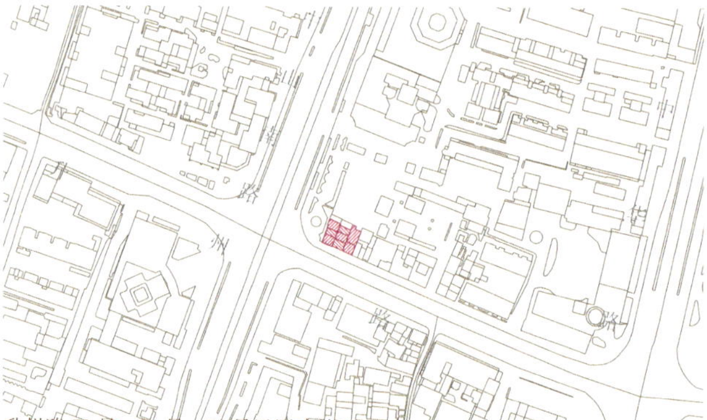

升州路 50 号、54 号、56 号民国建筑

该建筑建于民国时期。为一幢三层楼房，砖混结构，宽 6 米，深 13 米，占地面积 78 平方米，建筑面积 234 平方米，正面水泥粉饰，侧面青砖墙面，木质门窗。

该建筑为民国时期普通商铺建筑，有一定的保护价值，是研究南京地区民国建筑的实例之一。

升州路 54 号民国建筑
Building in the Republic of China at No.54, Shengzhou Road

- 位置：升州路 54 号
- 年代：民国
- 级别：未定级

此建筑建于民国时期。为一幢砖混结构的三层楼房，宽 6 米，深 13 米，占地 78 平方米，建筑面积 234 平方米，正面水泥粉饰，侧面青砖墙面，原为木质窗户，现改为钢窗。

该建筑为民国时期普通商铺建筑，有一定的保护价值，是研究南京地区民国建筑的实例之一。

升州路 56 号民国建筑
Building in the Republic of China at No.56, Shengzhou Road

- 位置：升州路 56 号
- 年代：民国
- 级别：未定级

此建筑建于民国时期。为一幢砖混结构的二层楼房，宽 6 米，深 13 米，占地面积 78 平方米，建筑面积 156 平方米，楼上有木质外廊，外墙水泥粉饰。

该建筑为民国时期普通商铺建筑，有一定的保护价值，是研究南京地区民国建筑的实例之一。

升州路 120 号民国建筑
Building in the Republic of China at No.120, Shengzhou Road

- 位置：升州路 120 号
- 年代：民国
- 级别：未定级

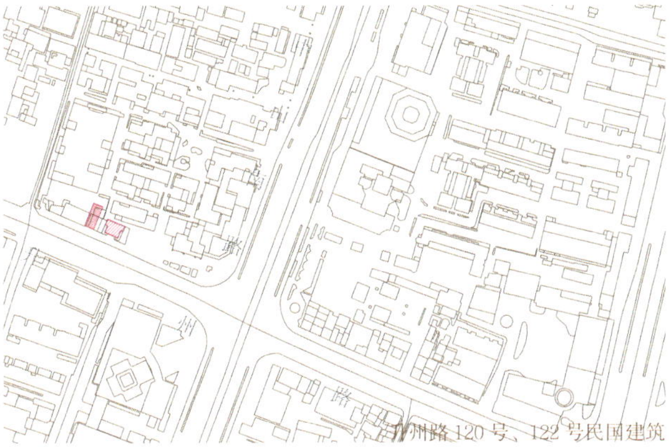

升州路 120 号、122 号民国建筑

此建筑建于民国时期，为一幢五层楼房，砖混结构，长 13 米，宽 6 米，占地面积 78 平方米，建筑面积 390 平方米，水泥外墙，已部分拆除，原为木质门窗，现部分改为白色铝合金门窗。

该建筑为民国时期建筑，有一定的保护价值，是研究南京地区民国建筑的实例之一。

升州路 122 号民国建筑
Building in the Republic of China at No.122, Shengzhou Road

- 位置：升州路 122 号
- 年代：民国
- 级别：未定级

欧式柱头装饰之一
European Chapiter Decoration I

欧式柱头装饰之二
European Chapiter Decoration II

此建筑建于民国时期，为一幢三层楼房，砖混结构，水泥外墙，木质门窗（门窗大部分已拆除），长 30 米，宽 6 米，占地面积 180 平方米，建筑面积 540 平方米。

该建筑有一定的保护价值，是研究南京地区民国建筑的实例之一。

临街侧立面
Profile beside the Street

升州路 133 号民国建筑
Building in the Republic of China at No.133, Shengzhou Road

- 位置：升州路 133 号
- 年代：民国
- 级别：未定级

此建筑坐南朝北，为二层楼房，砖木、硬山顶结构。面阔 8.8 米，进深 18.2 米，高 8 米。占地面积 160 平方米。

这是一处民国建筑遗存，对研究南京地区民国建筑有参考、借鉴价值。

升州路 160 号民国建筑
Building in the Republic of China at No.160, Shengzhou Road

- 位置：升州路 160 号
- 年代：民国
- 级别：未定级

该建筑建于民国时期，为一幢三层楼房，砖混结构，长 4 米，宽 6 米，占地面积 24 平方米，建筑面积 72 平方米，水泥外墙，南有阳台，铁栏杆，木质门窗。

该建筑为民国时期普通商铺建筑，有一定的保护价值，是研究南京地区民国建筑的实例之一。

升州路 216 号民国建筑
Building in the Republic of China at No.216, Shengzhou Road

- 位置：升州路 216 号
- 年代：民国
- 级别：未定级

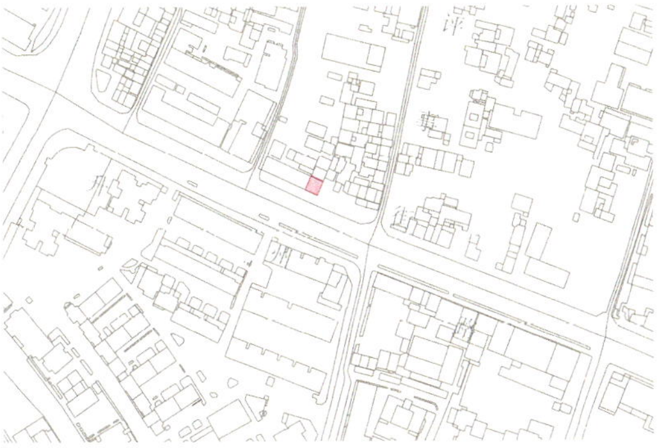

此建筑建于民国时期，为独栋三层建筑，砖木结构，占地面积 73 平方米，建筑面积 219 平方米。面阔二间 7.5 米，进深 22.1 米，沿街墙面上有装饰。
该建筑是研究南京地区民国建筑的实例之一。

升州路 250 号民国建筑
Building in the Republic of China at No.250, Shengzhou Road

- 位置：升州路 250 号
- 年代：民国
- 级别：未定级

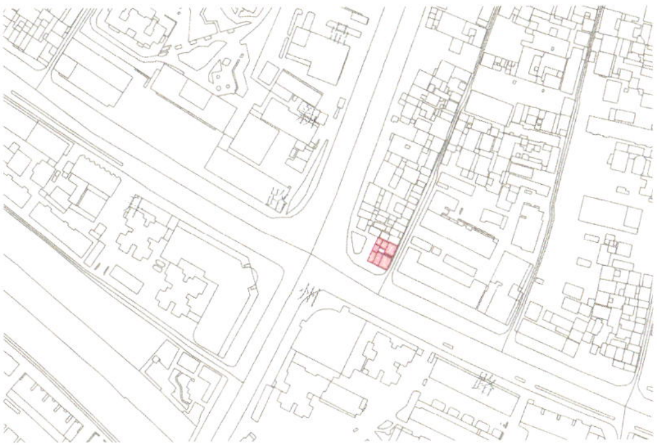

此建筑建于民国时期，为一进组群建筑，砖木结构，南北向四合院落，占地面积 203 平方米，建筑面积 331 平方米。该建筑为两层，一进四合院落，其中南面三间为沿街门面房，东西两侧尚存较完整的山墙。
该建筑是研究南京地区民国建筑的实例之一。

升州路 348 号民国建筑
Building in the Republic of China at No.348, Shengzhou Road

- 位置：升州路 348 号
- 年代：民国
- 级别：未定级

此建筑建于民国时期，为一幢二层楼房，砖混结构，占地面积 36 平方米，建筑面积 72 平方米，水泥墙面、青瓦屋面，南面有阳台、栏杆、木质门窗。
该建筑为民国时期普通商铺建筑，有一定的保护价值，是研究南京地区民国建筑的实例之一。

评事街 45 号民国建筑
Building in the Republic of China at No.45, Pingshi Street

- 位置：评事街 45 号
- 年代：民国
- 级别：未定级

此建筑建于民国时期，为 3 幢两层联排建筑，砖木结构，有院落，占地面积 350 平方米，建筑面积 700 平方米。评事街 45 号、47 号面阔四间 14 米，进深 12 米；评事街 49 号面阔一间 5 米，进深 10 米；评事街 51 号面阔三间 9.1 米，进深 10 米。

该建筑是研究南京地区民国建筑的实例之一。

评事街 89 号民国建筑
Building in the Republic of China at No.89, Pingshi Street

- 位置：评事街 89 号
- 年代：民国
- 级别：未定级

此建筑建于民国时期，为三进组群建筑，砖木结构，南北向院落，占地面积 77 平方米，建筑面积 77 平方米。该建筑原为苏大昌酱菜店门面，门头石匾上曾写有“苏大昌酱园”，1952 年倒闭。

此建筑是研究南京地区民国建筑的实例之一。

评事街 186 号民国建筑
Building in the Republic of China at No.186, Pingshi Street

- 位置：评事街 186 号
- 年代：民国
- 级别：未定级

此建筑建于民国时期，为三进组群建筑，砖木结构，东西向院落，占地面积 352 平方米，建筑面积 352 平方米。该建筑第一进面阔二间 7.2 米，进深 8.3 米，二层檐高 5.8 米；第二进面阔三间 11.1 米，进深 6.9 米；第三进面阔三间 10.4 米，进深七檩 6.7 米。

此建筑是研究南京地区民国建筑的实例之一。

泥马巷 5 号民国建筑
Building in the Republic of China at No.5, Nima Lane

- 位置：泥马巷 5 号
- 年代：民国
- 级别：未定级

该建筑建于民国时期，为四进组群建筑，砖木结构，南北向院落，占地面积 722 平方米，建筑面积 722 平方米。建筑为民国时期里弄式住宅，东西各三间。
该建筑是研究南京地区民国建筑的实例之一。

大板巷 71 号民国建筑
Building in the Republic of China at No.71, Daban Lane

- 位置：大板巷 71 号
- 年代：民国
- 级别：未定级

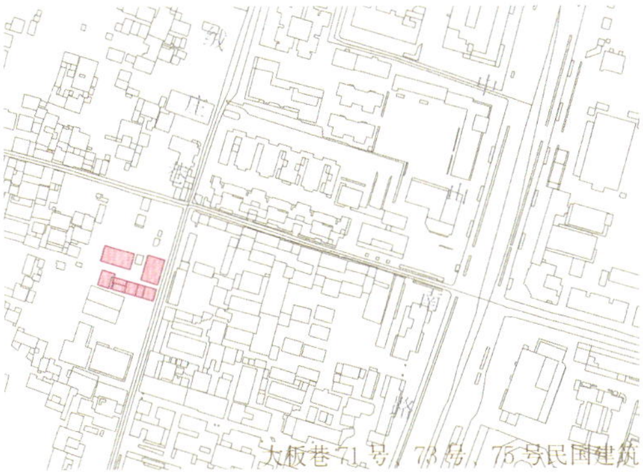

该建筑建于民国时期，为三进两层建筑，砖木结构，东西向院落，占地面积 257 平方米，建筑面积 489 平方米。
该建筑是研究南京地区民国建筑的实例之一。

大板巷 73 号民国建筑
Building in the Republic of China at No.73, Daban Lane

- 位置：大板巷 73 号
- 年代：民国
- 级别：未定级

该建筑建于民国时期，为独栋两层建筑，砖木结构，占地面积 176 平方米，建筑面积 352 平方米。该建筑面阔 18.2 米，南北长 9.4 米，檐高 7.3 米，清水砖墙，上覆方瓦，水磨石地。
该建筑是研究南京地区民国建筑的实例之一。

大板巷 75 号民国建筑
Building in the Republic of China at No.75, Daban Lane

位置：大板巷 75 号
年代：民国
级别：未定级

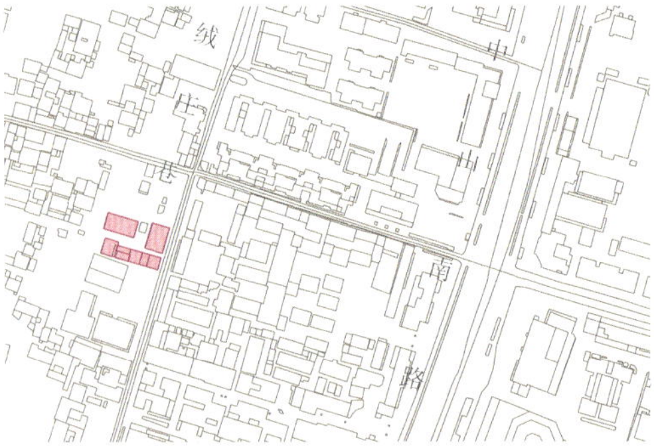

该建筑位于大板巷 75 号，建于民国时期，为独栋两层建筑，砖木结构，占地面积 157 平方米，建筑面积 314 平方米。该建筑为五开间，南北长 15.7 米，东西长 10.6 米，高 6.8 米，上层外廊置栏杆。
该建筑是研究南京地区民国建筑的实例之一。

南市楼 2 号民国建筑
Building in the Republic of China at No.2, Nanshilou

位置：南市楼 2 号
年代：民国
级别：未定级

该建筑建于民国时期，为独栋二层建筑，砖木结构，占地面积 120 平方米，建筑面积 240 平方米。该建筑为坡屋面，抹灰墙面，南北长 9 米，东西长 11.3 米，檐高 7.1 米。
该建筑是研究南京地区民国建筑的实例之一。

程善坊 2 号民国建筑
Building in the Republic of China at No.2, Chengshanfang

位置：程善坊 2 号
年代：民国
级别：未定级

此建筑建于民国时期，为独栋二层建筑，砖木结构，占地面积 73 平方米，建筑面积 77 平方米。该建筑为商住两用，坡屋顶，青砖墙面，梁架尚存。
该建筑是研究南京地区民国建筑的实例之一。

程善坊5号民国建筑
Building in the Republic of China at No.5, Chengshanfang

位置：程善坊5号
年代：民国
级别：未定级

此建筑建于民国时期，为独栋二层建筑，砖木结构，占地面积159平方米，建筑面积318平方米。建筑为商住两用，坡屋顶，青砖墙面，九开间，
此建筑是研究南京地区民国建筑的实例之一。

丰富路15号民国建筑
Building in the Republic of China at No.15, Fengfu Road

位置：丰富路15号
年代：民国
级别：未定级

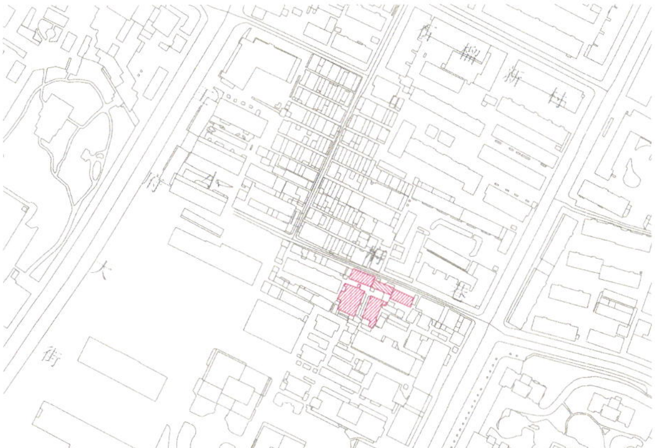

此建筑建于民国时期，为一层建筑，砖木结构。该建筑为商住两用，坡屋顶，青砖墙面，是研究南京地区民国建筑的实例之一。

室内景象之一
Interior I

室内景象之二
Interior II

七桥瓮 Qi Qiao Weng
玄津桥 Xuanjin Bridge
九龙桥 Jiulong Bridge
大中桥 Dazhong Bridge
淮清桥 Huaiqing Bridge
文德桥 Wende Bridge
内桥 Nei Bridge
东水关 East Water Pass
中和桥 Zhonghe Bridge
武定桥 Wuding Bridge
铜管闸原址 Original Location of Tongguan Culvert Gate
来宾桥 Laibin Bridge
逸仙桥 Yatsen Bridge
涧子桥 Jianzi Bridge
节制闸 Jiezhi Culvert Gate
古四眼井 Ancient Four-holes Well
仓顶大井 Cangding Grand Well
头道高井 Tou Dao Gao Well
双眼井 Two-holes Well
乌衣巷井 Well at Wuyi Lane
孝顺里36号井 Well at No.36, Xiaoshunli
陈家牌坊27号井 Well at No.27, Chenjiapaifang
三条营74号，81号井 Well at No.74, No.81 Santiaoying
同乡共井2号井 Well at No.2, Tongxiang'gongjing
学智坊26号井 Well at No.26, Xuezhifang
水斋庵6号井 Well at No.6, Shuizhai'an
小百花巷1号，16号，24号井 Well at No.1, No.16, No.24 Xiaobaihua Lane
甘露巷27号井 Well at No.27, Ganlu Lane
北宝塔根古井 Ancient Well at Beibaotagen
高岗里9号井 Well at No.9, Gaogangli
神乐观古井 Ancient Well at Shenleguan

桥梁水井

Bridges and Wells

❶ 七桥瓮
Qi Qiao Weng

❷ 玄津桥
Xuanjin Bridge

❸ 九龙桥
Jiulong Bridge

❹ 大中桥
Dazhong Bridge

❺ 淮清桥
Huaiqing Bridge

❻ 文德桥
Wende Bridge

❼ 内桥
Nei Bridge

❽ 中和桥
Zhonghe Bridge

❾ 铜管闸原址
Original Location of Tongguan Culvert Gate

❿ 来宾桥
Laibin Bridge

⓫ 涧子桥
Jianzi Bridge

⓬ 逸仙桥
Yatsen Bridge

⓭ 节制闸
Jiezhi Culvert Gate

⓮ 东水关
East Water Pass

⓯ 武定桥
Wuding Bridge

⓰ 古四眼井
Ancient Four-holes Well

⓱ 仓顶大井
Cangding Grand Well

⓲ 头道高井
Tou Dao Gao Well

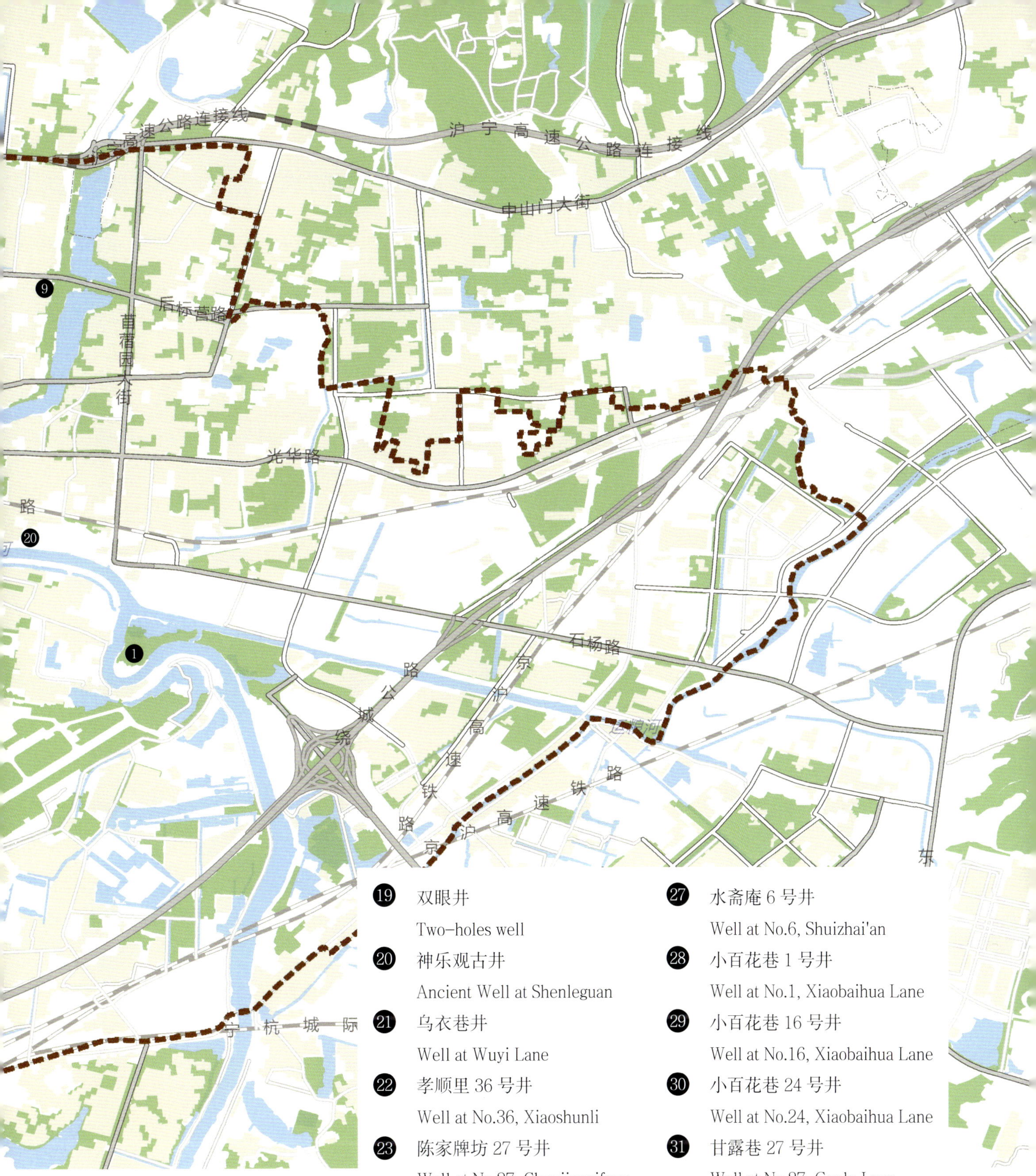

19 双眼井

Two-holes well

20 神乐观古井

Ancient Well at Shenleguan

21 乌衣巷井

Well at Wuyi Lane

22 孝顺里 36 号井

Well at No.36, Xiaoshunli

23 陈家牌坊 27 号井

Well at No.27, Chenjiapaifang

24 三条营 81 号井

Well at No.81, Santiaoying

25 同乡共井 2 号井

Well at No.2, Tongxiang'gongjing

26 学智坊 26 号井

Well at No.26, Xuezhifang

27 水斋庵 6 号井

Well at No.6, Shuizhai'an

28 小百花巷 1 号井

Well at No.1, Xiaobaihua Lane

29 小百花巷 16 号井

Well at No.16, Xiaobaihua Lane

30 小百花巷 24 号井

Well at No.24, Xiaobaihua Lane

31 甘露巷 27 号井

Well at No.27, Ganlu Lane

32 三条营 74 号井

Well at No.74, Santiaoying

33 北宝塔根古井

Ancient Well at Beibaotagen

34 高岗里 9 号井

Well at No.9, Gaogangli

七桥瓮
Qi Qiao Weng

- 位置：红花街道秦淮河上
- 年代：明
- 级别：国家级

七桥瓮为国家级重点文物保护单位。始建于明初，明代称上坊桥，清代改称七桥瓮，因桥有七孔而得名，是明朝拱卫京城东南的门户。太平天国曾两次破清军于此，辛亥革命光复南京后，江浙联军又在此大败守军。该桥全长 89.60 米，宽 13 米，中孔净跨 12 米，矢高 6 米，桥身酷似弯弓，用花岗岩掺合灰浆、秫米、桐油砌成。岩石长、宽各 0.65 米，厚 0.18 米。中间桥瓮为最大，其余两两相对，依次缩小，桥两头的瓮宽 9 米，拱圆部分由长 1.15 米、宽 0.45 米、厚 0.25 米的略带弧形的 240 块条石砌成，相邻桥瓮相差 48 块条石。桥拱上方两翼各雕塑 16 只面目狰狞的螭兽头，0.44 米见方。七桥瓮有桥墩 7 个，宽 2.5 米，为减少水流阻力而呈梭船形，由高 0.30 米、宽 0.45 米的长短不一的块石砌成。桥墩两头巨石上各雕塑分水兽头 6 只，呈人面兽头像，前凸约 3 米。现存七桥瓮基本保持原貌，桥墩、桥瓮、兽头等均为明代原物。七桥瓮横跨秦淮河上，地处交通要道，结构独特，十分壮观，是南京地区著名的石拱桥。

七桥瓮设计精巧，建造坚固，为我国古代拱桥中的杰作之一。

桥面
Deck

桥拱上方螭首雕像
Dragon Head Sculpture on the Arch

螭首雕像细部
The Detail of Dragon Head Sculpture

玄津桥
Xuanjin Bridge

- 位置：中山东路逸仙桥南
- 年代：明
- 级别：省级

此桥为省级文物保护单位。玄津桥建于明代，为明故宫护城河上的三孔无铰石拱桥。桥长 41.6 米，宽 19.1 米。原桥面、桥栏皆为青条石，桥栏两头有四只石狮，明末桥两侧还建有游廊以蔽风雨，后又建屋设肆，至 1927 年始被拆除。清代因避圣祖玄烨之讳，改为元津桥，又称天津桥。桥西为西华门大街，中山东路修建前，此桥是东西交通要道。1929 年辟中山东路，于该桥北另建逸仙桥，建成后，玄津桥成为偏僻之径。1981 年桥面改铺沥青路面，桥栏用水泥砌补。1989 年疏浚逸仙桥和玄津桥之间的河道，砌石护岸。桥西岸建三角亭一座，东岸建四角亭、六角亭各一座，并有游廊相连，栽植花木，成为游憩之所。

该桥为南京主城区内保存完整的明代古桥之一，为研究明代桥梁发展史提供了物证。桥正对明故宫之西安门，是进出明皇宫的要道，也是明代皇宫的重要遗存。

西侧桥体
West Side of Bridge

九龙桥
Jiulong Bridge

- 位置：通济门外秦淮河上
- 年代：清
- 级别：市级

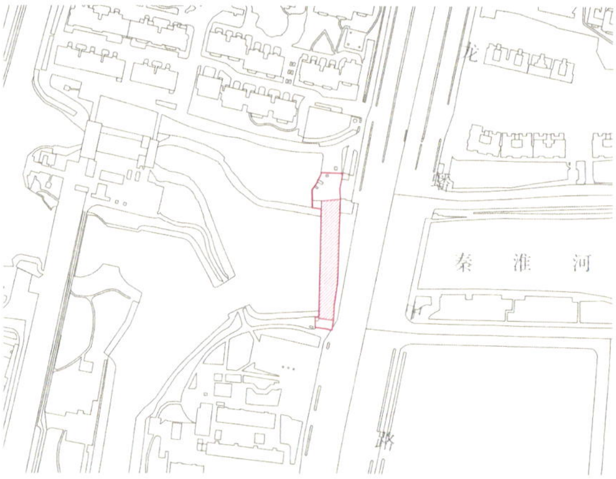

此桥为市级文物保护单位，始建于明代，清光绪十年（1884）重建。1937 年抗日战争时被日军飞机投弹炸毁一段，后架木衔接通行，中华人民共和国成立后按原形恢复，加铺沥青路面，增设水泥桥栏，基本保留原貌。九龙桥为无铰五孔石拱桥，长 51 米，宽 12.4 米，高 5.7 米，现与东水关遗址公园一起作为市民休闲场所。

九龙桥为明代风格石拱桥，为明代秦淮河上重要桥梁之一。

东南侧桥面
South-eastern Side of Deck

西南侧桥面
South-western Side of Deck

南侧桥体
South Side of Bridge

俯瞰
Bird's-eye View of the Bridge

大中桥
Dazhong Bridge

- 位置：白下路东段
- 年代：明
- 级别：市级

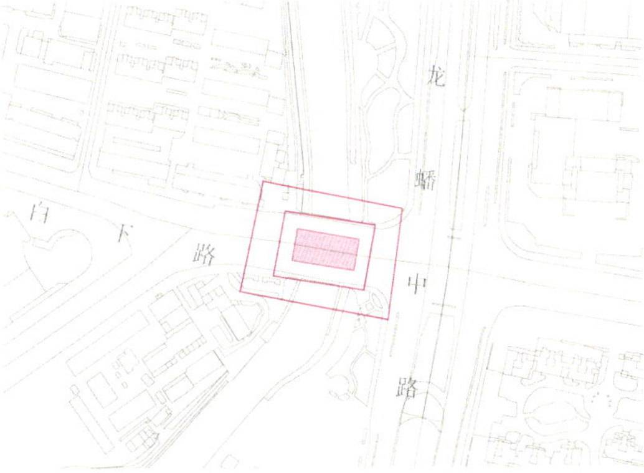

大中桥为市级文物保护单位。唐代在昇州白下门东青溪上建白下桥，桥畔建白下亭。杨吴筑城，就青溪故道的一段而掘城东之濠，白下桥重建在东门外城濠上。宋代以南唐都城为建康府城，东门仍称白下门，桥名亦未改，桥畔又建白下寺。元代改白下桥为长春桥，据说是因“白下”之称不利举子。明初京城向东扩展，桥在城内今天的位置，又改称大中桥。大中桥为三孔半圆形砖石混合式拱桥，特点为拱券最外为青石，中间用砖块砌筑，此种砌筑手法极为少见。

1980 年改建为钢筋混凝土平桥，桥长 40.7 米，宽 14.6 米，桥墩仍为旧基。1993 年在拓宽大光路的同时，在大中桥两边建墩，加宽桥面，以适应车辆日益增多的需要。

大中桥拱券仍为五代十国遗构，是南京地区最早古桥之一，弥足珍贵。

淮清桥
Huaiqing Bridge

- 位置：位于秦淮河与青溪汇合处（建康路与长白街交汇处）
- 年代：明
- 级别：市级

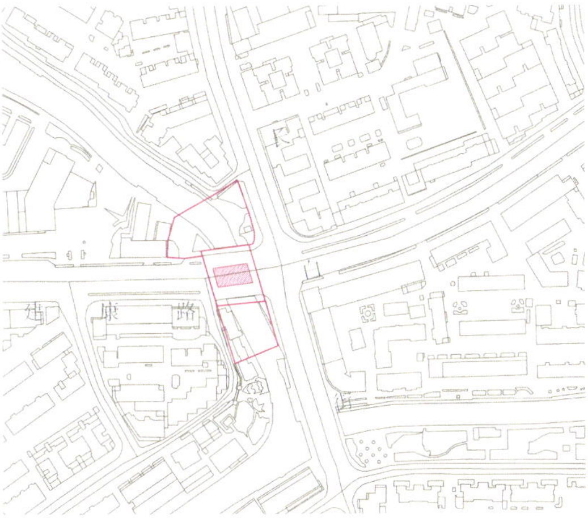

淮清桥为市级文物保护单位。始建于东晋，因跨青溪上，后因桥当青溪入淮之处，又称淮青桥，讹为淮清桥。现桥为清嘉庆年间重建，为单孔石拱桥，桥长 17 米，宽 14 米，净跨 13.15 米，矢高 6.5 米。桥面和桥栏皆经过整修。2000 年拓宽建康路，桥面拓宽，两侧补筑钢混桥。

据文献资料记载，清初桥上建有凉亭，供人休息。亭联乃集唐代刘禹锡、韦庄诗句：“淮水东边旧时月，金陵渡口往来潮。”桥南就是王献之迎送桃叶的桃叶渡。

北侧桥体
North Side of Bridge

文德桥
Wende Bridge

- 位置：夫子庙泮池西侧
- 年代：明
- 级别：市级

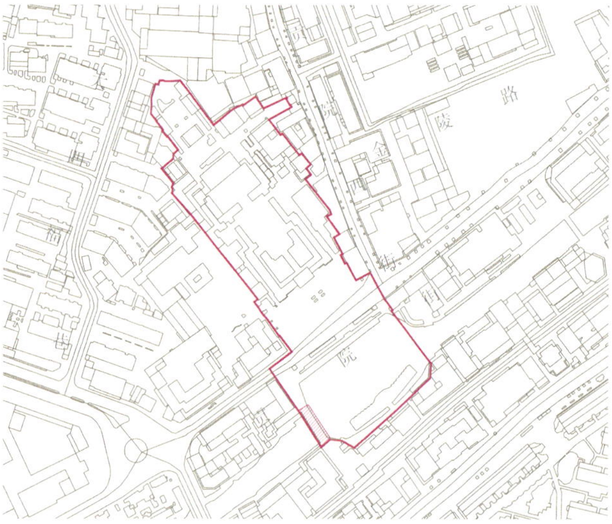

西南侧栏杆
Railings at South-western Side

文德桥为市级文物保护单位。明万历建木桥，二十六年(1598)里人钱宏业改建为石桥(一说是由提学陈子贞所建)。其后此桥或木或石多次废建，桥名取儒家“文章道德第一”之意。在清咸丰战乱中被毁，同治五年(1866)复建为木桥，同治六年(1867)修木桥。明清期间桥畔有祠堂，祀陈提学，后为酒肆，名芥子河亭。1997年改修为汉白玉桥栏，青石桥面。南京素有文德桥观月的习俗。文德桥的方位是正南向北，在日晷上处于子午线，每逢农历十一月十五日子时，月亮正临子午线，桥影将河中明月分为两半，这就是堪称天下奇景的文德桥半边月。此时人立桥上，明月当头，自顾无影，俗称“月当头”，吸引无数游人慕名前来猎奇览胜。

内桥
Nei Bridge

- 位置：中华路北端
- 年代：南唐
- 级别：市级

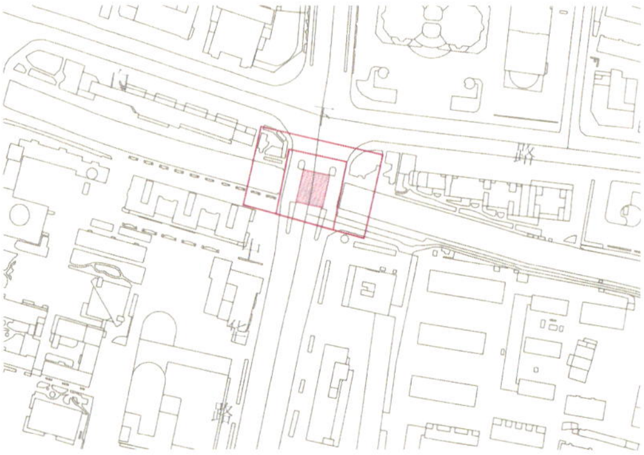

内桥为市级文物保护单位。原名渎桥，跨运渎之上。始建于杨吴，重建于南唐，是南唐宫城内的虹桥，故称内桥。桥南为南唐时御道。现内桥长23.7米，宽17.3米，净跨5.6米，矢高2.7米。桥身为南唐旧构，桥券青砖竖砌，青石基础包边，单孔。据《同治上江两县志》记载：内桥、御街之北、宫前桥也。宋政和中（约1114年）蔡嶷重修，又名蔡公桥。桥身拱券基本为南唐旧构，断代可定为南唐，任何古桥均经历修葺，不足为奇。

今南唐宫城城迹全无。作为内桥主体结构的拱券仍为南唐遗构，内桥弥足珍贵，应是南京地区时代最早的古建筑遗存。

嵌有标识牌的东栏杆
East Side Railing with Description Board

俯瞰
Bird's-eye View of the Bridge

夕照东水关
Sunset of East Water Pass

东水关
East Water Pass

- 位置：东关头
- 年代：明
- 级别：市级

东水关遗址北侧
North Side of the Site of East Water Pass

东水关为市级文物保护单位。南京明城墙原有城门13座、水关2座，而位于龙蟠中路通济门大桥西侧的东水关遗址，则是南京城墙中至今尚存的唯一一座水关，旧称上水门。东水关始建于五代杨吴筑城，杨吴大和四年（932）金陵府尹徐知诰下令扩建金陵城，金陵城成为“高坚甲于天下”的一座大城，东水关就是在这次扩建中建成的。明朝初期，明太祖朱元璋建造南京城，为了控制秦淮河的水位，经过精心设置，将东水关辟为通济水关“偃月洞”。东水关由分水闸、桥道、藏兵洞三部分组成。水闸有前后两道，在半圆形拦水坝中间安装木质水闸（今闸已无存），由绞关起动。第一道在内秦淮入水口，第二道在城墙之内。城墙在两道水闸之间特制桥道上堆砌。桥道宽于城墙7米左右，城外留有便道，城内则留有人行道；城墙下（即桥道下面）留有9孔拱券式进水巷道，为防止敌人潜水进城，每孔分别安装有固定铁栅；为守闸的防御需要和减轻城墙对桥身的压力，在城墙中建有上下两层各11个，共22个坐东向西的藏兵洞。可惜上层藏兵洞连同城墙已被拆毁，现仅存下层的11个藏兵洞和东水关的进水巷道。清光绪年间，左宗棠在此附近的通济门建五座石闸；民国二十四年（1935）又加以改造。

东水关遗址，是南京城墙中至今尚存的唯一一座水关，是研究南京明城墙结构的重要实物例证之一。

中和桥
Zhonghe Bridge

- 位置：光华门外
- 年代：清
- 级别：区级

中和桥位于光华门往南约 1 千米处，始建于明代，清康熙四年（1665）和嘉庆十六年（1811）两次重修。旧桥为五孔石拱桥。民国时期拆旧桥，建新桥。1956 年在旧桥基础上架梁增宽。现为五孔混凝土平桥，仍为重要交通设施，长 67.2 米，宽 13.8 米，高 6.45 米。

铜管闸原址
Original Location of Tongguan Culvert Gate

- 位置：后标营东城墙边
- 年代：明
- 级别：区级

标识牌
Description Board

河道原址
Original Location of the River

铜管闸遗址为区级文物保护单位，原闸建于明初，为皇城前御河与京城外濠相通的城下涵洞闸门。原闸为铜制，正方形，每边约 1.8 米，底部装有滚刀。当时设有专人管理。现闸门仅剩一孔涵洞。1935 年曾施工修理，1958 年改建为现状。铜管闸是研究明南京城墙结构的重要实物例证。

武定桥
Wuding Bridge

- 位置：长乐路与内秦淮河交汇处
- 年代：南宋
- 级别：未定级

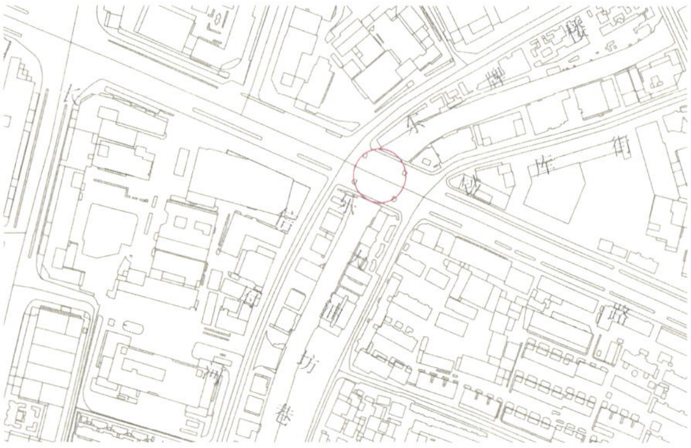

该桥为南宋淳熙年间建，题名“嘉瑞浮桥”，亦称上浮桥，桥上置有桥棚，原为三孔石拱桥。南宋景定二年（1261）马光祖重建，后易名武宁桥。桥棚毁于何时，史料未见记载。1949 年后，修整扩建。此桥长 40 米，宽近 20 米，桥北侧明代龙首桥翼宛在。现桥两侧又新建了新桥。

来宾桥
Laibin Bridge

- 位置：西街 85　87 号
- 年代：明
- 级别：区级

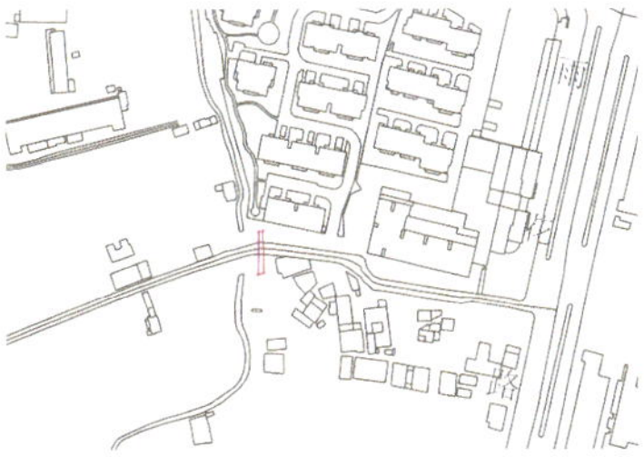

来宾桥为区级文物保护单位。明洪武年间建来宾楼于聚宝门外，此桥旧称国门桥，因有来宾楼得名来宾桥。桥跨南涧水，为三孔石拱桥，长 10 米，宽 22 米，中孔净跨 2.5 米，矢高 1.5 米。

来宾桥是南京地区为数不多的古桥遗存，为研究南京地区古桥结构提供了实物例证。

涧子桥
Jianzi Bridge

- 位置：上码头 53 号
- 年代：清
- 级别：区级

此桥为区级文物保护单位，位于玉带河上，在窑湾涧水濠处，跨南涧水。其为单孔石拱桥，长 8.2 米，宽 4 米，净跨 6 米，矢高 3 米。桥墩完好，路面栏杆已重修。

涧子桥为南京地区为数不多的古桥遗存之一，为研究南京地区古桥结构提供实物例证。

桥体立面
Facade of Bridge

桥面
Deck

逸仙桥
Yatsen Bridge

- 位置：大行宫东侧，现龙蟠路与中山东路交汇处的西侧
- 年代：民国
- 级别：区级

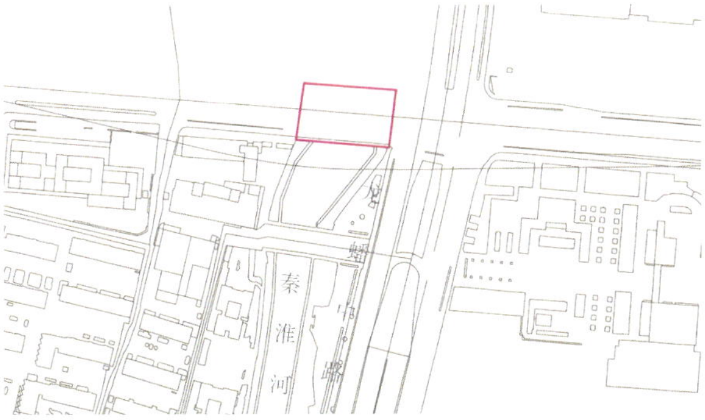

逸仙桥为区级文物保护单位。该桥横跨杨吴城濠之上，与南面建于明朝的玄津桥并驾齐驱。现桥长 58.8 米，宽 35.5 米。桥有五孔，中孔净跨 9.5 米，路面标高 11.46 米，桥可通航 20 吨。1929 年建中山东路时架设此桥，取名于孙中山（字逸仙）先生之字。桥原为木结构，1936 年加固，1949 年及 1958 年又两次维修拓宽，1963 年改建为钢筋混凝土平桥。20 世纪 90 年代末再次拓宽。该桥初建时是为通过孙中山灵柩而建，故有特别的纪念意义。

南侧栏杆
South Side Railing

桥面
Deck

俯瞰
Bird's-eye View of the Bridge

西侧立面
West Side Facade

水闸西侧栏杆
West Side Railing of Water Gate

节制闸
Jiezhi Culvert Gate

- 位置：南京市武定门外秦淮河的下游
- 年代：1960 年
- 级别：区级

节制闸为区级文物保护单位。1959 年建设、次年投入使用的武定门节制闸，全长约 60 米。其主要功能是在遇长江洪水时，关闸防止江潮倒灌；在秦淮河发生内涝时，可排涝入江。同时发挥拦水灌溉功能，为南京近郊约 9.5 万公顷（143 万亩）的农田提供灌溉水源。从 2005 年起，通过科学控制运用，为外秦淮河改善水质等方面发挥重要作用。加固后的武定门节制闸不仅大大地提高了防洪减灾的综合效益，同时也为积极改善南京城市水环境发挥着重要的作用。

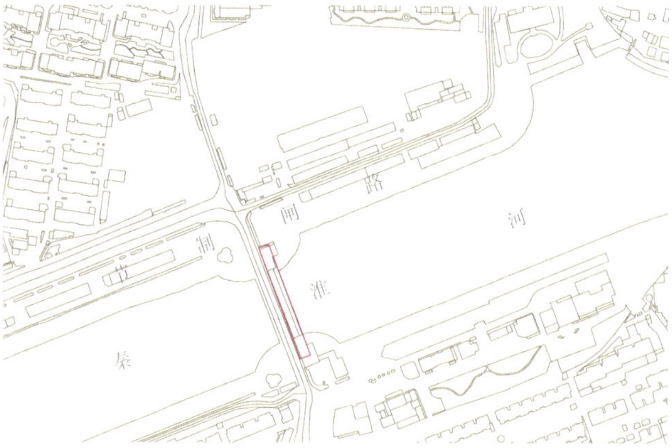

古四眼井
Ancient Four-holes Well

- 位置：汉中门广场
- 年代：南唐
- 级别：市级

保护架下的井栏
Well Curb with the Protection Frame

古四眼井为市级文物保护单位。位于城墙东侧，是南京现存唯一的南唐四眼古井。据文献资料记载，南唐时城中驻有兵卒，为解决就近饮水，特凿此井。井内四壁用青砖、青瓦垒砌而成，井口上复盖着两块平行的大青石板，板上凿有 4 个圆孔，4 只青石方形井栏分别置放在孔口上，故称四眼井。清光绪二年（1876），江宁府派人修砌，井栏上刻有“古四眼井”字样及桂月里人重修的碑记。

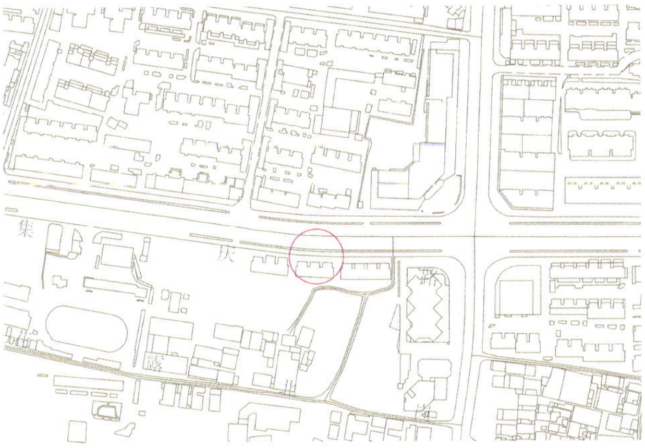

仓顶大井
Cangding Grand Well

- 位置：集庆路凤台岗
- 年代：元
- 级别：区级

仓顶大井为区级文物保护单位。源于明代骁骑卫屯粮之所的骁骑仓而得名，并派生出仓顶、仓山、仓坡、仓门口等一系列地名。因地处仓山之顶，故名仓顶大井。

仓井为元朝建筑，迄今已有六七百年历史。井内上狭下阔，四周井壁坚如城墙，内可容纳数十人。相传仓井与江河相通，大旱不竭，其水面高于四周地平。井券上有四尊铁铸金刚，威武雄壮，可谓奇观。井深二十余丈，水面距井口只一米左右，看上去气度恢宏。1992 年新扩集庆路，大井已坐落在路边。石栏呈六角形，高 55 厘米，井口直径 50 厘米。由于长年汲水，井栏周围绠迹，有的已深入石栏数寸，十分引人注目。仓顶大井以其悠远的年代，奇特的造型，为南京地区古井之翘楚。

头道高井
Tou Dao Gao Well

- 位置：丰富路朗诗熙园小区内
- 年代：明
- 级别：区级

头道高井为区级文物保护单位，原位于丰富路 16 号门前。于明朝时期挖掘，井径 50 厘米，井栏高 65 厘米，上刻佛像，像下上款刻有“崇祯肆年正月十五日”字样，下款刻有“徽州□□□□立”字样。原有三井，即头道高井、二道和三道高井，今仅存头道高井。花岗石井栏，井绳勒痕 19 道，最深达 3 厘米。井身用砖垒砌。该井是研究南京区古代井泉的重要实例之一。

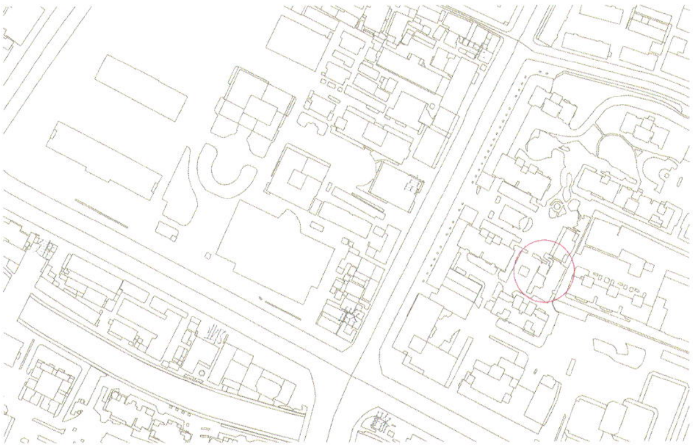

井台
Well Stage

井栏
Well Curb

双眼井
Two-holes Well

- 位置：建康路 1 号
- 年代：清
- 级别：区级

双眼井为区级文物保护单位，位于建康路水游城南侧广场，原位于裱画廊 7 号。清代双眼古井，井栏为青石质，高 0.5 米，口径 0.6 米。2006 年水游城工地建设时，双眼井井栏移至区文化馆保护，2009 年，水游城建成后，对双眼井进行原址恢复保护，并在双眼井四周设立石质护栏。

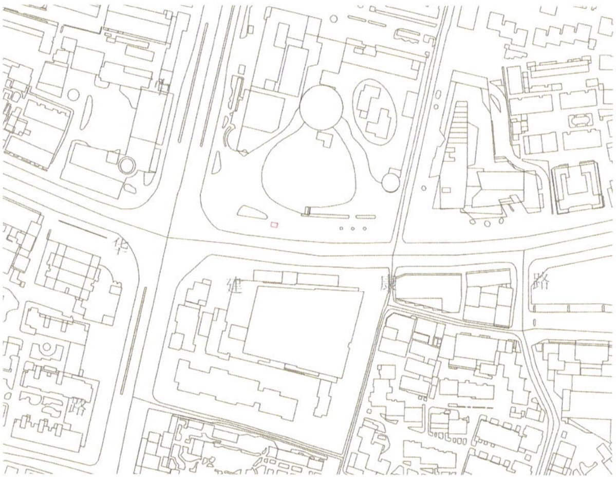

被保护的井栏
Well Curb under Protection

乌衣巷井
Well at Wuyi Lane

- 位置：乌衣巷北端
- 年代：清
- 级别：未定级

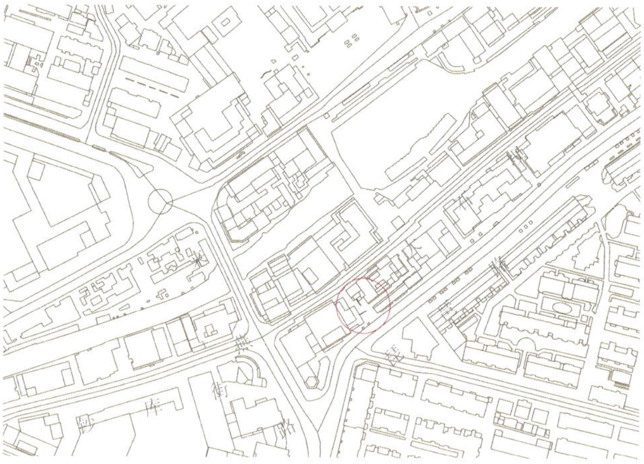

乌衣巷井位于乌衣巷北端，建于清代。井栏为青石质，内径 33 厘米，外径 65 厘米，高 43 厘米。井内壁为青砖所砌。目前此井仍可正常使用，井栏、井内壁保存完好。

孝顺里 36 号井
Well at No.36, Xiaoshunli

- 位置：孝顺里 36 号
- 年代：清
- 级别：未定级

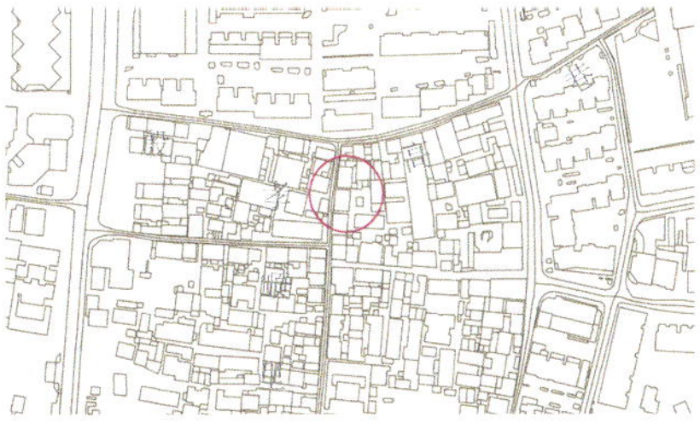

此井建于清代，井栏为青石质，圆形，内径 35 厘米，外径 60 厘米，高 45 厘米，井内壁为青砖砌，直径为 1 米。

三条营 74 号井
Well at No.74, Santiaoying

- 位置：三条营 74 号
- 年代：清
- 级别：未定级

此井建于清代，井栏成圆形、白色青石材质。

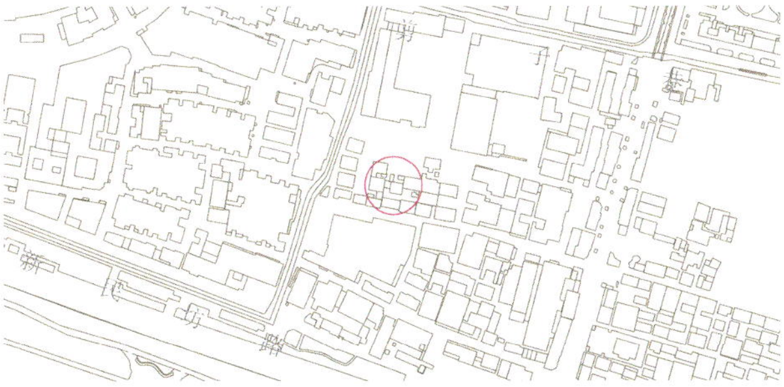

陈家牌坊 27 号井
Well at No.27, Chenjiapaifang

- 位置：陈家牌坊 27 号井
- 年代：清
- 级别：未定级

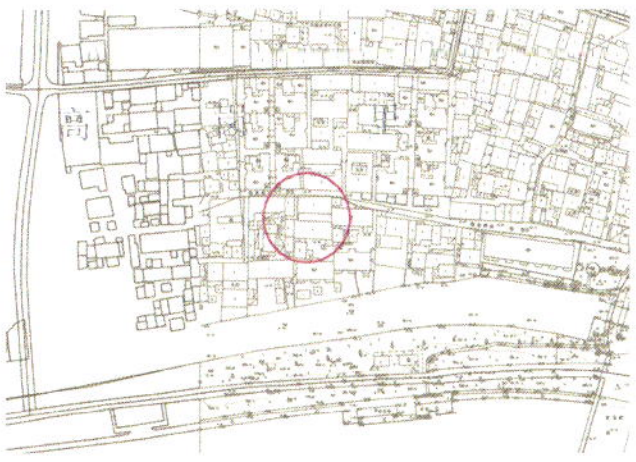

此井建于清代。井栏为青石质，圆形，外径 46 厘米，内径 34 厘米，高 35 厘米。井栏上有两个方形孔洞。井内壁为青砖所砌，直径 1 米左右。井水清澈，目前仍可正常使用。

三条营 81 号井
Well at No.81, Santiaoying

- 位置：三条营 81 号
- 年代：清
- 级别：未定级

此井建于清代。井栏高 45 厘米，外径 50 厘米，内径 30 厘米，为六角形，上有两个直径 8 厘米的孔。井内壁直径 1 米左右，为青砖所砌。

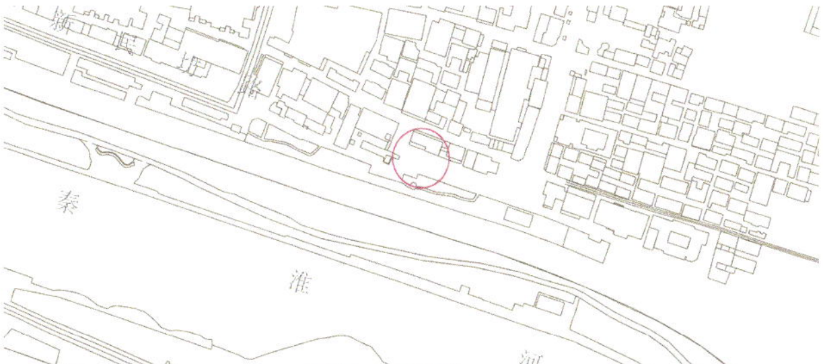

同乡共井 2 号井
Well at No.2, Tongxiang'gongjing

- 位置：同乡共井 2 号
- 年代：清
- 级别：未定级

此井建于清代。现井栏为后期之物，井内壁青砖保存完好，直径 1 米左右。

学智坊 26 号井
Well at No.26, Xuezhifang

- 位置：学智坊 26 号
- 年代：清
- 级别：未定级

此井建于清代。井栏为青石材质，正六边形，内径 50 厘米，外径 70 厘米，高 70 厘米。内壁为青砖所砌，直径 1 米。

水斋庵 6 号井
Well at No.6, Shuizhai'an

- 位置：学智坊 26 号
- 年代：清
- 级别：未定级

此井建于清代。井栏为青石材质，圆形，外径 60 厘米，内径 30 厘米，高 35 厘米。

小百花巷 1 号井
Well at No.1, Xiaobaihua Lane

- 位置：小百花巷 1 号
- 年代：南宋淳熙十三年 (1186)
- 级别：未定级

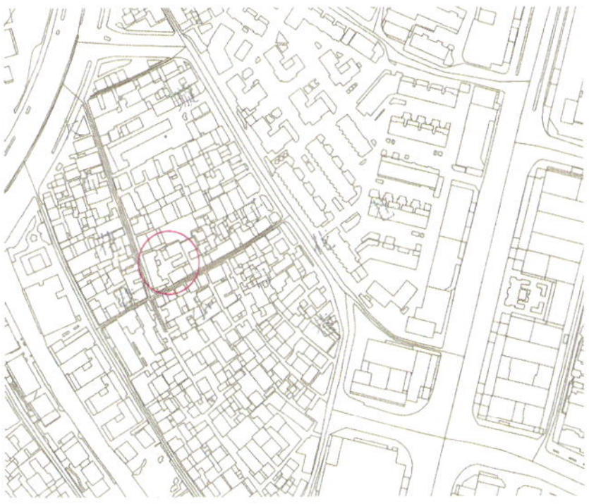

此井建于南宋淳熙丙午年（1186）。井栏外径 0.70 米，内径 0.50 米，高 0.65 米，井栏为八角形，井栏上有两个直径 10 厘米的孔。井沿留着井绳勒出的痕迹，外侧刻有隶书的“普生泉” “淳熙丙午邵永坚建”字样；井深 4 米以上，地面下屯水的井圈为砖石混砌。井圈和井栏是一体的。

小百花巷 16 号井
Well at No.16, Xiaobaihua Lane

- 位置：小百花巷 16 号
- 年代：清
- 级别：未定级

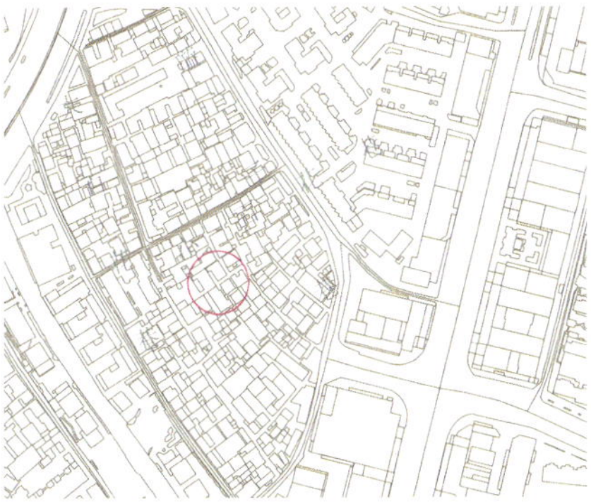

此井建于清代，为古代民用生活用井。井栏为圆形、青石材质。井栏外径 0.70 米，内径 0.47 米，高 0.65 米。井圈内壁直径 1 米，为方砖堆砌。

小百花巷 24 号井
Well at No.24, Xiaobaihua Lane

- 位置：小百花巷 24 号
- 年代：清
- 级别：未定级

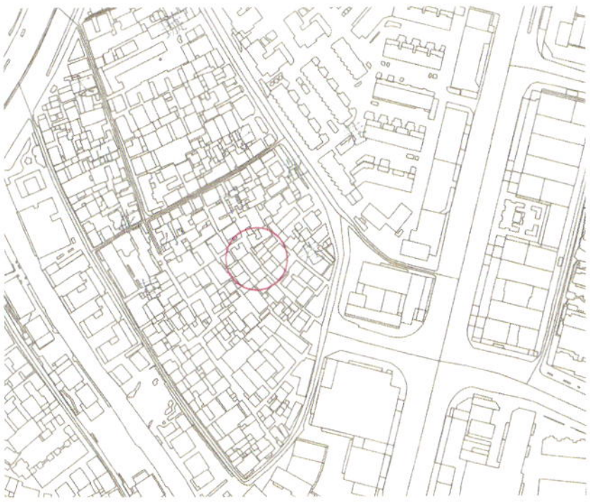

此井建于清代。井栏为青石材质，正六边形，外径 0.65 米，内径 0.48 米，高 0.64 米。井圈内壁为方砖砌成，内壁直径为 1 米。井内沿有 11 道绳索拉痕。

甘露巷 27 号井
Well at No.27, Ganlu Lane

- 位置：甘露巷 27 号
- 年代：清
- 级别：未定级

此井建于清代。井栏为正八边形、白色青石材质，外径 73 厘米、内径 37 厘米、高 50 厘米。

北宝塔根古井
Ancient Well at Beibaotagen

- 位置：北宝塔根 43 号
- 年代：明
- 级别：区级

北宝塔根古井为区级文物保护单位。明大报恩寺遗存，水质较好，原石井栏呈四方形柱础状，青石材质，每边长 0.75 米，内径 0.5 米，高 0.4 米，是研究大报恩寺的实物例证。

考古发掘时的古井
Ancient Well during the Archeological Excavation

高岗里 9 号井
Well at No.9, Gaogangli

- 位置：高岗里 9 号
- 年代：清
- 级别：未定级

该井建于清代，位于高岗里 9 号对面。民国时期改建为消防取水设施，用于民房失火取水之用。井栏为民国时期所建，井栏上刻有“同人公井”“绿竹园西首”“民国廿二年”等字样，井深 6.5 米以上。

神乐观古井
Ancient Well at Shenleguan

- 位置：光华路石门坎门口 1-20 号
- 年代：清
- 级别：国家级

神乐观古井为区级文物保护单位，明朝时期挖掘。史载：“洪武十一年（1378）……建神乐观于郊祀坛西……神乐观掌乐舞，以备大祀天地。”每逢皇帝郊庙祭祀，神乐观司者奏乐请神。据《金陵览古》《金陵待征录》记载，神乐观亭台楼阁林立，与天坛相得益彰。观旁广植梅花，清香怡人，观内建有来鹤亭、醴泉亭。“神乐仙都”为旧时金陵四十八景之一，现地面建筑无存。1980 年代在此出土一个六面腰鼓形石井栏和一块“醴泉之碑”。井栏形制巨大，外壁高浮雕双龙双凤，四周饰以卷草纹，图案精美生动，是南京地区少见之井栏，现存南京市博物馆，井加盖保护。

堂子街太平天国壁画

罗廊巷太平天国建筑及壁画

封至圣夫人碑

封四氏碑

江南贡院碑刻

石猫坊

孔子问礼图碑

Murals of the Taiping Heavenly Kingdom at Tangzi Street

Buildings and Murals of Taiping Heavenly Kingdom at Luolang Lane

The Stele of Awarding the Title of Madame Zhisheng

The Stele of Awarding the Title of Four Saints

Steles of Jiangnan Examination Hall

Stone Cat Memorial Archway

The Stele of Confucius Consulting the Rites

壁画石刻

Stone Inscriptions and Murals

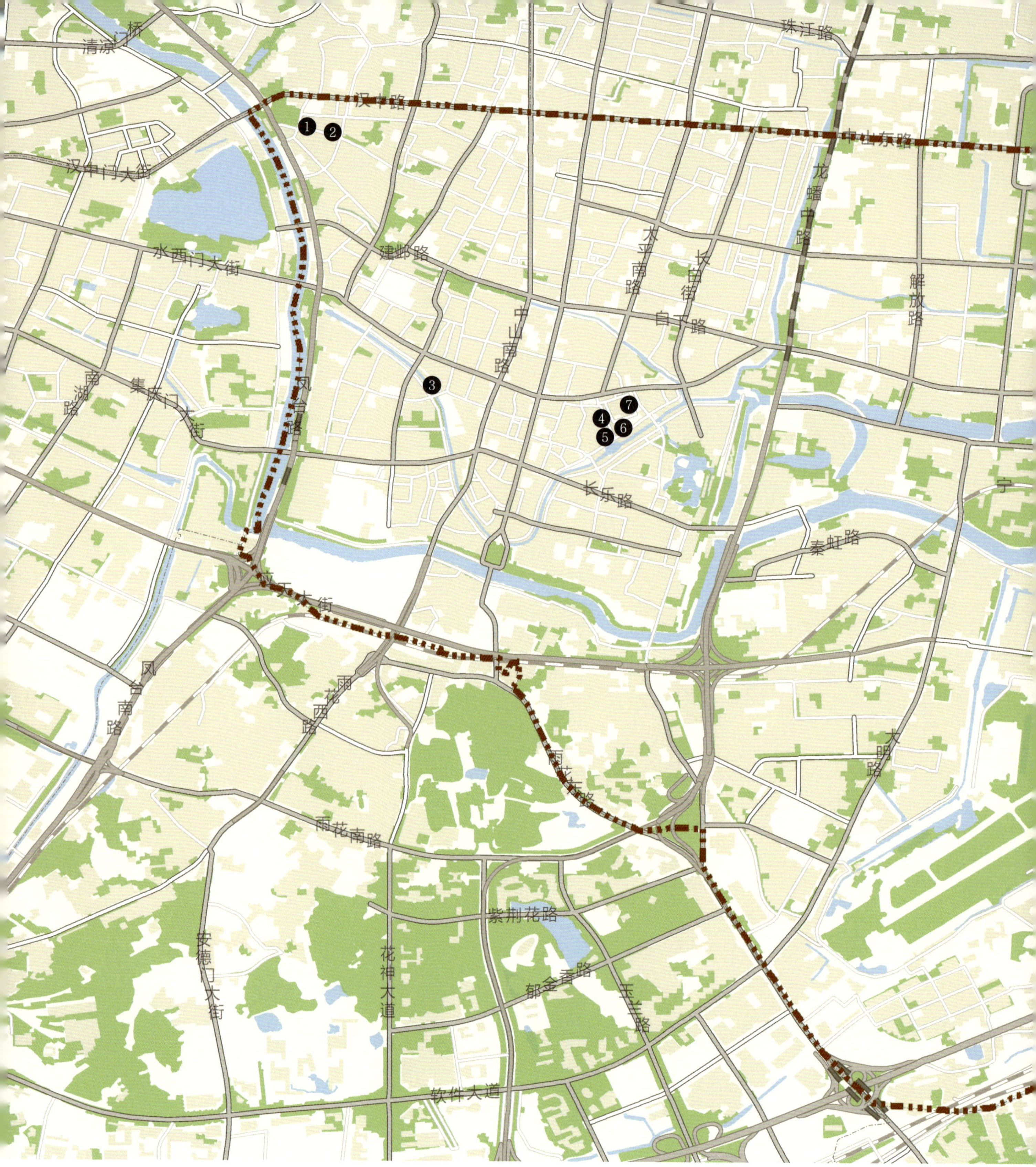

❶ 堂子街太平天国壁画
Murals of the Taiping Heavenly Kingdom at Tangzi Street

❷ 罗廊巷太平天国建筑及壁画
Buildings and Murals of Taiping Heavenly Kingdom at Luolang Lane

❸ 石猫坊
Stone Cat Memorial Archway

❹ 孔子问礼图碑
The Stele of Confucius Consulting the Rites

❺ 封至圣夫人碑
The Stele of Awarding the Title of Madame Zhisheng

❻ 封四氏碑
The Stele of Awarding the Title of Four Saints

❼ 江南贡院碑刻
Steles of Jiangnan Examination Hall

沪宁高速公路连接线
沪宁高速公路连接线
中山门大街
后标营路
苜蓿园大街
光华路
石杨路
绕城公路
京沪高速铁路
运粮河
京沪高速铁路
宁杭高速公路
宁杭城际铁路
润麒路
东麒路

堂子街太平天国壁画
Murals of the Taiping Heavenly Kingdom at Tangzi Street

- 位置：汉中门内堂子街 106 号、108 号（原 72 号、74 号）
- 年代：太平天国
- 级别：国家级

堂子街太平天国壁画标识牌
Description Board of Murals of the Taiping Heavenly Kingdom at Tangzi Street

艺术馆庭院入口
Entrance of the Yard of Exhibition Hall

艺术馆入口
Entrance of Exhibition Hall

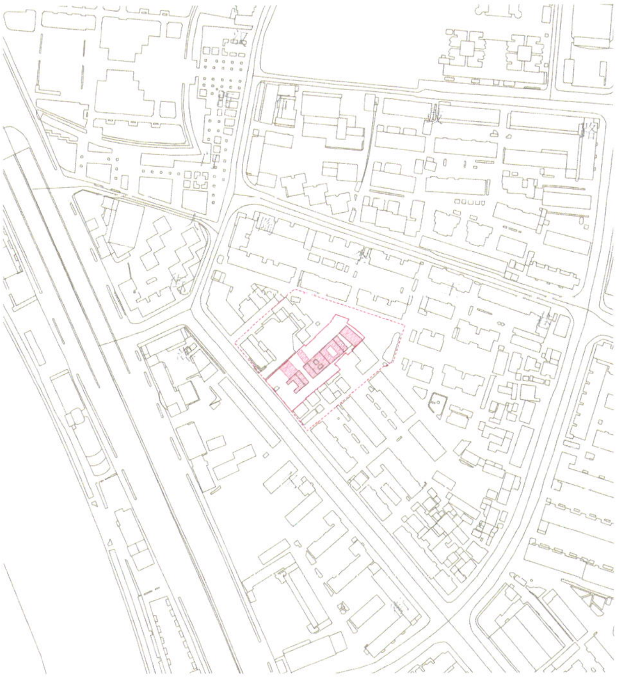

堂子街太平天国壁画为国家级重点文物保护单位，原为太平天国东王杨秀清属下官员的衙署，坐北朝南，占地面积约为2 000平方米。原为六进，第一进已毁，今存五进，每进均面阔三间，进深七檩。现辟为太平天国壁画艺术博物馆。建筑自南往北排列顺序：正中大殿、二厅、三厅、四厅和后檐房。东面为花厅。各进厅堂之间均有天井。每进的东、西、北壁原都有壁画，均是绘在墙壁或板壁之上。现存壁画共18幅，其他均遭毁坏。与108号相毗邻的106号（原72号）原有壁画8幅，1950年10月亦被住户用石灰浆粉刷毁坏，今已不存。现存的18幅，全部是彩色壁画。其中大厅墙壁8幅，第二进板壁8幅，第三进板壁2幅。大厅东壁4幅，从南向北依次为："鹤寿图""江防望楼图""山亭瀑布图""柳荫骏马图"；西壁3幅，从南向北依次为："双鹿灵芝图""云带环山图""江天亭立图"，北壁东边一幅为"孔雀牡丹图"。第二进壁画绘在中间与东、西两侧房间的木板壁上。东壁4幅，从南向北依次为："盆栽瓶花图""鹿鹤同春图""绶带蟠桃图""丛林楼阁图"。西壁4幅，从南向北依次为："文房四宝图""鸳鸯荷花图""狮子戏球图""茅亭远帆图"。第三进2幅壁画亦是绘在中间东、西两侧房间的木板壁上。东壁1幅为"鱼藻图"，西壁一幅为"金狮彩球图"。此处建筑为太平天国时期衙署建筑，壁画为南京发现的极为珍贵的太平天国时期彩绘壁画，是研究太平天国历史以及文化艺术发展状况的重要物证。

艺术馆庭院景观
View of the Yard of Exhibition Hall

江防望楼图
Painting of River-defense Watchtower

孔雀牡丹图
Painting of Peacock and Peony

山亭瀑布图
Painting of Hill Pavilion and Waterfall

云带环山图
Painting of Mountain Encircled by the Clouds

江天亭立图
Painting of Pavilion between the River and Sky

鹤寿图
Painting of Crane Greeting the Longevity

柳荫骏马图
Painting of the Horse in the Shadow of the Willow

双鹿灵芝图
Painting of Paired Deers and Glossy Ganoderma

艺术馆室内陈设
Interior of Exhibition Hall

艺术馆室内陈设
Interior of Exhibition Hall

罗廊巷太平天国建筑及壁画
Buildings and Murals of Taiping Heavenly Kingdom at Luolang Lane

位置：罗廊巷 17 号
年代：太平天国
级别：省级

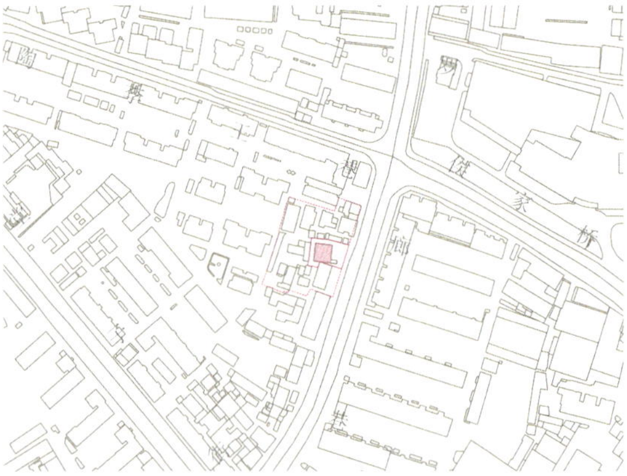

罗廊巷太平天国建筑及壁画为省级文物保护单位。此处建筑为一处太平天国官衙，坐西朝东，原有三进，1955 年 10 月发现时，第一、三两进已改建。2001 年，因罗廊巷道路拓宽，第一进被拆除。现存第二进正厅，为三开间九架瓦平房。大梁和月梁上均有刻花，南、北、西三面墙壁上有壁画。原有 10 幅。南墙 4 幅：自东至西，第一幅高、宽各 2.15 米，微存水草痕；第二幅“三狗图”，第三幅“松鹤图”，高 2.57 米，宽 2.53 米，十幅中以此画较为完整；第四幅已漫灭不清，可辨有“正月拾日”及朱书“福”字。西墙 2 幅，均已漫灭不清。北墙 4 幅：第一幅绘柳树双禽，另有墨书文字 27 行；第二幅残存树石痕迹及“李少口”三字；第三幅所绘云龙隐约可辨；第四幅已无存。上述壁画，长宽均在 2 米以上，画工亦精。1980 年北墙倒塌，北墙上画已无存。因以前保存不善，画面多数比较模糊。

此处建筑为太平天国时期衙署建筑，壁画为在南京发现的极为珍贵的太平天国时期彩绘壁画，是研究太平天国历史以及文化艺术发展状况的重要物证。

庭院入口
Entrance of the Yard

庭院过道
Passageway of the Yard

封至圣夫人碑
The Stele of Awarding the Title of Madame Zhisheng

位置：夫子庙大成殿内
年代：元
级别：市级

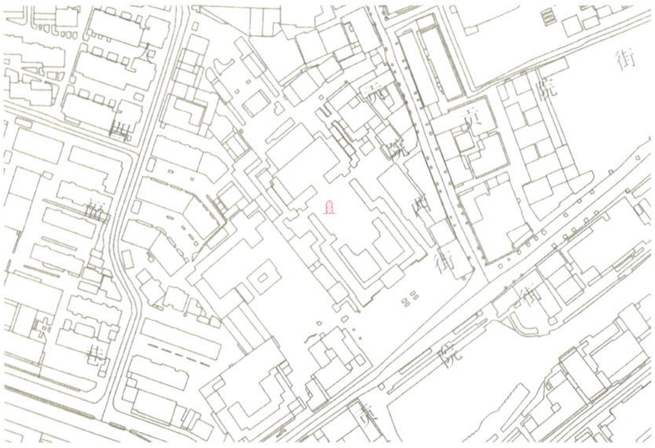

封至圣夫人碑为市级文物保护单位。碑为青石材质，通高 2.5 米，宽 1.15 米，厚 0.24 米，碑首上浅刻云龙，篆额“加封敕书”四字，碑身四框刻云纹，碑文楷书二段，16 行，满行 33 字，记载加封孔子父叔梁纥为“启圣王”、母颜氏为“启圣夫人”；特封孔子妻亓官氏为“至圣夫人”。碑原立于夫子庙戟门侧。元朝继元至大元年（1308）加封孔子为“大成至圣文宣王”后，又于至顺二年（1331）六月加封孔子的父母，九月加封孔子的妻子、学生等，并立此碑于庙。

这是一通南京地区少见的元代石碑，所刻的内容亦有重要的史料价值。

封四氏碑
The Stele of Awarding the Title of Four Saints

- 位置：夫子庙大成殿内
- 年代：元
- 级别：市级

封四氏碑为市级文物保护单位。封四氏碑分别记载加封颜回为兖国复圣公、曾参为郕国宗圣公、孔伋为沂国述圣公、孟柯为邹国亚圣公。颜回、曾参为孔子的弟子，孟柯为孔子再传弟子，孔伋为孔子之孙。该碑为南京仅存 3 通元碑之一，碑刻于元至顺二年（1331）。碑为青石材质，圆首，须弥座后配，通高 2.36 米，宽 1.15 米，厚 0.24 米，碑首上浅刻云龙，篆额“加封敕书”四字，碑身四框浅刻云纹，碑文楷书 20 行，满行 44 字。碑身有裂纹，文字尚清晰可辨。这是一通南京地区少见的元代石碑，所刻的内容亦有重要的史料价值。

江南贡院碑刻
Steles of Jiangnan Examination Hall

- 位置：金陵路 1 号
- 年代：清
- 级别：省级

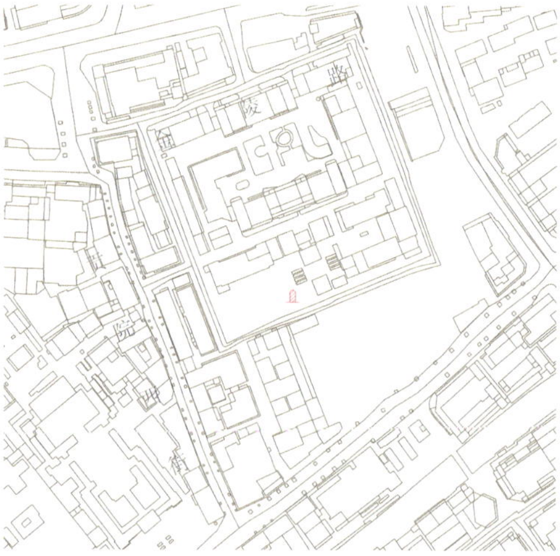

南院碑刻
Steles at the Southern Part of the Museum

复建后的号舍与明代建筑明远楼
The Rebuilt Examination Cabin, Mingyuan Tower of Ming Dynasty

石猫坊
Stone Cat Memorial Archway

- 位置：上浮桥与柳叶街交汇处
- 年代：明
- 级别：市级

石猫坊为市级文物保护单位。原址在彩霞街，系明初开国元勋虢国公俞通海府前的牌坊。传说因俞氏冤家在朱元璋面前挑拨：俞家有“王气”，朱元璋遂令刘伯温破“王气”，刘在俞家门前树了一座汉白玉石雕刻100只猫的牌坊。此坊高约3.6米，宽约15米，现存石柱、横额各四，雕琢石猫百只，神态各异。石猫坊为江苏地区现存唯一一座明代官宦府第石坊，体现了很高的石雕艺术水平。1990年代拆除时，虽经600多年风雨侵蚀，仍有20余只依稀可见。石柱下刻有石狮3只。2016年，部分石构件易地存放，准备重建时使用。

孔子问礼图碑
The Stele of Confucius Consulting the Rites

- 位置：夫子庙大成殿
- 年代：南朝
- 级别：市级

《孔子问礼图》碑由碑头、碑身、碑座三部分组成，高3.22米，宽1.04米，厚0.23米。碑座雕刻成须弥座形，精刻6层式样，庄重美观，华丽大方。碑额有吴稚晖题字“孔子问礼图，吴敬恒题”，碑身上部正中镶嵌《孔子问礼图》石雕，下部浅刻林森所撰“得图、竖碑、建亭寓意记”，反面为戴季陶的记述，“礼以节众，乐以和众。建国育民始于是，复兴文化在于是。愿与国民共勉之”。《孔子问礼图》石雕长68厘米，高43厘米，刻于南朝齐永明二年（484），记载了春秋末年，孔子出于对周王朝礼乐制度的崇拜，抱着“兴国安邦、济世访贤”的愿望，从家乡曲阜去周王城洛阳考察典章制度的经历，石雕系民国二十二年（1933）由戴季陶自河南运来南京。该石碑原立于考试院（今南京市府大院），后迁南京夫子庙大成门左侧。

碑刻立面
Facade of the Stele

碑刻拓片
Rubbing of the Stele

附录一：

秦淮区各级文物保护单位名录

保护级别	文物名称	时 代	地 址	类别
国家级11处	明故宫遗址	明	秦淮区瑞金路街道南航社区中山东路以南	古遗址
	大报恩寺遗址	东晋至清	秦淮区中华门街道雨花路社区中华门长干里	古遗址
	南京城墙（秦淮区段）	明	南京市区	古建筑
	瞻园	明、清	秦淮区夫子庙街道夫子庙社区瞻园路128号	古建筑
	甘熙宅第	清	秦淮区朝天宫街道绒庄新村社区南捕厅15、17、19号	古建筑
	七桥瓮	明	秦淮区红花街道七桥村	古建筑
	朝天宫	清	秦淮区朝天宫街道冶山道院社区朝天宫6号	古建筑
	堂子街太平天国壁画	太平天国	秦淮区朝天宫街道陶李王巷社区堂子街108号	近现代重要史迹及代表性建筑
	侵华日军南京大屠杀死难同胞丛葬地（正觉寺）	1937年	秦淮区夫子庙街道夫子庙社区武定门内西南侧	近现代重要史迹及代表性建筑
	金陵刻经处	清	秦淮区五老村街道新街口商业街社区淮海路35号	近现代重要史迹及代表性建筑
	金陵兵工厂旧址	清至民国	秦淮区中华门街道雨花路社区正学路1号	近现代重要史迹及代表性建筑
省级27处	窨子山遗址	商周	秦淮区红花街道春天家园社区大明路278号	古遗址
	净觉寺	明、清	秦淮区洪武路街道王府南园社区升州路28号	古建筑
	秦淮民居群（8个点）	明、清		古建筑
	三条营古建筑		秦淮区夫子庙街道三条营社区三条营20号	
	刘芝田故居		秦淮区双塘街道高岗里社区殷高巷14，14-1、2、3、4号	
	程先甲故居		秦淮区双塘街道实辉巷社区大百花巷11号	
	秦大士故居		秦淮区夫子庙街道乌衣巷社区长乐路57、59号	
	糖坊廊河房		秦淮区双塘街道实辉巷社区糖坊廊61号	
	钞库街河房		秦淮区夫子庙街道乌衣巷社区钞库街38号	
	钓鱼台河房		秦淮区双塘街道磨盘街社区钓鱼台192号	
	棋峰试馆		秦淮区夫子庙街道乌衣巷社区钞库街52号	
	瓮堂	明	秦淮区中华门街道下码头社区西街悦来巷2号	古建筑
	玄津桥	清	秦淮区五老村街道树德里社区中山东路逸仙桥南侧	古建筑
	朝天宫（江宁府学）	明	秦淮区朝天宫街道冶山道院社区朝天宫	古建筑
	大报恩寺碑	宋-明、清	秦淮区中华门街道雨花路社区中华门外雨花路东侧	石窟寺及石刻
	江南贡院	太平天国	秦淮区夫子庙街道金陵路社区金陵路1号	石窟寺及石刻
	罗廊巷太平天国建筑及壁画	太平天国	秦淮区朝天宫街道陶李王巷社区罗廊巷17号	近现代重要史迹及代表性建筑
	天朝总圣库、英王府遗址	太平天国	秦淮区朝天宫街道安品街社区升州路416号	近现代重要史迹及代表性建筑
	金沙井太平天国建筑	清	秦淮区双塘街道弓箭坊社区金沙井34、36号	近现代重要史迹及代表性建筑
	天主教堂	清	秦淮区五老村街道新街口商业社区石鼓路112号	近现代重要史迹及代表性建筑

保护级别	文物名称	时代	地址	类别
省级27处	南京大华大戏院旧址	1935年	秦淮区五老村街道新街口商业街社区中山南路67号	近现代重要史迹及代表性建筑
	基督教莫愁路堂	1936年	秦淮区朝天宫街道秣陵路社区莫愁路390号	近现代重要史迹及代表性建筑
	童寯住宅	1947年	秦淮区五老村街道五老村社区文昌巷52号	近现代重要史迹及代表性建筑
	张佩伦宅	清	秦淮区洪武路街道棉鞋营社区白下路273号	近现代重要史迹及代表性建筑
	南京邮电局旧址	民国	秦淮区夫子庙街道夫子庙社区建康路110号	近现代重要史迹及代表性建筑
	基督教圣公会圣保罗堂	1922年	秦淮区洪武路街道龙王庙社区太平南路396号	近现代重要史迹及代表性建筑
	中南银行南京分行旧址	1929年	秦淮区洪武路街道马府街社区白下路155号	近现代重要史迹及代表性建筑
	上海商业储蓄银行旧址	1933年	秦淮区洪武路街道致和街社区建康路145号	近现代重要史迹及代表性建筑
市级51处	南唐宫城及护龙河遗址	南唐	秦淮区朝天宫街道张府园社区、洪武路街道洪武路	古遗址
	南唐城墙遗址	南唐	秦淮区夫子庙街道中营社区江宁路东侧	古遗址
	六朝建康都城遗址	东吴、南朝	秦淮区五老村街道新街口商业街社区游府西街小学（游府西街12号）	古遗址
	阮籍墓	三国·魏	秦淮区双塘街道凤游寺社区花露北岗19号	古墓葬
	周处读书台	西晋	秦淮区夫子庙街道转龙巷社区老虎头44号	古建筑
	光宅寺	梁	秦淮区夫子庙街道转龙巷社区老虎头44号-5	古建筑
	大中桥	明	秦淮区洪武路街道棉鞋营社区白下路东	古建筑
	内桥	明	秦淮区洪武路街道王府园社区中华路北	古建筑
	文德桥	明	秦淮区夫子庙街道夫子庙社区夫子庙泮池西	古建筑
	淮清桥	明	秦淮区洪武路街道致和街社区建康路与长白街交会处	古建筑
	石猫坊	明	秦淮区双塘街道弓箭坊社区上浮桥与彩霞街交会处	古建筑
	夫子庙遗迹（孔子问礼图碑）	六朝	秦淮区夫子庙街道夫子庙社区夫子庙	古建筑
	白鹭洲鹫峰寺	明	秦淮区夫子庙街道莲子营社区白鹭洲公园内	古建筑
	朱状元巷清代住宅	清	秦淮区朝天宫街道安品街社区朱状元巷32、34号	古建筑
	愚园	清	秦淮区双塘街道凤游寺社区胡家花园2号	古建筑
	李鸿章祠堂	清	秦淮区五老村街道三条巷社区四条巷77号	古建筑
	白下路清代建筑	清	秦淮区洪武路街道龙王庙社区白下路101号	古建筑
	清真寺	清	秦淮区朝天宫街道七家湾社区甘雨巷26-32号（由太平南路迁入）	古建筑
	瞻园路126号建筑群	清－民国	秦淮区夫子庙街道夫子庙社区瞻园路126号	古建筑
	九龙桥	明	秦淮区大光路街道大光路社区东水关公园内	古建筑
	泾县会馆旧址	清	秦淮区双塘街道实辉巷社区大百花巷13、15号	古建筑
	天后宫	清	秦淮区朝天宫街道安品街社区升州路488号	古建筑
	绫庄巷31号古民居	清	秦淮区朝天宫街道绒庄新村社区绫庄巷31号	古建筑
	牛市古民居建筑	清	秦淮区双塘街道弓箭坊社区牛市64号、颜料坊49号	古建筑
	三藏殿	清	秦淮区中华门街道雨花路社区清洁村43号	古建筑

保护级别	文物名称	时 代	地 址	类别
市级51处	高岗里39号古民居	清	秦淮区双塘街道高岗里社区高岗里39号	古建筑
	吴家账房	清	秦淮区双塘街道糖坊廊社区钓鱼台83、85、87号	古建筑
	曾静毅故居	清	秦淮区双塘街道高岗里社区荷花塘12号	古建筑
	饮马巷古民居	清	秦淮区双塘街道高岗里社区饮马巷67、69、71、90号	古建筑
	沈家粮行	清	秦淮区中华门街道西街社区悦来巷1–2号	古建筑
	柳叶街41号古民居	清	秦淮区双塘街道玉带园社区柳叶街41号	古建筑
	卞壶墓碣	北宋	秦淮区朝天宫街道冶山道院社区朝天宫	石窟寺及石刻
	封至圣夫人碑	元	秦淮区夫子庙街道夫子庙社区夫子庙大成殿内	石窟寺及石刻
	封四氏碑	元	秦淮区夫子庙街道夫子庙社区夫子庙大成殿内	石窟寺及石刻
	曾公祠	清	秦淮区洪武路街道武学园社区九条巷8号	近现代重要史迹及代表性建筑
	行知馆	1924年	秦淮区洪武路街道马府街社区白下路193号	近现代重要史迹及代表性建筑
	原国民政府财政部旧址	民国	秦淮区五老村街道新街口商业街社区中山东路128号	近现代重要史迹及代表性建筑
	原国立中央政治大学门楼	民国	秦淮区朝天宫街道冶山道院社区建邺路168号	近现代重要史迹及代表性建筑
	基督教青年会旧址	民国	秦淮区洪武路街道王府园社区中华路26号	近现代重要史迹及代表性建筑
	原天山协会旧址	民国	秦淮区五老村街道五老村社区利济巷30号	近现代重要史迹及代表性建筑
	仁寿里民国建筑	民国	秦淮区五老村街道三条巷社区仁寿里18、20、22、24号	近现代重要史迹及代表性建筑
	高二适故居	民国	秦淮区五老村街道三条巷社区六合里3号	近现代重要史迹及代表性建筑
	复成新村14号民国建筑	民国	秦淮区洪武路街道申家巷社区复成新村14号	近现代重要史迹及代表性建筑
	常府街30号民国建筑	民国	秦淮区五老村街道三条巷社区常府街30号	近现代重要史迹及代表性建筑
	中国银行南京分行旧址	民国	秦淮区洪武路街道武学园社区白下路23号	近现代重要史迹及代表性建筑
	育群中学旧址	民国	秦淮区夫子庙街道夫子庙社区中华路369号	近现代重要史迹及代表性建筑
	工兵学校旧址	民国	秦淮区光华路街道戎苑社区海福巷1号	近现代重要史迹及代表性建筑
	光华门堡垒遗址	民国	秦淮区大光路街道大光路社区光华门外	近现代重要史迹及代表性建筑
	利济巷慰安所旧址	民国	秦淮区五老村街道科巷社区利济巷2–18号	近现代重要史迹及代表性建筑
	韩恢墓	1928年	秦淮区月牙湖街道苜蓿园社区卫桥	近现代重要史迹及代表性建筑
	古四眼井	南唐	秦淮区朝天宫街道汉西门社区汉西门大街	其他
区级43处	天坛埂遗址	明	秦淮区月牙湖街道石门坎社区石门坎（南京工业技术学院内）	古遗址
	朱雀航遗址	六朝	秦淮区夫子庙街道三条营社区中华门北广场	古遗址
	桃叶渡遗址	东晋	秦淮区夫子庙街道金陵路社区淮清桥南	古遗址

保护级别	文物名称	时　代	地　址	类别
区级43处	中山门东吴墓地	三国吴	秦淮区瑞金路街道中山门社区中山门南侧中山门小区东安门村8幢东侧靠近城墙的山坡下	古墓葬
	锦绣坊21号古建筑	清	秦淮区洪武路街道王府南园社区王府园小区内	古建筑
	育才学校旧址	清	秦淮区洪武路街道马府街社区白下路177号	古建筑
	铜管闸原址	明	秦淮区瑞金路街道中山门社区后标营门内	古建筑
	中和桥	明	秦淮区大光路街道象房村社区光华门外	古建筑
	沈万山故居楠木大厅	明	秦淮区夫子庙街道小西湖社区马道街7号	古建筑
	杨秀清行宫建筑	太平天国	秦淮区夫子庙街道江宁路社区马道街161号	古建筑
	傅尧成旧居	太平天国	秦淮区夫子庙街道小西湖社区大油坊巷71号	古建筑
	殷高巷古建筑	清	秦淮区双塘街道高岗里社区殷高巷24号	古建筑
	殷高巷明清住宅	明、清	秦淮区双塘街道高岗里社区殷高巷26、28号	古建筑
	高岗里18、20号建筑	清	秦淮区双塘街道高岗里社区高岗里18、20号	古建筑
	钓鱼台河厅河房	清	秦淮区双塘街道磨盘街社区钓鱼台196号	古建筑
	望鹤楼古民居	清	秦淮区双塘街道弓箭坊社区望鹤楼4号	古建筑
	金斗会馆	清	秦淮区中华门街道西街社区西街123号	古建筑
	来宾桥	明	秦淮区中华门街道西街社区西街85号	古建筑
	涧子桥	明	秦淮区中华门街道下码头社区上码头53号	古建筑
	公共体育场原址	民国	秦淮区大光路街道尚书巷社区公园路42号	近现代重要史迹及代表性建筑
	逸仙桥	民国	秦淮区五老村街道树德里社区中山东路	近现代重要史迹及代表性建筑
	明德书院	1912年	秦淮区中华门街道西街社区莫愁路419号	近现代重要史迹及代表性建筑
	南京市立第一中学旧址	1936年	秦淮区洪武路街道王府园社区中山南路301号	近现代重要史迹及代表性建筑
	中华书局旧址	民国	秦淮区五老村街道淮海路社区太平南路220号	近现代重要史迹及代表性建筑
	国民大戏院旧址	民国	秦淮区五老村街道淮海路社区杨公井25号	近现代重要史迹及代表性建筑
	首都电话局旧址	民国	秦淮区五老村街道淮海路社区游府西街8号	近现代重要史迹及代表性建筑
	国民政府军事委员会调查统计局旧址	民国	秦淮区朝天宫街道张府园社区洪公祠1号	近现代重要史迹及代表性建筑
	节制闸	1960年	秦淮区秦虹街道武定新村社区秦淮河上	近现代重要史迹及代表性建筑
	壹鉴堂	1930年	秦淮区夫子庙街道莲子营社区白鹭洲公园内	近现代重要史迹及代表性建筑
	古井	明	秦淮区朝天宫街道止马营社区古钵营11号（井栏于甘熙宅第内保存）	其他
	头道高井	明	秦淮区朝天宫街道张府园社区丰富路朗诗熙园内	其他
	古井	明	秦淮区洪武路街道承恩里40号（井栏于文化馆内保存）	其他
	双眼井	清	秦淮区洪武路街道王府南园社区建康路1号（原裱画廊7号）	其他
	神乐观古井	清	秦淮区月牙湖街道石门坎社区石门坎观门口（井栏于南京市博物馆保存）	其他

保护级别	文物名称	时 代	地 址	类别
区级43处	黄杨树	清	秦淮区洪武路街道王府园社区王府园 43 号	其他
	广玉兰	清	秦淮区洪武路街道棉鞋营社区复兴巷 5 号	其他
	银杏树	清	秦淮区洪武路街道马府街社区白下路 147 号	其他
	白玉兰	清	秦淮区洪武路街道申家巷社区复成新村 16 号	其他
	仓顶大井	元	秦淮区双塘街道凤游寺社区集庆路 145 号附近	其他
	白果古树	明	秦淮区双塘街道糖坊廊社区钓鱼台 97 号	其他
	北宝塔根古井	明	秦淮区中华门街道雨花露社区北宝塔根 43 号	其他
	南京外郭城墙遗址（原秦淮区段）	明	秦淮区红花街道	其他
	南京外郭城墙遗址（原白下区段）	明	秦淮区光华路街道	其他
区控（1）	紫藤	—	秦淮区洪武路街道马府街社区郑和公园内	其他

备注：①现存各级文物共 132 处，其中国家级文保单位 11 处、省级文保单位 27 处，市级文保单位 51 处，区级文保单位 42 处，区控 1 处。另有秦淮区第一批不可移动文物 177 处。

② 2009 年按照市文物局要求，原市级文物保护单位石城门纳入明城墙保护范围，张灵甫住宅原址并入仁寿里民国建筑，南唐护龙河遗址（洪武路）与南唐宫城及护龙河遗址（张府园）合并，2016 年 10 月南京明城墙（原白下区段）、南京城墙（中华门城堡）、东水关合并为南京城墙（秦淮区段），古槐树（承恩里 40 号）、龙爪槐（白下路 177 号）和银杏树（洪武路 130 号）已无存。

③古井（古钵营 11 号）、育才学校旧址、古井（承恩里 40 号）、天坛埂遗址因完成考古发掘，拟取消区级文保单位。广玉兰、银杏树、白玉兰、白果古树等古树名木拟移交园林绿化部门管理或公布取消区级文保单位。

附录二：

秦淮区一般不可移动文物名录

古遗址（4处）			
序　号	名　称	时　代	地　址
1	南京越城遗址	东周	秦淮区中华门街道西街社区
2	瓦官寺遗址	东晋	秦淮区双塘街道凤游寺社区花露北岗附近
3	凤凰台遗址	南朝	秦淮区双塘街道凤游寺社区南京43中学操场上
4	郑和府遗址	明	秦淮区洪武路街道马府街社区太平巷中段南侧

古建筑（97处）			
序　号	名　称	时　代	地　址
1	魏家骅故居	清	秦淮区双塘街道高岗里社区高岗里17、19号
2	同乡共井6号民居	清	秦淮区双塘街道高岗里社区同乡共井6号
3	同乡共井11号民居	清	秦淮区双塘街道高岗里社区同乡共井11号古建筑
4	同乡共井15号民居	清	秦淮区双塘街道高岗里社区同乡共井15号
5	五福里2-1号民居	清	秦淮区双塘街道磨盘街社区五福里2-1号
6	荷花塘4号民居	清	秦淮区双塘街道磨盘街社区荷花塘4号
7	荷花塘5号民居	清	秦淮区双塘街道高岗里社区荷花塘5号
8	磨盘街11号民居	清	秦淮区双塘街道磨盘街社区磨盘街11号
9	磨盘街13号民居	清	秦淮区双塘街道磨盘街社区磨盘街13号
10	剪子巷35号民居	清	秦淮区夫子庙街道三条营社区剪子巷35号
11	孝顺里22号民居	清	秦淮区双塘街道磨盘街社区孝顺里22号
12	三条营64号民居	清	秦淮区夫子庙街道三条营社区三条营64号
13	三条营70号民居	清	秦淮区夫子庙街道三条营社区三条营70号
14	三条营72号民居	清	秦淮区夫子庙街道三条营社区三条营72号
15	三条营74号民居	清	秦淮区夫子庙街道三条营社区三条营74号
16	三条营76号民居	清	秦淮区夫子庙街道三条营社区三条营76号
17	三条营78号民居	清	秦淮区夫子庙街道三条营社区三条营78号
18	钓鱼台9号民居	清	秦淮区双塘街道糖坊廊社区钓鱼台9号
19	钓鱼台13号民居	清	秦淮区双塘街道糖坊廊社区钓鱼台13号
20	钓鱼台17号民居	清	秦淮区双塘街道糖坊廊社区钓鱼台17号
21	谢公祠1号民居	清	秦淮区双塘街道高岗里社区谢公祠1号
22	谢公祠20号民居	清	秦淮区双塘街道高岗里社区谢公祠20号
23	花露南岗尼姑庵	清	秦淮区双塘街道凤游寺社区花露南岗18号
24	花露南岗30号民居	清	秦淮区双塘街道凤游寺社区花露南岗30号
25	花露北岗1号民居	清	秦淮区双塘街道凤游寺社区花露北岗1号
26	胡家花园茶馆	清	秦淮区双塘街道凤游寺社区胡家花园4号

序号	名称	时代	地址
27	花露岗 46 号民居	清	秦淮区双塘街道凤游寺社区花露岗 46 号
28	胡家花园河厅	清	秦淮区双塘街道凤游寺社区胡家花园 7 号、9 号
29	胡家花园 12 号民居	清	秦淮区双塘街道凤游寺社区胡家花园 12 号
30	胡家花园祠堂	清	秦淮区双塘街道凤游寺社区胡家花园 46 号
31	胡家花园旁门 1 号民居	清	秦淮区双塘街道凤游寺社区胡家花园旁门 1 号
32	胡家花园旁门 1 号东民居	清	秦淮区双塘街道凤游寺社区胡家花园旁门 1 号东
33	胡家花园 3-1 号民居	清	秦淮区双塘街道凤游寺社区胡家花园 3-1 号
34	胡家花园 2-2 号民居	清	秦淮区双塘街道凤游寺社区胡家花园 2-2 号
35	鸣羊街 28 号民居	清	秦淮区双塘街道凤游寺社区鸣羊街 28 号
36	花露南岗 1 号民居	清	秦淮区双塘街道凤游寺社区花露南岗 1 号
37	花露南岗 3 号民居	清	秦淮区双塘街道凤游寺社区花露南岗 3 号
38	花露岗 25 号民居	清	秦淮区双塘街道凤游寺社区花露岗 25 号
39	三圣庵	清	秦淮区双塘街道凤游寺社区花露岗 48 号
40	花露岗 54 号民居	清	秦淮区双塘街道凤游寺社区花露岗 54 号
41	花露南岗 24 号民居	清	秦淮区双塘街道凤游寺社区花露南岗 24 号
42	王伯沆故居	清	秦淮区夫子庙街道三条营社区边营 98-1 号
43	阎俊旧居	清	秦淮区双塘街道高岗里社区五福里 5、7 号
44	常府街 24 号古建筑	清	秦淮区五老村街道三条巷社区常府街 24 号
45	水草庵	明	秦淮区大光路街道象房村社区象房村 4 号
46	安品街 20 号清代建筑	清	秦淮区朝天宫街道安品街社区安品街 20 号
47	西北三省会馆旧址	清	秦淮区朝天宫街道七家湾社区大辉复巷 21 号
48	大辉复巷 5 号民居	清	秦淮区朝天宫街道七家湾社区大辉复巷 5 号
49	糯米巷 15 号民居	清	秦淮区朝天宫街道安品街社区糯米巷 15 号
50	小王府巷 16 号民居	清	秦淮区朝天宫街道冶山道院社区小王府巷 16、18 号
51	小王府巷清真寺	清	秦淮区朝天宫街道冶山道院社区小王府巷 5 号
52	绫庄巷 41 号民居	清	秦淮区朝天宫街道绒庄新村社区绫庄巷 41 号
53	绫庄巷 42 号民居	清	秦淮区朝天宫街道绒庄新村社区绫庄巷 42 号
54	评事街 76 号民居	清	秦淮区朝天宫街道评事街社区评事街 76 号
55	评事街 25 号民居	清	秦淮区朝天宫街道评事街社区评事街 25、27 号
56	评事街 43 号民居	清	秦淮区朝天宫街道评事街社区评事街 43 号
57	评事街 73 号民居	清	秦淮区朝天宫街道评事街社区评事街 73、75、77 号
58	走马巷 3 号民居	清	秦淮区朝天宫街道绒庄新村社区走马巷 3 号及平章巷 8 号
59	走马巷 5 号民居	清	秦淮区朝天宫街道绒庄新村社区走马巷 5 号
60	绫庄巷 3 号民居	清	秦淮区朝天宫街道绒庄新村社区绫庄巷 3 号
61	绫庄巷 5 号民居	清	秦淮区朝天宫街道绒庄新村社区绫庄巷 5、7 号
62	绫庄巷 29 号民居	清	秦淮区朝天宫街道绒庄新村社区绫庄巷 29 号
63	绫庄巷 2 号民居	清	秦淮区朝天宫街道绒庄新村社区绫庄巷 2 号
64	绫庄巷 12 号民居	清	秦淮区朝天宫街道绒庄新村社区绫庄巷 12 号

序号	名称	时代	地址
65	绫庄巷 18 号民居	清	秦淮区朝天宫街道绒庄新村社区绫庄巷 18 号
66	绫庄巷 28 号民居	清	秦淮区朝天宫街道绒庄新村社区绫庄巷 28-34 号
67	绫庄巷 36 号民居	清	秦淮区朝天宫街道绒庄新村社区绫庄巷 36 号
68	绫庄巷 38 号民居	清	秦淮区朝天宫街道绒庄新村社区绫庄巷 38、40 号
69	大板巷 23 号民居	清	秦淮区朝天宫街道绒庄新村社区大板巷 23 号
70	大板巷 27 号民居	清	秦淮区朝天宫街道绒庄新村社区大板巷 27 号
71	嘉兆巷 3 号民居	清	秦淮区朝天宫街道评事街社区嘉兆巷 3 号
72	走马巷 6 号民居	清	秦淮区朝天宫街道绒庄新村社区走马巷 6 号
73	评事街 48 号民居	清	秦淮区朝天宫街道绒庄新村社区评事街 48 号
74	评事街 78 号民居	清	秦淮区朝天宫街道绒庄新村社区评事街 78、80 号
75	评事街 136 号民居	清	秦淮区朝天宫街道绒庄新村社区评事街 136 号
76	评事街 188 号民居	清	秦淮区朝天宫街道绒庄新村社区评事街 188 号
77	泰仓巷 14 号民居	清	秦淮区朝天宫街道评事街社区泰仓巷 14、16 号
78	泰仓巷 30 号民居	清	秦淮区朝天宫街道评事街社区泰仓巷 30 号
79	泰仓巷 34 号民居	清	秦淮区朝天宫街道评事街社区泰仓巷 34 号
80	泰仓巷 9 号民居	清	秦淮区朝天宫街道评事街社区泰仓巷 9、11 号
81	泰仓巷 13 号民居	清	秦淮区朝天宫街道评事街社区泰仓巷 13、15 号
82	泰仓巷 17 号民居	清	秦淮区朝天宫街道评事街社区泰仓巷 17 号
83	泰仓巷 19 号民居	清	秦淮区朝天宫街道评事街社区泰仓巷 19 号
84	泰仓巷 29 号民居	清	秦淮区朝天宫街道评事街社区泰仓巷 29 号
85	泰仓巷 35 号民居	清	秦淮区朝天宫街道评事街社区泰仓巷 35 号
86	红土桥 22 号及泰仓巷 39 号民居	清	秦淮区朝天宫街道评事街社区红土桥 22 号及泰仓巷 39 号
87	升州路 146 号民居	清	秦淮区朝天宫街道绒庄新村社区升州路 146 号
88	升州路 184 号民居	清	秦淮区朝天宫街道绒庄新村社区升州路 184-190 号
89	千章巷 17 号民居	清	秦淮区朝天宫街道评事街社区千章巷 17 号
90	千章巷 23 号民居	清	秦淮区朝天宫街道评事街社区千章巷 23 号
91	踹布坊 21 号民居	清	秦淮区朝天宫街道绒庄新村社区踹布坊 21 号
92	走马巷 22 号及踹布坊 36 号民居	清	秦淮区朝天宫街道绒庄新村社区走马巷 22 号及踹布坊 36 号
93	泥马巷 13 号民居	清	秦淮区朝天宫街道绒庄新村社区泥马巷 13 号
94	泥马巷 15 号民居	清	秦淮区朝天宫街道绒庄新村社区泥马巷 15 号
95	走马巷 1 号民居	清	秦淮区朝天宫街道绒庄新村社区走马巷 1 号
96	走马巷 4 号民居	清	秦淮区朝天宫街道绒庄新村社区走马巷 4 号
97	武定桥	明	秦淮区夫子庙街道小西湖社区长乐路与内秦淮河交汇处

近现代重要史迹及代表性建筑（64 处）			
序 号	名 称	时 代	地 址
1	京苏风味店旧址	1930 年	秦淮区夫子庙街道夫子庙社区建康路 16 号
2	升州路 133 号建筑	民国	秦淮区双塘街道弓箭坊社区升州路 133 号
3	升州路下浮桥 23 号建筑	民国	秦淮区双塘街道玉带园社区升州路下浮桥 23 号
4	花露南岗 20 号住宅	民国	秦淮区双塘街道凤游寺社区花露南岗 20 号
5	高岗里 9 号井	民国	秦淮区双塘街道高岗里社区高岗里 9 号对面
6	红花机场别墅	1934 年	秦淮区红花街道七桥村国际路南端西面
7	兵工专门学校旧址	民国	秦淮区中华门街道雨花路社区南京晨光集团内
8	文昌巷 19 号民国建筑群	民国	秦淮区五老村街道五老村社区文昌巷 19 － 3 号至 19 － 7 号
9	文昌巷 10 号民国建筑	民国	秦淮区五老村街道五老村社区文昌巷 10 号
10	六合里 10 号民国建筑	民国	秦淮区五老村街道三条巷社区六合里 10 号
11	六合里 7 号民国建筑	民国	秦淮区五老村街道三条巷社区六合里 7、9、11 号
12	慧园里民国建筑群	民国	秦淮区洪武路街道王府园社区慧园街 14 号、慧园里 1-38 号
13	东方饭店	民国	秦淮区五老村街道淮海路社区延龄巷 38 号
14	陈调元旧居	民国	秦淮区五老村街道新街口商业街社区树德坊 1 号至 22 号
15	中农里民国建筑群	民国	秦淮区五老村街道淮海路社区游府西街 4、6 号
16	太平南路 76 号民国建筑	民国	秦淮区五老村街道淮海路社区太平南路 76 号
17	八宝前街 48 号民国建筑	民国	秦淮区大光路街道尚书巷社区八宝前街 48 号、50 号
18	八宝前街 46 号民国建筑	民国	秦淮区大光路街道尚书巷社区八宝前街 46 号
19	中和桥 30 号民国建筑	民国	秦淮区大光路街道象房村社区中和桥 30 号
20	国民政府国史馆旧址	民国	秦淮区大光路街道尚书巷社区体育里 7 号
21	宁中里民国建筑群	民国	秦淮区洪武路街道武学园社区厅后街宁中里
22	小火瓦巷 48 村民国建筑	民国	秦淮区洪武路街道小火瓦巷社区小火瓦巷 48 村 1、2、3、4 号
23	益乐村 9 号民国建筑	民国	秦淮区洪武路街道小火瓦巷社区小火瓦巷益乐村 9 号
24	复成新村民国建筑群	民国	秦淮区洪武路街道申家巷社区马路街西侧
25	白下路 179 号民国建筑	民国	秦淮区洪武路街道马府街社区白下路 179 号
26	申家巷 43 号民国建筑	民国	秦淮区洪武路街道申家巷社区申家巷 43 号
27	五福新村民国建筑	民国	秦淮区洪武路街道申家巷社区申家巷五福新村
28	城佐营 18 号民国建筑	民国	秦淮区洪武路街道申家巷社区城佐营 18 号
29	马路街 34 号民国建筑	民国	秦淮区洪武路街道棉鞋营社区马路街 34、36 号
30	马路街 32 号民国建筑	民国	秦淮区洪武路街道棉鞋营社区马路街 32 号
31	太平商场	民国	秦淮区洪武路街道马府街社区太平南路 279 号
32	中央合作金库旧址	民国	秦淮区洪武路街道马府街社区太平南路 305、315、319、321、323、325 号
33	浙江庆和昌记支店旧址	民国	秦淮区洪武路街道龙王庙社区太平南路 382 号
34	秣陵路 21 号民国建筑群	民国	秦淮区朝天宫街道冶山道院社区秣陵路 21 号
35	莫愁路 399 号民国建筑	民国	秦淮区朝天宫街道汉西门社区莫愁路 399 号
36	莫愁路 378 号民国建筑	民国	秦淮区朝天宫街道秣陵路社区莫愁路 378 号

序 号	名 称	时 代	地 址
37	莫愁路2号民国建筑	民国	秦淮区朝天宫街道安品街社区莫愁路2、6、8、10、12号
38	升州路348号民国建筑	民国	秦淮区朝天宫街道安品街社区升州路348号
39	升州路50号民国建筑	民国	秦淮区洪武路街道王府南园社区升州路50、52号
40	升州路54号民国建筑	民国	秦淮区洪武路街道王府南园社区升州路54号
41	升州路56号民国建筑	民国	秦淮区洪武路街道王府南园社区升州路56、58号
42	莫愁路329号民国建筑	民国	秦淮区朝天宫街道止马营社区莫愁路329号
43	升州路120号民国建筑	民国	秦淮区朝天宫街道绒庄新村社区升州路120号
44	升州路122号民国建筑	民国	秦淮区朝天宫街道绒庄新村社区升州路122号
45	升州路160号民国建筑	民国	秦淮区朝天宫街道绒庄新村社区升州路160号
46	评事街45号民国建筑	民国	秦淮区朝天宫街道评事街社区评事街45、47、49、51号
47	泥马巷5号民国建筑	民国	秦淮区朝天宫街道绒庄新村社区泥马巷5号
48	大板巷71号民国建筑	民国	秦淮区朝天宫街道评事街社区大板巷71号
49	大板巷73号民国建筑	民国	秦淮区朝天宫街道评事街社区大板巷73号
50	大板巷75号民国建筑	民国	秦淮区朝天宫街道评事街社区大板巷75–79号
51	南市楼2号民国建筑	民国	秦淮区朝天宫街道评事街社区南市楼2号
52	评事街186号民国建筑	民国	秦淮区朝天宫街道绒庄新村社区评事街186号
53	评事街89号民国建筑	民国	秦淮区朝天宫街道评事街社区评事街89号
54	泰仓巷26号民国建筑	民国	秦淮区朝天宫街道评事街社区泰仓巷26号
55	升州路216号民国建筑	民国	秦淮区朝天宫街道评事街社区升州路216号
56	升州路250号民国建筑	民国	秦淮区朝天宫街道评事街社区升州路250、252、254、256号
57	程善坊2号民国建筑	民国	秦淮区朝天宫街道评事街社区程善坊2号
58	程善坊5号民国建筑	民国	秦淮区朝天宫街道评事街社区程善坊5号
59	平章巷18号民国建筑	民国	秦淮区朝天宫街道绒庄新村社区平章巷18号
60	踹布坊11号民国建筑	民国	秦淮区朝天宫街道绒庄新村社区踹布坊11号
61	走马巷2号民国建筑	民国	秦淮区朝天宫街道绒庄新村社区走马巷2号
62	明故宫飞机场旧址及附属建筑	1927年	秦淮区瑞金路街道西华东村社区龙蟠中路218号
63	丰富路15号民国建筑	民国	秦淮区朝天宫街道冶山道院社区丰富路15号
64	务本蚕种制造场旧址	1917年	秦淮区洪武路街道致和街社区刘公巷2号、太平南路551–567号

其 他（12 处）			
序 号	名 称	时 代	地 址
1	乌衣巷井	清	秦淮区夫子庙街道乌衣巷社区乌衣巷北端
2	孝顺里 36 号井	清	秦淮区双塘街道磨盘街社区孝顺里 36 号
3	陈家牌坊 27 号井	清	秦淮区双塘街道高岗里社区陈家牌坊 27 号
4	三条营 81 号井	清	秦淮区夫子庙街道三条营社区三条营 81 号
5	同乡共井 2 号井	清	秦淮区双塘街道高岗里社区同乡共井 2 号
6	学智坊 26 号井	清	秦淮区双塘街道高岗里社区学智坊 26 号
7	水斋庵 6 号井	清	秦淮区双塘街道磨盘街社区水斋庵 6 号
8	小百花巷 1 号井	南宋	秦淮区双塘街道实辉巷社区小百花巷 1 号院内
9	小百花巷 16 号井	清	秦淮区双塘街道实辉巷社区小百花巷 16 号门前
10	小百花巷 24 号井	清	秦淮区双塘街道实辉巷社区小百花巷 24 号门前古井
11	甘露巷 27 号井	清	秦淮区双塘街道高岗里社区甘露巷 27 号
12	三条营 74 号井	清	秦淮区夫子庙街道三条营社区三条营 74 号（原上江考棚 22 号）

备注：育群中学旧址升为市级文物保护单位。

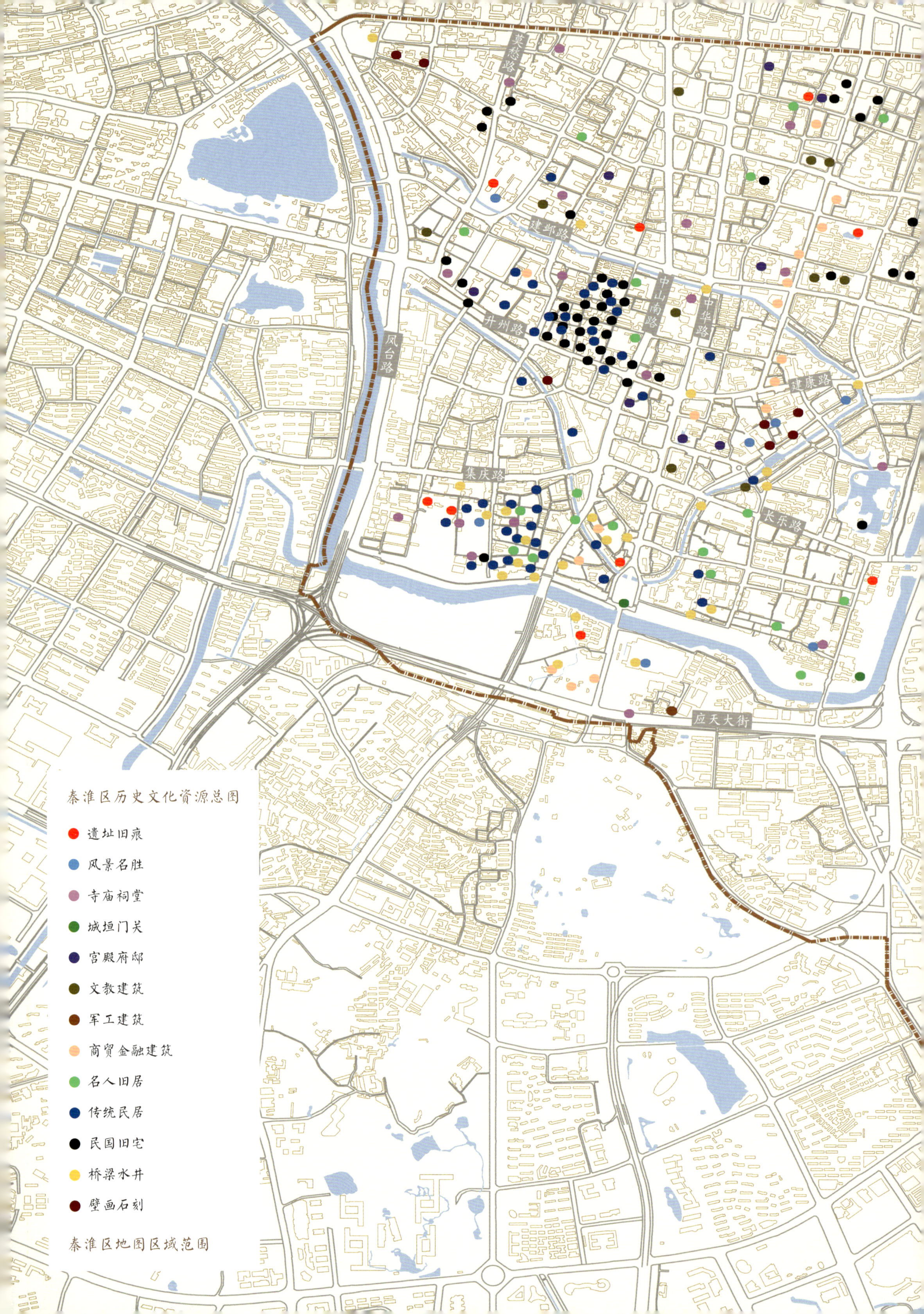
莫愁路
建邺路
升州路
中山南路
中华路
凤台路
建康路
集庆路
长乐路
应天大街
秦淮区历史文化资源总图
遗址旧痕
风景名胜
寺庙祠堂
城垣门关
宫殿府邸
文教建筑
军工建筑
商贸金融建筑
名人旧居
传统民居
民国旧宅
桥梁水井
壁画石刻
秦淮区地图区域范围

后记 | Postscript

2016年4月，为了进一步兜清秦淮区历史文化资源家底，充分展示秦淮深厚的历史文化积淀，我们将新秦淮区第三次全国文物普查不可移动文物312份登记表汇集在一起，约请省、市文物保护专家和学者进行审定。在认真勘误的基础上，专家们还对每一个文物资源点的历史价值进行了点评。这些耗费文物保护工作者三年多时间和心血的宝贵资料，成为此书的基本素材。

2016年6月，根据老城保护更新工作既定安排，我们与南京市规划局名城处、南京市城市规划编制研究中心进行联系并立即取得他们的支持，开始启动秦淮区不可移动文物图册编撰的具体工作。在书籍的式样上，编研中心的刘正平先生，不仅拿出了20世纪90年代从国外带回来的资料，还和我们一同参考了韩国地方政府与学院合作的文化遗迹图册等资料。随后，在东南大学出版社的支持下，我们还聘请了专业图书装帧设计师潘焰荣先生，在版式上进行精心设计。

在此期间，除了编排文字，在编研中心的帮助下，我们还将“三普”的文物点落在地图上，既有总的分布图，又有按不同主题形成的分类图，以便读者“按图索骥”更好地找到它们。受到这种思路的启发，我们在秦淮区政府网站上设置了一个“文化地图”按钮，点击它便可以查阅全区范围内不可移动文物的具体位置、简介和图片。秦淮“文化地图”于2016年11月20日上线，受到文物爱好者和市民游客的喜爱。这也算是本书的衍生品了。

在此，我们向对此书提供大力帮助的各方支持者表示衷心感谢。

由于我们水平有限，人手少、时间紧，此书还存在不少不足，恳请广大读者批评指正。

2017年6月30日

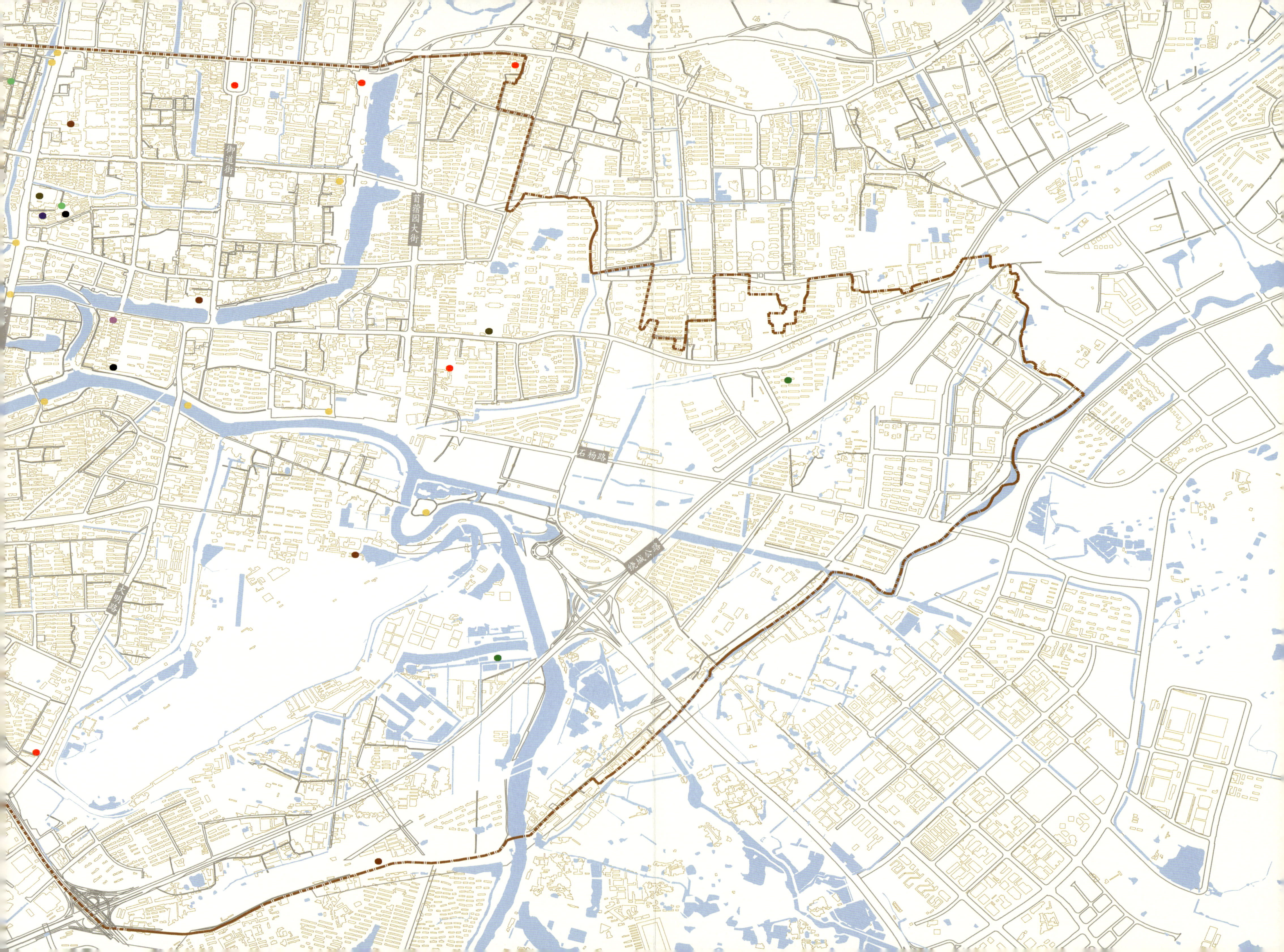
御道街
苜蓿园大街
石杨路
绕城公路
大明路

《秦淮区历史文化资源图录》编委会

图书在版编目（CIP）数据

秦淮区历史文化资源图录/ 秦淮区历史文化资源图录编委会编. --南京 ：东南大学出版社，2017.9
ISBN 978-7-5641-6929-9

Ⅰ. ①秦… Ⅱ. ①秦… Ⅲ. ①文化遗产－南京－图集 Ⅳ. ①K295.31-64

中国版本图书馆CIP数据核字（2016）第320506号

公众微信:秦淮发布　　公众微信:秦淮文化

书　　名　秦淮区历史文化资源图录
责任编辑　戴　丽　杨　凡
书籍装帧　潘焰荣
责任印制　周荣虎
出版发行　东南大学出版社
经　　销　全国各地新华书店
社　　址　南京市四牌楼2号（邮编：210096）
出 版 人　江建中
网　　址　http://www.seupress.com
印　　刷　上海雅昌艺术印刷有限公司
开　　本　787mm×1092mm　1/8
印　　张　40.5
字　　数　688千字
版　　次　2017年9月第1版
印　　次　2017年9月第1次印刷
书　　号　ISBN 978-7-5641-6929-9
定　　价　600.00元